工商管理 系列教学案例

美国企业管理经典案例解析

编 著 顾倩妮

上海交通大学出版社
SHANGHAI JIAO TONG UNIVERSITY PRESS

内容提要

本书立足于企业管理的经典理论,对精选的 17 家美国企业进行系统分析。选取的企业案例都设定了典型情境、问题和决策,方便管理者和学生进行学习和思考。本书的每一个案例之前,都有与此案例相关的中层管理理论作为支撑,以便在解析案例时,可以结合前面的理论进行系统思考,帮助管理者及学生找到解决案例中遇到的难题的办法。

本书的读者对象为普通高等院校管理学院的 MBA、硕士研究生、本科生以及企业事业单位及政府机构的管理者。

图书在版编目(CIP)数据

美国企业管理经典案例解析 / 顾倩妮编著. —上海:
上海交通大学出版社,2016
ISBN 978 - 7 - 313 - 15334 - 0

Ⅰ.①美…　Ⅱ.①顾…　Ⅲ.①企业管理-案例-美国
Ⅳ.①F279.712.3

中国版本图书馆 CIP 数据核字(2016) 第 150393 号

美国企业管理经典案例解析
....

编　　著:顾倩妮
出版发行:上海交通大学出版社　　　　　　地　　址:上海市番禺路 951 号
邮政编码:200030　　　　　　　　　　　　电　　话:021 - 64071208
出 版 人:韩建民
印　　刷:上海宝山译文印刷厂　　　　　　经　　销:全国新华书店
开　　本:710mm×1000mm　1/16　　　　　印　　张:16
字　　数:256 千字
版　　次:2016 年 7 月第 1 版　　　　　　　印　　次:2016 年 7 月第 1 次印刷
书　　号:ISBN 978 - 7 - 313 - 15334 - 0/F
定　　价:49.00 元

前　言

　　本书一共 18 章,涉及 17 个案例,每个案例都具有典型性。它们全是特定的管理情景、管理问题和管理决策,也就是管理者不得不面对的情景、不得不解决的问题、不得不决定的事情。同时也是今天的学生和明天的管理者很有可能要面对的情景、问题和决策。所以,无论是学生还是老师,都应该将其作为案例来研究,并随时问自己:"此时此景下,我该怎么办?"

　　书中案例分三部分:创新是发展的不竭动力、管理造就辉煌、特色成就经典。每章都首先介绍了案例侧重的一个相关理论,然后了解案例中公司的历史发展和具体措施应用,简单的小结之后,需要思考一下你是否真正了解和掌握了相关知识。

　　每个案例都有一个焦点。正如每种管理情景、管理问题、管理决策一样,每个案例都同时涉及组织和个人。每个案例都可以出于一个主要的意旨或者目的去阅读、讨论并使用。阅读、讨论、使用每个案例的目的正是为了洞察组织及其中的人际行为的复杂性。

　　所有案例都取自真人真事,既可用于小组讨论,也可用于论题写作。最重要的是,这些案例可以用来帮助读者在将管理原理应用于实践时,把课本中学到的信息和事例变成自己习得的真实知识。

　　本书选取的案例资料汇总如下:

公司名称	成立时间	重要人物	经营范围	本书侧重研究
3M 公司	1902 年	乔治·巴克利	建筑/商业、教育/电子和通信等	技术创新
杜邦公司	1802 年	E·I·杜邦	食物与营养、服装、家居及建筑等	管理创新
花旗银行	1812 年	斯提耳曼家族	金融业	文化创新
宝洁	1837 年	普罗克特、甘布尔	化学日用品	营销策略创新

公司名称	成立时间	重要人物	经营范围	本书侧重研究
迪士尼	1926年	华特·迪士尼	娱乐节目制作、主题公园、园具等	经营模式创新
IBM	1911年	托马斯·沃森	信息技术和业务解决方案	薪酬管理
麦当劳	1940年	雷·克洛克	连锁快餐、甜点、咖啡等	质量管理
摩托罗拉	1928年	加尔文	芯片制造、电子通信、手机	人力资源管理
通用	1908年	廉姆·C.杜兰特	汽车生产企业	战略管理
强生	1886年	罗伯特·强生	药物、医疗器材、个人卫生产品	危机管理
微软	1975年	比尔·盖茨	操作系统、办公软件、平板等	知识管理
可口可乐	1886年	约翰·彭伯顿	非酒精类即饮饮料	品牌管理
联邦快递	1971年	弗雷德·史密斯	快递服务行业	差异化战略
波音	1916年	威廉·爱德华·波音	民机制造、军火制造、空间开发	客户关系管理
柯达	1880年	乔治·伊士曼	信息影像	企业治理
思科	1984年	莱昂纳德·波萨克	互联网解决方案，设备和软件产品	并购管理
沃尔玛	1962年	山姆·沃尔顿	连锁零售商	供应链管理

本书要特别感谢谢凡、李苗苗、张林平和曹胜强的修改工作。

美国企业管理经典案例解析

目　录

第一章　美国各时期主要管理思想及代表人物 / 1

第一节　19 世纪末的主要管理思想及代表人物 / 2

第二节　20 世纪初—30 年代的主要管理思想及代表人物 / 4

第三节　20 世纪 30 年代—60 年代的主要管理思想及代表人物 / 5

第四节　20 世纪 60 年代—80 年代的主要管理思想及代表人物 / 9

第五节　20 世纪 80 年代—20 世纪末的主要管理思想及代表人物 / 13

第六节　21 世纪的主要管理思想及代表人物 / 17

第二章　3M 公司：技术创新实践 / 21

第一节　理论背景和意义 / 21

第二节　案例分析 / 23

第三节　回顾小结与意义 / 31

课后思考 / 32

第三章　杜邦公司：缔造两百年的传奇 / 33

第一节　理论背景和意义 / 33

第二节　案例分析 / 34

第三节　回顾小结与意义 / 43

课后思考 / 44

第四章　花旗银行：文化制胜 / 45

第一节　理论背景和意义 / 45

第二节　案例分析 / 46

第三节　回顾小结与意义 / 56

课后思考 / 57

第五章　宝洁：创新驱动品质 / 58
第一节　理论背景和意义 / 58
第二节　案例分析 / 59
第三节　回顾小结与意义 / 67
课后思考 / 67

第六章　迪士尼：制胜之道 / 68
第一节　理论背景和意义 / 68
第二节　案例分析 / 69
第三节　回顾小结与意义 / 80
课后思考 / 81

第七章　IBM 公司：薪酬管理体系 / 82
第一节　理论背景和意义 / 82
第二节　案例分析 / 82
第三节　回顾小结与意义 / 90
课后思考 / 91

第八章　麦当劳：长盛之本 / 92
第一节　理论背景和意义 / 92
第二节　案例分析 / 93
第三节　回顾小结与意义 / 106
课后思考 / 106

第九章　摩托罗拉：以人为本的人力资源管理体系 / 108
第一节　理论背景和意义 / 108
第二节　案例分析 / 109
第三节　回顾小结与意义 / 119
课后思考 / 120

第十章　通用电气：永葆青春的奥秘 / 121
第一节　理论背景和意义 / 121

第二节　案例分析 / 122
第三节　回顾小结与意义 / 130
课后思考 / 131

第十一章　强生公司:危机管理 / 132
第一节　理论背景和意义 / 132
第二节　案例分析 / 133
第三节　回顾小结与意义 / 142
课后思考 / 143

第十二章　微软公司:知识管理 / 144
第一节　理论背景和意义 / 144
第二节　案例分析 / 145
第三节　回顾小结与意义 / 154
课后思考 / 155

第十三章　可口可乐:品牌学说 / 156
第一节　理论背景和意义 / 156
第二节　案例分析 / 157
第三节　回顾小结与意义 / 167
课后思考 / 168

第十四章　联邦快递:发展策略 / 169
第一节　理论背景和意义 / 169
第二节　案例分析 / 170
第三节　回顾小结与意义 / 177
课后思考 / 180

第十五章　波音:以客户满意为核心的客户关系管理 / 181
第一节　理论背景和意义 / 181
第二节　案例分析 / 182
第三节　回顾小结与意义 / 192
课后思考 / 192

第十六章　柯达：治理决策 / 193

　　第一节　理论背景和意义 / 193

　　第二节　案例分析 / 193

　　第三节　回顾小结与意义 / 205

　　课后思考 / 206

第十七章　思科公司：并购之道 / 207

　　第一节　理论背景和意义 / 207

　　第二节　案例分析 / 207

　　第三节　回顾小结与意义 / 217

　　课后思考 / 218

第十八章　沃尔玛：供应链管理 / 219

　　第一节　理论背景和意义 / 219

　　第二节　案例分析 / 220

　　第三节　回顾小结与意义 / 226

　　课后思考 / 228

参考文献 / 229

索引 / 241

第一章　美国各时期主要管理思想及代表人物

从 1911 年开始，美国及其领先的企业征服了全球，创造了前所未有的效率，并缔造了人类商业历史上的辉煌。在此期间，无论是大型企业组织还是技术创新，都不再是不可模仿和颠覆的，新的企业组织和商业奇迹不断出现，人们在寻求其发展驱动力的时候，自然会联想到管理以及管理者的作用。管理在这一百多年间，给商业和社会带来了前所未有的影响，以至于德鲁克先生说，在 20 世纪最伟大的发明中，管理的出现就是其一①。

经济的发展总是伴随着生产力的发展、市场需求的扩大而不断发展的，美国作为头号经济大国，其经济发展的步伐、方式将会提供一定的借鉴意义。伴随着经济的发展，必然是管理方法的改进，以时间为轴线，结合当时的宏观背景，我们只挑选美国当时占据主导地位的管理思想，它们各具特色，且随时代发展。并不是否认其他各国的杰出思想，只是本书重点关注美国经济、美国的管理思想，后面案例都是在这样的宏观背景之下进行的，"时势造英雄"，在正确的时间做正确的事，这才是管理的精髓。

世界银行统计的美国 GDP 增长情况，如图 1-1 所示。

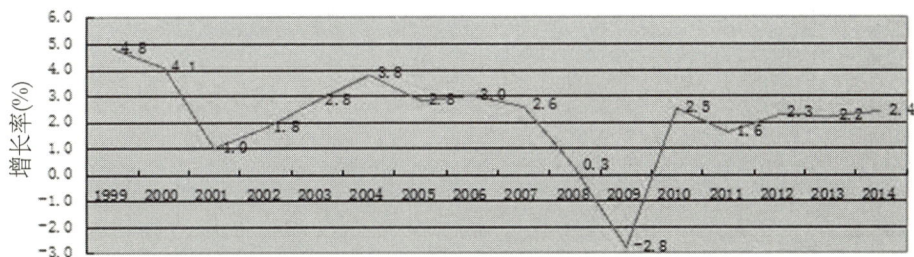

图 1-1　美国 GDP 增长率

资料来源：世界银行数据汇总。

这是 21 世纪美国经济的发展状况，美国经济的发展延续了历史发展的脉络。以下是对各个时期的思想、代表人物和相关理论的简单介绍。

---

① 陈春花.我读管理经典［M］.北京：机械工业出版社，2015.

第一节 19世纪末的主要管理思想及代表人物

一、时代背景

伴随着生产工具的革新、生产组织形式的改变,进而导致管理思想的发展,并最终促进经济的繁荣。资本主义各国的工业化进程,大体上都是在19世纪末20世纪初实现的。一般来说,实现工业化的过程受到多种条件的限制和影响,其中资本和技术(包括物化技术和技术人才)是最主要的。由于工业革命的发展和国际市场的开拓(包括殖民地和战争掠夺)为资本主义国家积累了雄厚的资本,最终形成了近代全球大工业的市场体系,为资本主义各国逐步走上工业化道路提供了物质基础;另一方面,科学技术的发展为资本主义工业进程进入起飞阶段增添了翅膀,工业革命的爆发来源于市场的扩展和蒸汽动力的推动,蒸汽机时代使社会生产力得到了空前发展。

美国的工业发展速度自19世纪下半叶开始已超过农业。1850—1900年,美国的工业生产增加了15倍;1900—1914年,工业产值增长了70%;到19世纪末20世纪初,工业中的重工业有了相当大的发展,已在工业中起主导作用,基本上能够满足国民经济各部门技术装备的需要。至此,美国从农业国变成了以重工业为主导的工业国家。从1814年工业革命到1900年,美国历时80多年实现了工业化(宋则行、樊亢,1998)。

人类社会的发展历程,总是伴随着生产力的发展,而不断出现的科学理论的大综合,又进一步推动了生产力的发展。潜心研究,我们发现这样一个事实:在历史进程的某一阶段,当社会需要与科学本身发展成熟到某一交叉点的时候,就会有一个巨人站在历史的高度进行理论上的大综合并进行划时代的突破,从而有力地推动社会的进步。

20世纪初,资本主义的发展进程越来越突出地显示出,社会迫切需要一种科学的管理理论来维护和推动社会的发展,而管理思想本身是否发展成熟了呢?美国早期的科学管理思想对此作出了明确的回答。

美国的经济是用火车轮子带动起来的,短短几十年,铁路的迅速延伸,使美国的铁路公司急速扩张。而关于怎样管理铁路的问题却没有很好地解决。在铁路公司中,首先要解决的是轨道和车站列车的管理系统问题,建立相应的管理组织体系;其次要解决如何分摊大量的固定成本和由此引发的巨额财政问题。于是铁路不仅是美国经济起飞的开路先锋，而且也成为美国管理的先行者。美国铁路公司在率先建立了一个包括各种规模与性质的组织结构的同时，还培养了一批最早的职业管理者①。

二、主要管理思想及代表人物：丹尼尔·麦卡勒姆

丹尼尔·麦卡勒姆（Daniel Craig Mccallum，1815—1878），1848 年进入纽约—伊里铁路公司，1854 年 5 月被任命为伊里公司的总监。当时，美国的铁路公司大多数是从一些小的铁路公司合并而成的，不仅缺乏统一而强有力的领导和严密的控制系统，而且铁路的设备和职工也分散在各地。麦卡勒姆为此做了很多的工作。他认为："良好的管理要以严格的纪律、具体而详细的职务说明书、经常准确地报告任务完成情况，依照做出的成就决定工资与晋升，强调组织机构中上下级的权力层次，明确自我责任以及上下级之间的责任关系。"

丹尼尔·麦卡勒姆的管理思想可以从两个方面加以认识：

（1）制定严密的管理制度，其原则如下：①划分准确的职责范围，进行明确的分工；②为了职责可以充分地执行，必须充分授予相应的权力；③要有能够了解是否切实承担起责任的手段；④极其快捷的报告制度，对一切情况能及时地进行反馈，如果出现疏忽和偏差，能及时地得到纠正；⑤通过每日的检查和报告反映上述各种情况。

（2）制定一套详细的组织细则，来贯彻这些原则。

此外，这一时期的代表人物还有亨利·普尔、弗雷德里克·哈尔西、亨利·美特卡夫、奥伯林·史密斯等。在泰勒的科学管理之前，从管理这门学科本身来说，在社会需要的大力推动下，麦卡勒姆和普尔对企业的组织结构和职能控制做了充分的准备，汤·哈尔西对工人的工资报酬及收益的分配做了探讨和实验，梅特卡夫和史密斯在车间管理上做出了尝试，同时有沃顿商学院提供的教育推动。从理论到实践、从出版物到课堂，都为管理学上的重大突破创造了条件。科学理论诞生的客观环境和物质条件都已经具备，在时代呼唤和科学成熟的交叉点上，泰勒站了出来，科学管理的春天到来了。

---

① 　郭咸纲.西方管理思想史［M］.北京：北京联合出版公司，2014.

第二节 20 世纪初—30 年代的主要管理思想及代表人物

一、时代背景

美国经济的迅速发展,股份制与经理阶层的形成,以及铁路公司的管理实践,导致古典管理理论的产生,这一方面反映了社会经济的发展对管理理论的要求,另一方面它的产生和发展又推动了社会经济的发展和进步。科学技术发展中心的大转移,促进了生产工具的革新和生产组织形式的改进,也促进管理理论的发展。唯理主义哲学、实利主义经济学和新教伦理等思想的发展,给古典管理理论的产生奠定了坚实的思想理论基础。"南北战争"结束不久,美国很快便形成了一种新的工业发展气氛,不少的工业部门开始出现了大型企业。由于工业的快速发展,对提高生产率来说,管理成为最为薄弱的环节。尽管有一些人曾对管理进行了探索,但基本上仍然是凭传统的经验办事,管理十分粗糙。车间管理如劳动的专业化、操作的标准化和程序化都没有建立起来,更谈不上工作的协调化、一体化和系统化,不仅造成了极大浪费,而且效率低下,生产潜力得不到发挥。于是,有一批工程师、企业家对工厂、车间经营效率不高的原因进行了研究,通过实验来寻求合理组织生产和发挥工人潜力的方法,并利用美国机械工程师协会发表各自的看法,泰勒就是在这种情况下走上历史舞台的。

科学管理诞生在美国,是与美国当时的社会、经济、文化的发展有着紧密联系的。其思想的核心问题是:如何提高工人的劳动生产率?

二、主要管理思想及代表人物:弗雷德里克·W.泰勒

弗雷德里克·W.泰勒(又译作泰罗,Frederick Winslow Taylor,1856—1915),美国著名管理实践家、管理学家、科学管理理论奠基人,人称"科学管理之父"。泰勒认为:所有的日常活动中不注意效率的行为都在使整个国家资源遭受巨大损失,而补救低效率的办法不在于寻求某些出众或是非凡的人,而在于科学的管理。不论何时、在何种机构,不论工厂是大还是小,不论工作是最一般的还是最复杂的,正确运用科学管理的四项原则,都将取得效果,且不仅比旧式管理所得到的效果大,而且要大得多。科学管理实质上包含了在任何企业或工业中工作的工人方面的一种完全的"精神革命"。

（1）假设：起源于亚当·斯密的"经济人"假设。

泰勒在管理实践中，开始进行作业研究和时间研究。他最根本的贡献是在管理实践和管理问题研究中采用了"观察、记录、调查、试验等手段的近代分析科学方法"，使管理学从"经验"的走向"科学"的。

（2）代表作：《计件工资》（1895年）；《车间管理》（1903年）；《科学管理原理》（1911年）。

（3）贡献和概念：标准化原理，刺激性计件工资制，计划与执行分离原则，职能工长制，例外原则等。

（4）泰勒的追随者：

①甘特：甘特图（Gantt Chart）作者甘特曾与泰勒共事多年，共同进行管理研究；

②吉尔布雷斯夫妇：动作研究（"动素"）；

③福特汽车：借助泰勒制实行"生产流水线"，价格降至十分之一，汽车改变世界。

1886年被称为管理元年，在美国机械师工业协会年会上，管理问题成为讨论的主题，一家公司的总经理亨利·唐纳发表论文《作为经济学家的工程师》，倡议发起运动把管理从工程学独立出来发展成为一门学科。从此，开始了"管理运动"。

第三节　20世纪30年代—60年代的主要管理思想及代表人物

一、时代背景

行为科学的产生并不是偶然的，而是历史发展的必然趋势，也是管理理论发展的必然结果。资本主义早期的经济学家和管理学家们，无论是亚当·斯密、大卫·李嘉图，还是泰勒、法约尔和韦伯，都是以"经济人"为假设，认为每个人都追求经济利益最大化，工人追求高工资，企业主追求高利润。工资和利润的分配矛盾使工人和企业主经常发生冲突，工人的"磨洋工"现象和企业主的压制在所难免，劳资关系紧张，管理缺乏科学的方法，也影响了劳动效率的提高。面对这种情况，古典管理理论提出了科学的解决对策，泰勒通过试验得出了科学的操作方法和工具，法约尔从整个企业的角度提出了一套一般管理原则。韦伯构建了一套严格的组织制度,他们以科学性、精密性和制度化提高了劳动生产率,在管理实践中产生了广泛影响。但因为对人的因素考虑较少,人成了机器或制度的附属品,这激起了工人的反抗,劳资矛盾进一步恶化。科学管理理论无法彻底解决劳动生产率问题,它所倡导的在资本家和工人之间进行的"精神革命"并没有达到预期目的,违背了科学管理理论设立的初衷,并且随着 20世纪 20 年代经济危机的频繁爆发,劳资对立局面反而更加尖锐。

1929—1933 年,美国发生了历史上空前严重的经济危机并波及西方各国,资本主义经济长期陷入萧条状态。各企业主纷纷加强对工人的严格控制,将经济危机带来的损失转嫁到工人身上,劳动强度显著增大,但工资增长却很缓慢,工人阶级生活贫困;加上工人队伍的不断壮大和工会组织的发展,反抗资本家的斗争也越来越激烈。古典管理理论的建立为推动当时生产力的发展、解决组织面临的问题方面确实做出了卓越的贡献。但因为自身存在的局限性,面对日益复杂的经济环境和规模不断扩大的组织,越来越多的管理问题不再是古典管理理论可以完全解决的,尤其是对人的研究方面,只把人当成是生产的一个环节来看,忽视了人的主动性和创造精神。随着科技的进步和人们文化水平的提高,体力劳动逐渐让位于脑力劳动,金钱刺激和严格的控制失去了原有的作用。面对这样的问题,资本家不得不重新寻找答案。在经济方面,凯恩斯主义的兴起为资本主义经济的持续发展提供了一种新的视角;在管理方面,资本家开始重视企业管理中的人际关系问题,通过对工人的行为规律进行研究,发现工人并非是真正的"经济人",除了金钱之外还有精神需求,他们探索出一种新的管理方式,即重视工人的社会和精神需求,以诱导代替压制,以调动职工的积极性,调和劳资矛盾。这促使了新的管理理论的诞生,行为科学走上了管理的舞台。行为科学的产生既是管理实践的需要,也是社会大生产发展的需要,梅奥的霍桑实验及人际关系学说正是适用了这一客观需要。

表 1-1 行为科学理论——管理思想及代表人物

背景	①社会:第一次世界大战; ②经济:20 世纪 20 年代末至 30 年代初出现了世界范围内的经济危机,美国罗斯福政府从宏观上对经济实施管控; ③实践:20 世纪 20 年代,多数企业尽管采取了泰勒的科学管理,但劳资纠纷和罢工还是此起彼伏地出现; ④理论:古典管理理论的"经济人"假说受到质疑,许多心理学家加入管理研究的行列,行为科学产生和发展
人性假设	社会人、自我实现人、复杂人、全面发展人

基本特征	重视研究人的心理、行为等对高效率地实现组织目标(效果)的作用	
代表人物及其学说名称	①乔治·梅奥—霍桑试验 ②亚伯拉罕·马斯洛—人类需要层次理论 ③克莱顿·奥尔德弗—生存关系及发展理论 ④赫兹伯格—双因素理论 ⑤弗鲁姆—期望理论 ⑥麦克利兰—成就需要理论 ⑦麦格雷戈—X理论—Y理论	①波特,劳勒—综合激励模型 ②埃德加·沙因—复杂人假设 ③卡特·勒温—群体动力学 ④亨利—领导者品质理论 ⑤坦南鲍姆＆施密特—连续统一体理论 ⑥布莱克＆莫顿—99管理方格理论
评价	历史贡献	①奠定了现代管理理论的基础,对管理理论的研究有很强的指导和借鉴作用; ②研究的成果,对心理学、社会学等研究领域也有突出贡献; ③对企业中涉及人的因素的管理活动有很强的指导
	局限性	①管理对象没有被上升到系统的高度来认识; ②没有关心企业整体的经营效率; ③对企业发展环境考虑得非常少

二、主要管理思想及代表人物

(一) 乔治·埃尔顿·梅奥(George Elton Mayo,1880—1949)

乔治·埃尔顿·梅奥,原籍澳大利亚,美国心理学家、管理学家,哈佛大学教授,早期行为科学——人际关系学派创始人。梅奥开创的行为科学研究,在管理学界一直影响到今天。

著名的霍桑实验:1924年至1932年,他在芝加哥西方电气公司霍桑工厂进行了一系列试验:照明实验、福利实验、访谈实验、群体实验。其结论是:群体的社会准则和标准是决定工人个人行为的关键要素。

后来他对实验进行了总结,写出了划时代的著作《工业文明的人性问题》(1933年)、《工业文明的社会问题》(1945年)。

梅奥的主要思想内容:

(1) 工人是"社会人",而非是"经济人",金钱不是工人们工作的唯一目的,社会和心理因素对工人工作的积极性也有一定的影响。

(2) 企业中存在着非正式的组织,以它独特的感情、规范和倾向左右着成员们的行为,它与正式组织相互依存,对生产率有着重大的影响。

（3）提高生产率的主要途径是提高工人的满足度，除了社会因素，在人际关系上也要有一定的满足度。

梅奥的研究，至少引起了两个重大转变：一是管理对象的重心从事和物向人和人的行为转变；二是管理方法从监督管理向"人性化管理"转变，由此引发了企业界"参与管理""目标管理"等新的管理方法。

梅奥"社会人"的假设，颠覆了科学管理理论的"经济人"假设，从此，行为科学对人性的研究越来深入，管理学的研究多是基于各种关于人性的假设而展开。

梅奥开创的行为科学研究，是管理学激励理论的主要策源地，自 20 世纪 50 年代开始，基于行为科学研究的激励理论主要有：①马斯洛的"需求层次理论"；②赫茨伯格的"双因素理论"；③麦格雷戈的"X－Y 理论"。

（二）亚伯拉罕·H.马斯洛（Abraham Harold Maslow，1908—1970）

马斯洛，美国社会心理学家、比较心理学家，人本主义心理学（Humanistic Psychology）的主要创建者之一，心理学第三势力的领导人。

1951 年，马斯洛担任布兰代斯大学心理学系主任和心理学教授。1954 年，他首次提出人本主义心理学的概念。1961 年，他创办了《人本主义心理学期刊》。1967 年，他当选为美国心理学会主席。

马斯洛对管理学影响最大的就是他的"需求层次理论"和"自我实现人假设"。生理需求（physiological needs）、安全需求（safety needs）、爱与归属的需求（love and belonging needs）、尊重需求（esteem needs）和自我实现的需求（self-actualization needs）。根据马斯洛的需求层次理论，个人人格获得充分发展的理想境界是自我实现，自我实现（self actualization）就是人性本质的终极目的，也就是个人潜力得到了充分发展。

马斯洛的"需求层次理论"最早见于 1943 年发表的论文《人类动机理论》（*A Theory of Human Motivation Psychological Review*）。但并没有引起学界和企业界的注意。1954 年，他的著作《动机与人格》出版。在这本著作中，他提出了许多精彩的理论，包括人本心理学科学观的理论、需要层次理论、自我实现理论、元动机理论、心理治疗理论、高峰体验理论等。这本书被公认为是 20 世纪 50 年代心理学领域最重要的成就之一。马斯洛的其他主要著作：《存在心理学探索》(1962)、《宗教、价值观和高峰体验》(1964)、《科学心理学》(1967)、《人性能达的境界》(1970)。

第四节　20世纪60年代—80年代的主要管理思想及代表人物

一、时代背景

20世纪五六十年代是美国经济空前发展的时期，50年代工业生产年平均增长率为4%，从1961年1月—1969年10月，美国经济持续了106个月的高速增长，这在美国经济史上是罕见的，所以20世纪60年代是美国的繁荣时代。

现代管理理论是在第二次世界大战以来到20世纪80年代初的历史阶段中形成的西方管理理论。这一历史阶段的理论是资本主义社会在第二次世界大战以后的政治、经济格局的重新调整过程中形成的，所以有必要了解这一阶段的政治、经济发展的历史背景。第二次世界大战是人类历史上迄今为止规模最大的战争。其卷入的国家之多，所用军事人员的数量与战斗规模之大，给参战国造成的损失之惨重都远远超过了第一次世界大战。第二次世界大战给人类社会带来了巨大的破坏并产生了极其深远的影响。第二次世界大战是人类历史上迄今为止规模最大的战争。其卷入的国家之多，所用军事人员的数量与战斗规模之大，给参战国造成的损失之惨重都远远超过了第一次世界大战。第二次世界大战给人类社会带来了巨大的破坏并产生了极其深远的影响。经过第二次世界大战，战胜国中英法两国沦为二等国家。只有美国在战争中得到了繁荣，成为唯一的超级大国。我们可以从一些数据中看到，这些国家在第二次世界大战前后的一些变化。1913—1938年，资本主义世界工业生产总值共增长了52%，而在1946—1970年的25年中，资本主义世界工业生产大约增长了4倍，如果把1937年的工业生产定为100的话，那么战争刚结束时的1946年各国的指数分别是：美国为150（战时最高点达到207），英国为88，法国为69，德国为31，意大利为72，日本为24。由此可见，战后只有美国出现繁荣，其他国家的工业都大大减产。

科学技术在以下几个方面取得了重大突破，推动了世界经济的发展：原子能的广泛应用，计算机的诞生、应用及发展，新材料的不断发现和应用，人类的空间技术和生物工程的应用和发展。

表1-2　现代管理理论——管理思想及代表人物

背景	①经济背景:第二次世界大战后的经济发展; ②科学技术背景:原子能、计算机、新材料、空间技术和生物工程; ③战后资本主义发展的三个阶段:恢复、发展、危机; ④企业结构变化:垄断企业规模巨型化、混合化、大中小企业协作化、股份分散化、国际化进程加快; ⑤深层原因:生产力导致生产方式变化,宏观经济的调节作用,受教育程度的提高,自然科学的渗透; ⑥方法论准备:系统论、信息论、控制论、耗散结构论、协同论、突变论	
人性假设	经济人、社会人、自我实现人、复杂人、全面发展的人	
基本特征	表现出管理理论的复杂性、渗透性、交互性和灵活性	
代表人物及 其学说名称	①哈德罗·孔茨—管理过程学派 ②巴纳德—社会系统学派 ③赫伯特·西蒙—决策理论学派 ④理查德·约翰逊—系统管理学派 ⑤希尔—数量管理科学学派	①伯恩斯—权变理论学派 ②德鲁克—经验主义学派 ③明茨伯格—经济角色学派
评价	企业管理的主要课题,开始由如何提高组织内部效率转向了组织如何适应环境的领域,探讨组织与环境关系的研究活跃起来。为探讨这些关系,20世纪80年代以来,许许多多新的管理理论涌现,如雨后春笋般争相竞荣,可以说一个新的管理理论丛林已经枝繁叶茂。由于研究条件、掌握材料、观察角度以及研究方法等方面的不同,必然产生不同的看法,形成不同的思路,从而形成多种管理学派	

二、主要管理思想及代表人物

(一)赫伯特·西蒙(Herbert Alexander Simon,1916—2001)

赫伯特·西蒙,决策理论学派(Decision Theory)的代表人物。著名社会学家、管理学家、经济学家,是经济组织决策管理大师,1978年第十届诺贝尔经济学奖获奖者。在管理学方面,其代表作有:《管理行为》(1945)、《组织》《经济学与行为科学的决策理论》《管理决策新科学》(1960、1977)等。其决策理论的观点主要表现在三个方面:

(1)强调决策在管理中的地位。管理的实质是决策,决策贯穿于管理的全过程,决定了整个管理活动的成败。如果决策失误,组织的资源再丰富、技术再先进,也是无济于事的。

(2)系统阐述了决策原理。西蒙对于决策的程序、准则、类型及其决策技术等作了科学的分析,并提出用"满意原则"来代替传统决策理论的"最优原则",研究了决策过程冲突的解决方法。

(3)强调了决策者的作用。认为组织是决策者个人所组成的系统,因此,强调不仅要注意在决策中应用定量方法、计算机和技术等新的科学方法,而且要重视心理因素、人际关系等社会因素在决策中的作用。

(二)哈罗德·孔茨(Harold Koontz,1908—1984)

哈罗德·孔茨,美国管理学家,管理过程学派(管理职能学派)的主要代表人物之一。孔茨是管理过程学派的集大成者,他继承了法约尔的理论,并把法约尔的理论更加系统化、条理化,使管理过程学派成为现代管理理论各学派中最具有影响力的学派。

孔茨从1941年始陆续出版了二十几本书和发表了八九十篇论文,主要代表著作有:《管理学原理》(1950)、《管理理论丛林》(1961)、《再论管理理论丛林》(1980)等。《管理学原理》在1980年再版时改名为《管理学》,是西方企业管理过程学派的代表作之一,奠定了孔茨在管理学说史上的伟大地位。

其主要思想包括:

(1)管理过程学派的研究对象就是管理的过程和职能。他们认为,管理就是在组织中通过别人或同别人一起完成工作的过程。

(2)孔茨的职能管理:孔茨把管理揭示为通过别人使事情做成的各项职能,至于管理的各项职能,应划分为计划、组织、人事、领导、控制五项,而把协调作为管理的本质。

该学派对后世影响很大,许多管理学教科书的内容都是按照该学派的理论架构编排的。另外,该学派确定的管理职能和管理原则,为训练管理人员提供了基础。

(三)彼得·德鲁克(Peter F. Drucker,1909—2005)

彼得·德鲁克,现代管理学之父。生于维也纳,1937年移居美国,终身以教书、著书和咨询为业。

德鲁克被认为是经验主义管理学派的主要代表,因为德鲁克认为:"管理是一种实践,其本质不在于'知'而在于'行';其验证不在于逻辑,而在于成果。"

可以说,德鲁克是引领世界开始思考"管理"问题的第一人,提出了"管理学"这一概念。德鲁克对于问题的深入思考,预言了世界上许多重大转折。20世纪50年代初,他指出计算机的出现将彻底改变商业;1961年,提醒美国关注日本工业的崛起;20年后,又是他首先警告这个东亚国家可能陷入经济滞胀。

德鲁克是管理学的集大成者,不只是经验主义,以后很多流派和理论都可以在德鲁克这里找到影子,他是百科全书式的管理学巨匠。当代管理学界的亚当·斯密,战略管理大师,知识管理理论先驱(1954),首次提出"人力资源"概念(1954),创新理论的倡导者。

德鲁克的主要思想:

(1) 目标管理:1954年,德鲁克提出了一个具有划时代意义的概念——目标管理(Management By Objectives,简称为MBO),它是德鲁克所发明的最重要、最有影响的概念,并已成为当代管理学的重要组成部分。——《管理实践》。

(2) 管理者的本分就是追求效率。——《卓有成效的管理者》。

(3) 管理要解决的问题有90%是共同的。

(4) 培养经理人的重要性。

德鲁克一生共著书39本,在《哈佛商业评论》发表文章30余篇。其经典著作包括:

(1)《公司的概念》(1946)。该书的重要贡献还在于彼得·德鲁克首次提出"组织"的概念,并且奠定了组织学的基础。

(2)《管理的实践》(1954)。从此将管理学开创成为一门学科(discipline),从而奠定德鲁克现代管理大师的地位。提出"目标管理"理论。

(3)《卓有成效的管理者》(*The Effective Executive*)(1966)。不是只有管理别人的人才称得上是管理者,在当今知识社会中,知识工作者即为管理者,管理者的工作必须卓有成效。成为高级管理者必读的经典之作。

(4)《管理:任务、责任、实践》(*Management:Tasks,Responsibilities,Practices*,1973)是一本给企业经营者的系统化管理手册,为学习管理学的读者提供的系统化教科书,被誉为管理学的"圣经"。

(5) 1985年,继《管理的实践》之后,德鲁克最重要的著作之一《创新与企业家精神》(*Innovation and Entrepreneurship Practice and Principles*)出版,全书强调目前的经济已由管理转变为创新。

(6) 1995年,《巨变时代的管理》(*Managing in a Time of Great Change*)出版,书中深入讨论了关于管理者角色的问题,包括其角色内涵的变化、他们的任务和使命、面临的问题和机遇,以及他们的发展趋势。

(7)《21世纪的管理挑战》(*Management Challenges for the* 21st *Century*)1999年出版,彼得·德鲁克将"新经济"的挑战清楚地定义为:提高知识工作的生产力。

第五节　20世纪80年代—20世纪末的主要管理思想及代表人物

一、时代背景

进入20世纪80年代以后,美国失去了战后以来在国际市场上的绝对优势,尤其是20世纪70年代末的能源危机,使美国的企业面临严峻的挑战。美国的管理界认为美国的经济正在衰落,甚至认为美国的人均国民生产总值在1986年已滑落到日本、德国、瑞士、瑞典、丹麦等国家的后面,因此在美国掀起了一股改革之风。他们认为美国经济之所以遭到严重打击,主要原因在于美国的产品质量普遍较差,以及由于颇成问题的服务和麻木迟钝的反应,美国未能充分利用世界上最大的国内市场优势(彼得斯,2000)。面对这种形势,美国企业界进入了史无前例的动荡年代,兼并风潮骤起,吞并和兼并成为20世纪80年代美国企业界一道独特的风景线。

进入20世纪80年代以后,整个世界的形势发生了巨大的变化,美国思想进行重大的调整也是在情理当中的。

表1-3　当代管理理论——管理思想及代表人物

背景	①世界经济的结构性变化:原材料经济与工业经济、制造业的生产和就业脱钩,资本流动是经济发展的助动力; ②20世纪80年代后世界格局变化:价值观西化、文化交融、科技成为生产力、生产要素的周期性变化	
人性假设	经济人、社会人、自我实现人、复杂人	
基本特征	较为突出的是,来自战争的词汇——"战略"开始引入管理界	
代表人物及 其学说名称	①迈克尔·波特—竞争战略学说 ②约翰·科特—领导学说 ③彼得·圣吉—学习型组织 ④戴明&朱兰—质量管理理论 ⑤托马斯·彼得斯	企业战略和核心能力学说 企业文化理论 企业再造理论 六西格玛理论
评价	开始重视研究如何适应充满危机和动荡的不断变化的环境,谋求企业的生存发展,并获得竞争优势	

二、主要管理思想及代表人物

（一）汤姆·彼得斯（Tom Peters，1942—）

汤姆·彼得斯，斯坦福大学工商管理硕士和博士。企业文化理论代表人物。《洛杉矶时报》称"彼得斯是后现代企业之父"，《财富》杂志则干脆声称"我们生活在一个汤姆·彼得斯时代"，并把汤姆·彼得斯评为"管理领袖中的领袖"，将他和拉尔夫·爱默森、亨利·梭罗和瓦尔特·惠特曼相提并论。

彼得斯最擅长的题目就是"创新"。多年来，彼得斯一直在倡导永恒管理革命的概念。他认为，标志如今这个时代的关键词是诸如"混沌"（chaos）、"疯狂"（crazy）以及"湍变"（turbulent）这样的概念。这个时代对商界精英们提出了更高的要求，那就是要不断学习、不断探索、不断试验。由此他被称为创新战略学派的代表。

1982 年，《追求卓越》一书出版，书中总结了卓越企业的八大特质，其中企业文化是核心力量，所以也被认为是企业文化研究的标志之作，从此，汤姆·彼得斯在管理学界的地位几乎无人能及。《追求卓越》与大内《Z 理论》、特雷斯·迪尔《企业文化》、帕斯卡尔《日本企业管理艺术》被称为企业文化研究四重奏。20 世纪八九十年代，由此被称为"企业文化时代"。《追求卓越》一书的出版是现代商业图书出版的一条分水岭。《追求卓越》开启了商业管理书籍的第一次革命。

1997 年出版《汤姆·彼得斯论创新》（*The Circle of Innovation：You Can't Shrink Your Way to Greatness*）。

2003 年汤姆·彼得斯的新作《重新想象》（*Re-imagine*）出版。如果说第一次是内容上的革命，那么这一次则主要是形式的革命。因为如果把《重新想象》和《追求卓越》《汤姆·彼得斯论创新》结合起来看，你也许会发现，前者实际上是后两者的集大成者。

（二）迈克尔·波特（Michael Porter，1947—）

战略管理的产业组织学派创始人，竞争战略管理大师，被誉为"竞争战略之父""最伟大的商业思想家"，在 2005 年世界管理思想家 50 强排行榜上，他位居第一。

作为最备受推崇的商学大师之一，波特博士撰写过 17 部书及 70 多篇文章。其中最著名的是竞争三部曲：《竞争战略》（*Competitive Strategy：Techniques for Analyzing Industries and Competitors*，1980）一书再版了 53 次，被译为 17 种文字；另一著作《竞争优势》（*Competitive Advantage：Creating and Sustaining Superior Performance*，1985）也再版 32 次；20 世纪 90 年代出版的第三部巨著《国家竞争优势》，再版 11 次，被翻译成 12 种文字。

迈克尔·波特的主要思想：

（1）"五力模型"与三种竞争模型：于《竞争战略》中提出，"五力"包括：同行业竞争者、供应商的议价能力、购买者的议价能力、潜在进入者威胁和替代品威胁。三种竞争模型：总成本领先战略、差异化战略和专一化战略。

（2）价值链（Value Chain）：1985 年，迈克尔·波特教授在《竞争优势》一书中首次提出了价值链的概念，指出它是对增加一个企业的产品或服务的实用性或价值的一系列作业活动的描述，主要包括企业内部价值链、竞争对手价值链和行业价值链三部分。不同的企业参与的价值活动中，并不是每个环节都创造价值，实际上只有某些特定的价值活动才真正创造价值，这些真正创造价值的经营活动，就是价值链上的"战略环节"。

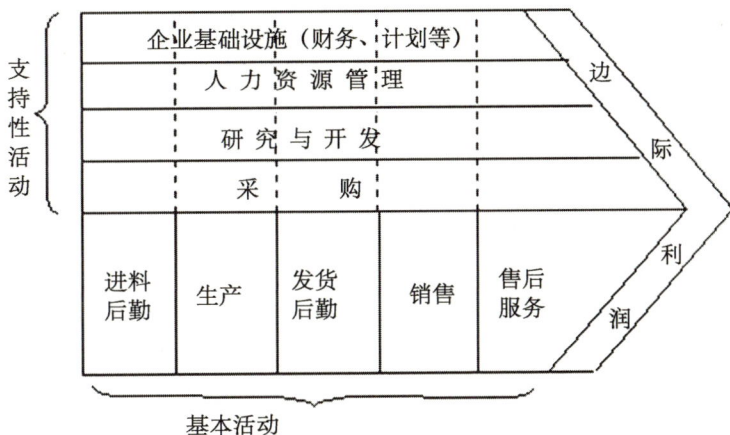

图 1-2　波特价值链

（3）完整钻石体系：于《国家竞争优势》中提出。

（三）艾尔弗雷德·D.钱德勒（Alfred D.Chandler，1918—2007）

钱德勒，企业史学家、战略管理领域的奠基者之一，战略适应学派代表人物。毕业于哈佛大学，后立即在海军服役五年，结束服役后，他继续深造，于 1952 年在哈佛大学历史系获博士学位，随后于霍普金斯大学和麻省理工学院任教。

1962 年，他发表的第一部主要著作《战略与结构：美国工业企业史的若干篇章》让他在学术界崭露头角，这一作品让他成为战略管理领域的奠基者之一，而其中提及的战略与结构的互动也随即成为企业战略研究的永恒主题。通过对 20 世纪前期美国大企业比如杜邦、通用等企业的考察，他在著作中展现了企业从直线职能结构向多部门结构转变的过程，并提出"结构跟随战略"的主题，即企业扩张战略必须有相应的结构变化跟随。

1977年,他出版了"钱氏三部曲"的第二部《看得见的手:美国企业的管理革命》。这部书通过引证大量原始资料,论证了美国企业诞生壮大过程中的关键变化——等级制管理团队的出现和经营权与所有权的两权分离。这本书获得了历史著作最高奖——班克洛夫特奖,也因详尽调查式的描述获得了传媒界的普利策奖。钱德勒在《看得见的手:美国企业的管理革命》中,通过食品工业、烟草工业、化学工业、橡胶工业、石油工业、机器制造业和肉类加工中的大量史料,论证了现代大型联合工商企业的诞生乃是市场和技术发展的必然结果。作者认为,凡是进行大批量生产和大批量分配相结合并在产品流程中可以协调的那些工业,必然会产生现代的这种工商企业,因为管理协调的"看得见的手"比亚当·斯密所谓的市场协调的"看不见的手"更能有效地促进经济的发展,同时也能增强资本家的竞争能力;现代工商企业的管理体制取代了市场机制而协调着货物从原材料供应,经过生产和分配,直至最终消费的整个流程。作者通过大量的史料论证了高效率的销售组织对于保证企业顺利发展的极端重要性,阐述了管理的变革对生产发展的促进作用,并指出,随着生产的扩大,客观上又要求管理进行变革①。

1994年,钱德勒出版了他的"三部曲"最后一部《规模与范围:工业资本主义的原动力》。他把研究的视野扩展到了全球领域,经过详细的考证,他论述了19世纪80年代到二战结束这一段时期内,美、英、德三国企业兴衰的原因,提出了"组织能力"的概念。

(四) 菲利普·科特勒(Philip Kotler,1931—)

菲利普·科特勒是现代营销集大成者,被誉为"现代营销学之父"。科特勒博士见证了美国40年经济的起伏坎坷和繁荣兴旺的历史,从而成就了完整的营销理论,培养了一代又一代美国大型公司的企业家。他多次获得美国国家级勋章和褒奖。

彼得·德鲁克是敦促管理界重视市场营销的第一人。他认为,市场营销不仅仅是推销术的华丽版本,和创新一样,它是企业最重要的功能之一。

科特勒博士著作众多,许多都被翻译为20多种语言,被58个国家的营销人士视为营销宝典。其中,《营销管理》一书更是被许多海外学者奉为市场营销学的"圣经",是现代营销学的奠基之作。他与凯文·凯勒合著的第一版《营销管理》不断再版,现在已是第12次再版,是世界范围内最经典的、适用面最广的

---

① 小艾尔弗雷德·D.钱德勒.看得见的手:美国企业的管理革命[M].重武,译.北京:商务印书馆,2001.

营销学教科书,被选为全球最佳的 50 本商业书籍之一。

科特勒曾致力于研究互联网对市场营销概念的影响,这在他的最近新书《科特勒营销新论》(*Marketing Moves: A New Approach to Profits, Growth and Renewal*, 2002)中有深入的阐述。

2009 年 5 月,由菲利普·科特勒博士与约翰·卡斯林博士联手推出的新作《混沌时代的管理和营销》在中国正式面世。

(五)伊戈尔·安索夫(H.Igor Ansoff,1918—2002)

伊戈尔·安索夫,战略管理的鼻祖,战略规划学派。母亲是俄国人,出生于海参崴。20 世纪 50 年代任职于美国军方智库兰德公司,参与研究美国军事战略的研制和计划工作,后任职于洛克希德,这两段经历是其成为战略大师的起点。

1963 年,安索夫任教于卡内基—梅隆大学经营管理研究生院,期间出版了《公司战略》。

1973 年至 1983 年,安索夫应邀到比利时的欧洲高级管理学院(European Institute for Advanced Studies in Management)任教,期间出版了《从战略计划到战略管理》和《战略管理》。

安索夫的这三部名著《战略管理》(1979)、《公司战略》(1965)、《从战略计划到战略管理》(1973)被公认为是战略管理的开山之作。1979 年出版的《战略管理》和 1984 年出版的《植入战略管理》两书不仅进一步完善了他的战略管理体系,还为战略管理理论提供了一系列实践方法和措施,使他的主张得以有效贯彻和落实。

安索夫在战略管理(Strategic Management)中,专注于开创性研究,他最先提出了公司战略概念、战略管理概念、战略规划的系统理论、企业竞争优势概念以及把战略管理与混乱环境联系起来的权变理论,奠定了他在战略管理这一学科上的宗师地位。

第六节 21 世纪的主要管理思想及代表人物

一、时代背景

进入 21 世纪,企业面对的是复杂多变的经营环境,因而只有整体优化配置企业的全部资源,特别是人力、智力、物力和财力资源,让企业中的各个层次、各个部门和各个岗位,以及总公司与分(子)公司、产品供应商与推销服务商和相关的合作伙伴协调起来,统一意志,协同行动,才能发挥企业竞争优势,实现企业的经营目标。因此,更加重视管理的整体优化将是企业管理的一大发展趋势。现代信息技术的集成化趋势,也为整体管理思想的实现提供了技术保证。核心能力理论、学习型组织理论,以及各种基于信息技术而产生的各种管理模式都印证了这一点。

影响管理思想发展的主要因素是生产力发展的程度。而且主要取决于科学技术的进步和发展、人类各种文化的发展和相互渗透的程度,这是因为由于科学技术的发展,人类已经形成了"地球村""宇宙岛"概念,人类的思维已经是站在全球角度来看待人类所遇到的问题了。生产组织的形式是形成新管理思想的主要来源:农业经济的生产方式决定着传统的管理思想,并以此支配着当时的管理过程;工业经济大生产的生产方式决定着古典的管理思想和现代管理思想,以及相应的经济规律。当生产力的发展使人类社会进入知识经济时代时,首先表现出来的是生产和生活方式的巨大转变,从而形成了适应于知识经济时代的管理思想和经济规律。人本身的发展也是管理思想的主要因素之一。因为人无论是管理客体还是管理主体,都是决定因素。而人本身随着社会的发展、受教育程度的提高、文化交流的普及和信息沟通手段的迅速发展,也在不断发展变化着,其个性化程度成为人类社会发展的主要特征之一。这样对于管理思想的形成就成为一个多因素的关系,因此管理思想发展本身就是一个动态的、不断发展的过程。

21世纪是知识经济的时代,信息化与全球化浪潮迅速席卷全球,信息、知识和创造成为企业重要的战略资源。20世纪六七十年代以来,信息技术革命和市场经济的迅速发展,使企业的经营环境和运行方式发生了很大变化,特别是顾客、竞争和变化这三个因素,完全改变了今天企业的苍穹。西方国家经济的长期低增长又使得市场竞争日益激烈,美国企业在感受来自其他国家严峻挑战的同时,不得不针对自身竞争能力的不断下降进行反思。如何改变原来的组织与作业方式,激发企业人力资源的创造力,已是企业保持生命力持续发展的必然。

二、主要管理思想及代表人物

(一)迈克尔·哈默(又译汉默,Michael Hammer,1948—2008)

迈克尔·哈默,企业再造之父,20世纪90年代四位最杰出的管理思想家之一。毕业于麻省理工学院,曾是软件工程师,并任过麻省理工学院计算机专业教授。

1990年,哈默在《哈佛商业评论》上发表了一篇名为《再造:不是自动化,而是重新开始》的文章,率先提出企业再造的思想。

1993 年,一本明确提出再造理论概念的书出版,名为《再造企业:经营革命宣言》。该书由哈默以及詹姆斯·钱皮(James A.Champy)合著,该书的畅销使得在国际范围内掀起一股再造的新浪潮。在进一步研究后,《再造革命》(1995年)、《管理再造》(1995)、《超越再造》(1996)等著作陆续出版,不断丰富和完善企业再造理论。企业再造理论也被译为"公司再造""再造工程",在西方国家被称为"毛毛虫变蝴蝶"的革命。

2001 年出版《企业行动纲领》一书,提出九大纲领,为未来企业的管理提出了大胆而富有创见的构想。

哈默的重要思想:业务流程再造(BPR)(Business Process Reengineering,简称 BPR):强调顾客导向,强调以员工为中心,强调合作、授权、扁平化、并行工程。

(二) 彼德·圣吉(Peter M. Senge,1947—)

彼德·圣吉,学习型组织之父,麻省理工学院博士。国际组织学习协会(SoL)创始人、主席。被誉为继彼得·德鲁克之后,最具影响力的管理大师。他强调在工作场所中人的价值的基本定位,强调组织学习的作用,在战略管理上属于适应学派。他和戴明(Edwards Deming)、阿吉里斯(Chris Argyris)、雪恩(Edgar Schein)与熊恩(Donald Schon)等大师级的前辈,以及一些有崇高理想的企业家,致力于将系统动力学与组织学习、创造原理、认知科学、群体深度对话与模拟演练游戏融合,发展出一种学习型组织的蓝图。

1990 年,他出版《第五项修炼:学习型组织的艺术和实践》。

1994 年,他出版《第五项修炼——实践篇》,《第五项修炼——寓言篇》。

1999 年,他出版《变革之舞:学习型组织持续发展面临的挑战》。同年,圣吉被《经营战略》评为 20 世纪对商业战略影响最大的 24 个伟大人物之一。

2000 年,彼德·圣吉和他人合作出版《学习的学校》。

2001 年,彼德·圣吉与彼得·德鲁克的对话《领先于变革时代》(*Leading in a Time of Change*)出版。同年,圣吉被《商业周刊》评为世界十大管理大师之一。

1990 年《第五项修炼》出版后,连续三年荣登全美最畅销书榜榜首,并于1992 年荣获世界企业学会(World Business Academy)最高荣誉的开拓者奖(Pathfinder Award)。1997 年,《第五项修炼》被《哈佛商业评论》评为过去 75年中影响最深远的管理书籍之一,是理论与实践相配套的一套新型的管理技术方法,是继"全面质量管理"(TQM)、"生产流程重组""团队战略"之后出现的又一管理新模式,被西方企业界誉为"21 世纪的管理圣经"。

　　《第五项修炼》主要内容有"自我超越""改善心智模式""建立共同愿景""团队学习""系统思考"等五项管理技巧,试图通过这些具体的修炼办法来提升人类组织整体运作的"群体智力"。《第五项修炼》顺应了信息化时代大潮,是知识经济的产物,完全符合中国创建学习型社会、学习型城市、学习型社区、学习型企业和学习型家庭的发展目标。

第二章　3M 公司：技术创新实践

第一节　理论背景和意义

创新起源于拉丁语，原意有三层含义，分别是更新、创造新的东西和改变，定义为：在现有思维模式的基础上，提出有别于常规或常人思路的见解，并以此为导向，在特定环境中，将现有的知识和物质串联在一起，用以改进或创造新的事物、方法、路径、元素、环境来满足理想化需要或社会化需要，并能获得一定有益效果的行为。创新在经济、商业、技术、社会学以及建筑学这些领域的研究中有着举足轻重的分量[①]。

从经济学角度看，创新这一概念随着时间、社会、技术的变动，不断更新着。观察创新定义的变化如表 2-1 所示。

表 2-1　创新概念的发展历程

时间	学者	主要观点及其贡献
1912 年	熊彼特（美）	《经济发展概论》中指出：创新是指将一种新的生产要素和生产条件的"新结合"引入生产体系。这是经济学上创新概念的起源，具体包括五种情况：①引入一种新产品；②引入一种新的生产方法；③开辟一个新的市场；④获得原材料或半成品的一种新的供应来源；⑤新的组织形式[②]
20 世纪 60 年代	华尔特·罗斯托（美）	提出了"起飞"六阶段理论，将"创新"的概念发展为"技术创新"

---

① 王晓珍.科技经费配置对市场创新绩效影响测度及结构优化研究——以我国部分省域高技术产业为例[D].徐州：中国矿业大学，2012.
② 赵宇.创新视野下波音公司发展历程[D].上海：华东师范大学，2008.

时间	学者	主要观点及其贡献
1962 年	伊诺思 （Cynos）	在其《石油加工业中的发明与创新》一文中，首次直接明确地对技术创新下定义，从行为的集合角度认为技术创新是发明的选择、资本投入保证、组织建立、制定计划、招用工人和开辟市场等综合的结果
	林恩	首次从创新时序过程角度来定义技术创新，认为技术创新是始于对技术的商业潜力的认识而终于将其完全转化为商业化产品的整个行为过程
1969 年	迈尔斯 马奎斯	《成功的工业创新》中将创新定义为技术变革的集合，认为技术创新是一个复杂的活动过程，从新思想、新概念开始，通过不断地解决各种问题，最终使一个有经济价值和社会价值的新项目得到成功的应用
70 年代 下半期	美国国家科学基金会	拓宽了对技术创新的界定。在 NSF 报告《1976 年：科学指示器》中，将创新定义为"技术创新是将新的或改进的产品、过程或服务引入市场"。明确地将模仿和不需要引入新技术知识的改进作为最终层次上的两类创新而划入技术创新定义范围中①
	厄特巴克	在 1974 年发表的《产业创新与技术扩散》认为"与发明或技术样品相区别，创新就是技术的实际采用或首次应用"
80 年代中期	缪尔赛	完成技术创新概念的系统整理分析。通过整理分析他认为："技术创新是以其构思新颖性和成功实现为特征的有意义的非连续性事件"
1973 年	弗里曼	把创新对象基本上限定为规范化的重要创新对象。他认为，技术创新在经济学上的意义只是技术向商业化实现的首次转化。他发表的《工业创新中的成功与失败研究》中认为，"技术创新是一技术的、工艺的和商业化的全过程，其导致新产品的市场实现和新技术工艺与装备的商业化应用"
1982 年		《工业创新经济学》修订本中明确指出，技术创新就是指新产品、新过程、新系统和新服务的首次商业性转化

---

① 武振杉.基于商业银行功能视角的个人金融业务创新研究[D].上海：华东师范大学，2010.

美国是一个追求创新的国家,通过对 3M 公司案例的学习,我们可以来了解一下创新的重要性以及我们如何提高自己的创新能力。

第二节　案例分析

一、3M 公司简介

3M 公司是 Minnesota Mining and Manufacturing Company(明尼苏达矿业制造公司)的简称。其成立于 1902 年的美国圣保罗市,是世界上著名的产品多元化跨国企业。3M 公司长期以来一直就是道琼斯 30 种工业成分指数股票之一,也是世界 500 强企业之一。

多元化的经营战略是 3M 公司最大的特色。公司涉及的行业大致可以分为八个大的市场类别,分别是显示与标识、电子电力及通信、医疗保健、安保与防护、交通运输、工业制造业、办公用品、家庭及休闲。3M 公司在其近一个世纪的发展历史中开发的高品质的产品多达六万多种,这些产品涵盖了人们日常生活中的方方面面,如工业、化工、电子、电气、通信、航空、医疗、安全、交通、汽车、建筑、文教办公、商业及家庭消费品等,其在中国销售的、为大家所熟知的品牌有:3MTM、ScotchgardTM(思高洁)、Post-itTM(报事贴)、ScotchTM(思高)、ThinsulateTM(新雪丽)等。可以毫不夸张地说,目前世界上有近 50% 的人每天直接或间接地接触或者使用到 3M 的产品,这些产品给人们的日常生活和工作带来极大的便利,甚至人们的生活方式从根本上被某些产品改变了,像我们日常用的报事贴,人类第一次登上月球所穿的鞋底材料、第一盘录音磁带的问世,都离不开 3M 的身影。

创新是 3M 公司另外一个显著的特色。其百年来持续不断地进行创新,催生出了如此众多的产品,几乎每天都会有近 500 个新产品被开发出来。这也是其能够在越来越激烈的全球化市场竞争中不断发展壮大,生存至今的根本原因。3M 公司连续多年荣获全球最具创新精神的公司的荣誉,导致其独特的创新机制被越来越多的企业所研究和效仿。3M 公司的创新纪录在工业界名列前茅,几乎所有管理人员都认为 3M 公司拥有最为主动的研发计划且最有能力适应未来市场竞争。3M 公司重视研发,倡导质量控制和管理,正如愿景所描述的一样"3M 以科技举百业、3M 以产品兴万家、3M 以创新利个人"。柯林斯和波勒斯在《基业长青》中曾经说道,"如果拿生命做赌注,赌我们研究的哪一家公司会在未来50～100年继续成功和适应,我们会把赌注下在3M上。"①

二、3M公司的核心技术能力

(一)广泛而坚实的技术平台

3M的技术创新集中体现在45个技术平台上,各类市场的产品开发都是以这些技术平台作为基础。公司通过创新的价值观、财务目标和人力资源标准将这40多个技术平台联结起来,这些技术平台独自可以向纵深不断发展,同时又互相融合进而衍生出新的技术和产品。3M公司在科技创新方面的不断投入为它带来了蓬勃的发展力。其技术研发方面主要分为四种类型:①平台开发项目;②高级开发项目;③突破性项目;④延伸开发项目。

其中,广泛而坚实的技术平台是3M公司核心技术能力的最重要基础。截止到目前,3M公司从最初建立的核心技术,如研磨技术、粘接技术、陶瓷技术、电子封装技术和综合系统设计技术到最新建立的技术平台,如有孔物料膜、无纺物料、特殊材料、光控制、微复制和免疫反应优化技术等,已经拥有超过45个核心技术平台,成为3M公司研发创新产品的能量之源②。这些技术平台,不论从广度还是从深度上来看,都是推动3M公司不断创新和持续增长的原动力,也是3M公司竞争力的核心所在。

(二)技术交叉应用能力

3M公司的技术横跨了多个市场应用领域,这些技术并不受国别的限制,公司所建立的核心技术平台是所有涉及3M公司业务的地方均可共享的,这些核心技术平台超过45个。在拥有如此强大研发能力的基础上,3M公司的管理人员会根据目前业务的重要性程度制定一个十分清晰的商业发展计划,并在此基础上配合技术人员制定进一步的技术研发策略,随时做好将已取得的科技成果与发展潜力巨大的市场相结合的准备。

为了降低研发支出,减少生产和维护费用,同时降低产品开发的风险,3M公司强调同一系列产品共用开发资源,并在不同产品和产品线之间表现出标准化、兼容性和共用性的特征③。

3M公司在应用核心科技方面有两个重要的特点:一是将不同的核心技术以意想不到的方式结合起来应用,为客户提供完善的解决方案;二是在截然不

---

① 吉姆·柯林斯,杰里·波勒斯.基业长青[M].北京:中信出版社,2002:172.

② 贺宝成.3M公司创新管理及启示[J].郑州航空工业管理学院学报(社会科学版),2004(6):144-145.

③ 朱朝晖,陈劲.3M公司之全球创新[J].研究与发展管理,2005(2):16-27.

同的市场领域广泛地应用这些核心技术。不同技术交叉和融合产生新的技术，而不同领域的交叉和融合又可以产生新的领域(见图2-1)。这样就大大降低了研发成本,同时可以使那些能够重复利用的技术和资源得到最大化,帮助了3M公司在广泛的市场领域里不断成长,并持续获得竞争优势。

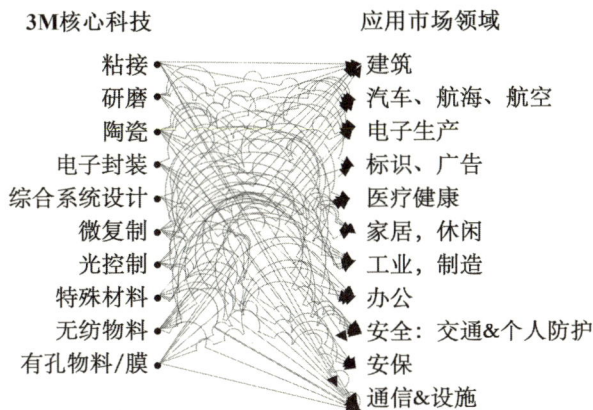

3M核心科技　　　　　**应用市场领域**

粘接　　　　　　　　　　建筑
研磨　　　　　　　　　　汽车、航海、航空
陶瓷　　　　　　　　　　电子生产
电子封装　　　　　　　　标识、广告
综合系统设计　　　　　　医疗健康
微复制　　　　　　　　　家居，休闲
光控制　　　　　　　　　工业，制造
特殊材料　　　　　　　　办公
无纺物料　　　　　　　　安全：交通&个人防护
有孔物料/膜　　　　　　 安保
　　　　　　　　　　　　通信&设施

图 2-1　技术整合应用

(三) 公司的技术创新体系

1. 公司的技术创新文化

3M独有的技术创新文化是随着公司的发展逐渐演变形成的,在公司的创业初期采用的方法和其他大部分公司一样,通过持续不断的研究和探索,从无数次的失败中吸取经验教训。之后的近百年,3M一直都秉承着董事长的威廉·麦克特(William L. Mcknight)的管理理念:"各级管理层都勇于将职权委托给公司的男女员工们,鼓励他们在实际工作中发挥并锤炼其首创精神。"这种管理理念在激励员工为公司奉献的同时将创新文化深深渗透在公司的每一个环节,各环节互相影响、互相促进。

3M公司的企业文化是一种以创造发明为基础,充分尊重公司内部不同成员、不同国别种族文化之间的协作关系,致力于形成通过不断的创新推动社会进步,使人们生活更为美好的企业文化。其中,创新是公司企业文化的核心部分。

目前3M创新的主要方式是依靠主要的技术平台,根据市场和客户需求有针对地进行长期、中期、短期产品开发,同时不断加大研发投入力度和改进流程,使之更快更好地推出有竞争力的新产品。具体来看,3M创新文化的独特性可以从如下五个方面得到诠释。

1）容忍失败

3M公司的创新历史是不断从失败中汲取教训走向成功的历史。因为任何一个新的构思、新的技术、新的发明转化为产品都不可避免地需要经历失败、犯错、冒险的过程。100多年以来，如果对于创新失败没有足够的包容，就没有3M公司各种新产品的诞生，也只有这样的包容才能使员工对自己的想法进行大胆的尝试。

麦克奈特曾说过："我认为在发生错误时，如果管理者独断专行，过于苛责，只会扼杀人们的积极性。只有容忍错误，才能够进行革新。"因此，3M公司绝不轻易否定任何新的想法，充分授权并相信员工，宽容对待创新中的挫折和失败。尽管创新充满着不确定性、意外性和各种风险，但对企业来说，不创新带来的危害更大更严重。3M公司的创新文化中，人才机制的完善、激励机制和创新环境的全面建设值得我国大部分企业借鉴。

2）注重行动

德鲁克曾说过，创新主要不是以科学或技术上的重要性，而是以对市场和顾客的贡献来衡量其价值的。这句话表明，仅有构想的创新相当于纸上谈兵，不能将创新转化为经济利益是没有任何意义的，行动和实践对于创新至关重要。针对这一点，3M公司为其确立了简单而明确的创新理念："创新＝新思想＋能够带来改进或创造利润的行动。"这一理念将创新和想法区分开来，指出创新离不开行动。

基于这个创新理念，公司确定以新产品投入市场所带来的价值来作为衡量创新成功与否的标杆，并以此来对创新团队做出奖励。这种通过市场的反馈来实现创新的可持续性，既公平合理又能在最大程度上保证创新的良性循环。

3）"30%"目标

为了使公司加大创新力度，使新旧产品不断更替，保持公司长久的生命力和竞争力，公司提出了"30%"的目标，即3M公司每年的销售额中应当至少有30%的收益是来自过去四年公司开发的新产品。从某种角度上来说，创新的实质就是与时间赛跑，假如滞后，那么竞争对手的领先将会使创新投入变得毫无意义，这种损失要比新产品开发投入大得多。

4）协同创新

3M公司在充分激发员工个人独立创新意识的同时，鼓励团队创新和跨部门的协作创新。对于喜欢独立研发的员工，公司以加大奖励力度的方式给予支持，容忍他们的偏执并保护其创新的激情。一旦员工在创新过程中遇到困难，可以没有任何限制地向其他的部门寻求协助。公司也鼓励不同部门之间的人员组成团队来进行新产品的开发，不同部门和职能的人员对项目会有不同角度、不同深度的看法。在此基础上进行深入有效的沟通合作,会大大加快项目的进度,同时将项目的风险和成本降到最低。

除了跨部门的协作以外,有些项目可能需要3M不同国家技术和相关人员的支持,例如3M中国新产品的开发在技术上需要美国专家的支持,那么可以通过各种电话会议和技术交流平台进行定期的项目沟通[①]。当然,也可以申请派驻或者请求美国的人员到本地。

5)"15%规则"

"15%规则"指的是3M任何一个员工都可以每天利用15%的工作时间去做一些自己感兴趣的研究,管理人员无权干涉,哪怕这个研究的方向和本职工作没有任何联系。尽管有这样的规则,"15%规则"只是象征性的数字,它表明了公司的一种态度,有的员工甚至可能全天的工作时间都用到了自己的业余项目。公司不希望因为硬性的工作抹杀任何一个潜在的创新,谁又会知道由于这个创新带来的产品不会改变世界呢?

在3M创新的历史长河中,这类或明或暗的创新过程一直存在着,也正因为如此,3M的产品创新领域格外的宽泛。小到简单的透明胶带,大到复杂的航空航天工程,3M的创新产品无处不在。可以说,"15%规则"是3M新产品创新孕育和成长的摇篮。

2.公司的技术创新机制

1)以厂商为主的产品开发

通常其他公司都会提倡"以顾客需求为导向,以市场需求为前提",而3M的商品开发理念完全是反向思维,坚持一贯的由研究技术人员提出构想的厂商主导开发型。这是因为3M认为,顾客的需求往往局限于现有商品的延伸,很难产生出具有突破性的商品,这种工作应交由研究人员来完成。而且,这种具有独特性能的商品,能唤起顾客的潜在需求,激发顾客的购买欲望。

当然,这种开发是基于研发人员掌握大量的市场资料,对于行业发展趋势有着深刻的认识以后才可以做到的。3M的这种开发理念,在某种程度上更激发了研究人员创新和创意的积极性,促使他们更重视自身思索和构想,并且能够主动地去了解市场,同销售和客户加强沟通。这种创新的过程以及所开发出的商品,是无法轻易复制的。3M以这些实际可行的方法和措施激发出研究人员创新和创意的精神,使企业长久保持创新的活力。这些都成为3M的企业文化和财富的一部分。

---

① 王群.3M公司产品创新机制分析[D].北京:对外经济贸易大学,2002.

2) 跨越组织型开发法

在 3M 公司从事研发工作,任何人均可以加以利用公司整体的技术资料,员工也可以按照自己的兴趣开发、实验自己感兴趣的产品和方向。如果研发失败,公司也决不会以此来惩罚员工或者停止其后续的自有研发工作。这些听起来有些难以置信的管理方式在 3M 已经成为从上到下的共识。

这种极度自由的研发环境使得开发部门可以和其他部门无障碍地沟通、合作,统一公司内部的人员和资源合作完成创新开发工作,同时也使得产品的开发同时具备多个视角、多重考虑,一定程度上保证了产品开发的质量与成功率。

3) 发展工业技术平台

在 3M,对工业技术平台的定义是:用一种已有的基本技术,在此基础上添加新的构想和功能并使之商品化,从而衍生出多种的商品。这种技术平台,3M 的研究人员可不受限制地加以利用。正因为这样,技术资料可自由流动,而技术人员也可在毫无干涉的气氛中进行开发研究。

在 3M 的众多新开发出的商品中,全新技术所占的比重很少,有相当一部分是从工业技术平台上发展出来的。例如 3M 的工业用胶带、医疗用胶带、办公用报事贴、电磁屏蔽胶带都适用了 3M 胶黏剂的基础技术[①]。目前 3M 已经在多达四十种的工业技术平台上各自衍生出了上千种商品,正是工业技术平台的支撑,使得 3M 源源不断地产出新的商品。

4) 国际化创新

3M 公司的创新交流包括部门间、分公司间、国家间三种层次的交流,各国家之间的技术是流通、共享的。这种创新交流带来的不仅是新思维、新产品,也带来了文化的差异和冲突,研究解决或避免这种冲突的方法是技术创新国际化中重要的问题之一。

为了不同人员间的有效沟通,3M 公司采用各种方式来提升团队合作沟通。新员工培训、E-mail、企业内部互联网、内部数据共享平台、因特网、Lotus Notes、视频会议等方式在很大程度上帮助了员工进行跨部门、跨国别的沟通。

3M 美国总部定期会将企业的科学家们派往各海外的技术中心,实现在全球范围内的技术交流计划,并与当地技术人员召开各种技术研讨会,这对当地有创新意识的年轻雇员产生了积极的影响。同时,这样就促成了技术人员将他们的创意想法、知识与经验见识定期向世界其他分支机构传输。

3. 公司的技术创新环境

3M 卓越的技术创新能力与其良好的创新环境是密不可分的,只有好的土

---

① 刘谋升.论 3M 公司的创新机制[J].商场现代化,2008(20):42-43.

壤才能孕育出参天大树。公司为了更好地让员工进行创新工作,制定出了多项措施。

1)终身雇用制度

3M公司采取终生雇用制度,这在美国是罕见的。公司的员工都享有年度加薪晋升和终生雇用的待遇。3M会根据员工的实际情况制定相关的福利政策和员工发展方案,使员工在3M各部门工作,能力都能得到充分发挥并获得满足感。所以,很多员工一旦进入3M,几乎很少有人会考虑在退休之前离职或换其他工作。这些资历深厚、经验丰富的员工是支撑3M不断创新的力量源泉。

2)双重晋升机制

在大部分公司内,一般管理人员的晋升路线较容易确定,但技术人员的晋升问题一直得不到有效解决。一般来说,技术人员在其擅长的技术领域游刃有余、兢兢业业,但由于职位没有大的升迁而影响报酬的增幅。而3M公司顺其自然,让技术人员用其所长,专心做研究开发工作,并且随着其资历和能力贡献的增加,给他们适当的地位与福利待遇,使他们避免为繁杂的管理事务所影响。这套人事系统和管理渠道的升迁在待遇方面并无任何差异,如此一来3M的双重晋升制度(Double ladder system)就解决了从事技术开发人员的升迁难题。

3)内部推销原则

公司的员工如果自己有了好的创新点子,可以先向自己的主管推销,例如清晰地说明创新产品的用途、优势、生产的可行性以及商业前景如何。如果主管批准,那么他就可以在本部门内组建团队来将创新转化为新产品并推向市场。当然,即便创新设计没有被本部门批准也没有关系,创新者还可以直接向公司的其他部门去提交申请,只要能够说服其他部门接受其创新观点,他的人事关系可以直接转到接受他创意的部门,他依然可以因此获得专门的研究款项和团队成员,以使这种创意尽快商业化。这种内部推销的制度不但可以简化创新设计的审批流程,从而节省了新产品上市的宝贵时间,也减少了对创新活动的人为阻碍。

4)奖酬制度

3M对于创新产品的奖励是随着产品销售额的增加而向上浮动的,覆盖面不仅包含创新者本身也包含其团队成员和直属主管。奖励的内容可以包含奖金和职务晋升,同时还带有私人实验室和旅游计划等其他奖励。这就使员工摒弃赚外快的念头,立足于本职工作,只要对公司的产品业务不断创新改进,同样能得到奖励和提拔;对于相应的主管人员来说,其下属如果取得创新成功,公司将基于其该项活动的全部基金做奖励,这种方式可以很好地控制官僚主义的作风,将主管和员工的利益捆绑起来,能客观地分析和考虑员工的创新产品,并在员工后续的创新过程中全力支持。

3M 创立的与技术创新有关的奖励制度有 12 种之多,对公司创新发展有贡献的员工都可以从中得到奖励。其中最高档次的卡尔顿奖是被称为公司的诺贝尔奖,公司成立至今也只有一百多人获颁该奖项。获奖人将此荣誉作为自己在技术创新领域获得杰出成绩的一种象征,这使得员工在事业上受到同事的认可,从中得到快乐和自我价值的实现。

5) 定期投入

自 3M 成立以来,公司从来都不吝啬于技术创新方面的投入。得益于这些投入,公司每年都有大量的新产品被开发出来,同时也有不少原有的产品被改良。公司于 1983 年还特别创立了用于技术创新和产品开发的专项基金,至今每年几乎都有近百项创新计划被该基金支持。同时,这些稳定的投入不仅将用于新的创新,也在一定程度上鼓励了员工对原有产品的改良创新,有了公司对技术创新的这些资金支持和相应的资源投入,在长期的经营中,3M 不论是在同系列产品还是新产品上,始终能比对手更胜一筹[①]。如今,3M 的技术人员敢于改良老产品、开发新产品,大胆地创新,把握市场空缺,只要有市场需求,研发经费是不需要担心的问题。现在,锐意改革、不断创新已是 3M 的一项长期坚持的传统。

(四) 全球化管理方法

1. 全球性的战略和地方性的执行

"战略是全球性的,但战略的执行是地方性的",这是 3M 公司多年来的成功经验,是不可忽视的一条战略,也是 3M 公司经过长期实践被证明是正确的经营策略。对 3M 这样一个跨国集团而言,由于每个美国本土以外的国际公司所在的国家都有其自己的特殊环境因素,包括政策、文化、风俗、信仰、资源,等等,对此类情况,3M 都给出发展的整体方案,然后由其员工根据所在环境自行决定如何执行,充分考虑全球性集团的多元化文化,培养各个国际公司建立自己的目标的创造性,而并非机械地要求这些国际公司采用与美国完全统一的模式操作。

这种管理模式和企业文化,不仅运用在整体运营上,在 3M 公司技术创新的发展道路上也没有任何差别。企业管理上,这不仅成为 3M 公司成功适应国外本土文化的重要法宝,同时也是其技术创新的重要源泉,帮助 3M 成功抢占当地市场。3M 在美国以外的各个国际公司根据所在国家的本土资源和特有的

---

① 葛玲英.基于技术创新的组织内创业环境研究——以 3M 公司为例[J].中小企业管理与科技(上旬刊),2009(11):63 - 64.

经济环境,创新地开发了许多满足本土市场需要的多元化产品和技术。例如3M巴西公司掌握了本土的资源信息,了解到当地的原材料优势,发明了用于汽车制造的低成本热融黏胶。

1993年,3M公司提出了一致性战略,强调全球范围内的任何一家国际公司都必须展示出一个统一的、一致的、积极的3M形象,但即使如此,3M在业务上仍然还是考虑到本土环境的差异性,换言之,3M公司提倡的是在整个全球范围实现品牌形象的统一、发展战略的统一,但允许具体业务执行方针上的差异,通俗讲,即一个公司一个声音,但可以有不同的口音,这种管理模式得到各地文化、语言和客户的认同。

2. 员工当地化和技术管理全球化

3M公司认为,只有当地的员工才能更好地了解当地的政策、文化、市场等特殊环境因素,因此海外分公司的运营管理大都是雇用当地员工,这一直是3M公司坚持执行的一个统一政策。

据统计,3M公司只有近三百名海外驻派人员,其他的约33 000名员工都是当地招聘雇用的,海外驻派的人员数量占全球员工数量不到百分之一。当然,这些海外驻派的人员是为了满足跨国分公司与美国公司的管理沟通需要,这样能有利于各国际公司与美国总部的技术信息输入与输出顺利地进行。但是近些年,公司间交叉派驻的现象越来越多,大大加强了技术的国际传输,增强了企业内部员工的专业知识交流,创造了有利于技术创新的基础,这种全方位的海外驻派形式成为跨国技术交流与创新的关键途径,海外派驻人员也相应成为关键联系人和协调者。

在东道国招聘当地的员工,不仅有利于企业管理成本上的控制,也有利于企业利用本地员工的优势加强国际创新中的交流与沟通,开展本地业务,开拓本地市场,更重要的是招聘东道国的本地员工,可能引用当地超越美国的技术资源,同时这也是一种弥补美国所缺少的人力资源的办法。例如3M公司在美国以外研发能力最强的一支技术队伍,就是在日本的Sumitomo 3M公司,这支研发队伍就是以日本当地招聘的高素质技术毕业生为核心成员,这使得Sumitomo 3M一直处于技术领先地位。

第三节　回顾小结与意义

3M公司注意培养自己的核心技术能力,通过体系来保证技术创新,建立与组织相适宜的技术创新文化。不断完善的技术创新机制和兼容并包的技术创新环境,能帮助全球性战略的实施,加强国际化创新的交流与沟通。通过文化和机制双管齐下、软硬兼施,从各个方面营造出和谐的创新氛围。小至员工的奖惩、假期,大至全球化的管理,3M无处不体现自己的理念。创新是3M公司的另外一个显著特色。其百年来持续不断地进行创新催生出如此众多的产品,几乎每天都会有近500个新产品被开发出来。这也是其能够在越来越激烈的全球化市场竞争中不断发展壮大,生存至今的根本原因。3M公司连续多年荣获全球最具创新精神的公司的荣誉,导致其独特的创新机制被越来越多的企业研究和效仿。3M公司的创新纪录在工业界名列前茅,几乎所有管理人员都认为3M公司拥有最为主动的研发计划且最有能力适应未来市场竞争。3M公司重视研发,倡导质量控制和管理,正如愿景所描述的一样"3M以科技举百业、3M以产品兴万家、3M以创新利个人"。柯林斯和波勒斯在《基业长青》中曾经说道,"如果拿生命做赌注,赌我们研究的哪一家公司会在未来50～100年继续成功和适应,我们会把赌注下在3M上。"

在21世纪变化飞速的商业社会里,3M公司坚定地将创新作为公司企业文化的基础,用不断精进、不断更迭的产品壮大自身。

课后思考

(1)创新是企业生存的关键。无论企业有多么壮大,也不论面临怎样的危机,要想生存和发展,都必须无止境地创新。尤其是已经取得一定竞争优势和市场强势地位的企业,需要通过创新来不断提升企业的经营优势。3M公司锐意创新,经营灵活,试通过本案例或其他相关资料的搜集归纳3M公司的"开拓创新"精神。

(2)研究开发是高风险的创造性活动,失败和走进死胡同常常是创新工作的一部分。"只有容忍错误,才能进行革新。过于苛求,只会扼杀人们的创造性。"这是3M公司的座右铭。你是如何理解创新中的失败的?我们应如何正确地看待创新中的失败?

(3)从案例中可以看到,3M公司在全球化的过程中积极地推进全球创新,充分理解并把握了全球性和地方性、国际化和本土化之间的关系和相互作用。这对中国企业在走向国际化的过程中有何启示?

第三章 杜邦公司：缔造两百年的传奇

第一节 理论背景和意义

组织结构是企业的流程运转、部门设置及职能规划等最基本的结构依据，常见的组织结构形式包括直线制、职能制、直线职能制、矩阵制和事业部制等。

组织结构（Organizational Structure）是指对于工作任务如何进行分工、分组和协调合作。组织结构（organizational structure）是表明组织各部分排列顺序、空间位置、聚散状态、联系方式以及各要素之间相互关系的一种模式，是整个管理系统的"框架"。组织结构是组织的全体成员为实现组织目标，在管理工作中进行分工协作，在职务范围、责任、权利方面所形成的结构体系。组织结构是组织在职、责、权方面的动态结构体系，其本质是为实现组织战略目标而采取的一种分工协作体系，组织结构必须随着组织的重大战略调整而调整。

管理者在进行组织结构设计时，必须正确考虑6个关键因素：工作专业化、部门化、命令链、控制跨度、集权与分权和正规化。

组织结构一般分为职能结构、层次结构、部门结构和职权结构四个方面。

（1）职能结构：是指实现组织目标所需的各项业务工作以及比例和关系。其考量维度包括职能交叉（重叠）、职能冗余、职能缺失、职能割裂（或衔接不足）、职能分散、职能分工过细、职能错位、职能弱化等方面。

（2）层次结构：是指管理层次的构成及管理者所管理的人数（纵向结构）。其考量维度包括管理人员分管职能的相似性、管理幅度、授权范围、决策复杂性、指导与控制的工作量、下属专业分工的相近性。

（3）部门结构：是指各管理部门的构成（横向结构）。其考量维度主要是一些关键部门是否缺失或优化。

（4）职权结构：是指各层次、各部门在权力和责任方面的分工及相互关系。主要考量部门、岗位之间权责关系是否对等。

第二节 案例分析

一、杜邦两百年的成长历程

杜邦（DuPont）公司成立于 1802 年，其创始人是法裔移民 E. I. 杜邦（Eleuthere Irence DuPont de Nemours）。杜邦曾经在法国埃松省的化学家安东尼·拉瓦锡实验室当了几年学徒，掌握了火药生产技术后，于 1802 年由法国移民到美国特拉华州创建了自己的火药厂。1804 年，杜邦发明了爆破专用苏打炸药；历经 70 余年，炸药技术不断精进，火药厂生产的炸药及其材料也不断改变。炸药的不断更迭给矿产开采提供了极大的便利，大大提高了采掘业的工作效率，加速了产业发展的步伐。

1904 年，杜邦开始利用炸药原材料硝酸纤维素生产清漆和其他非炸药类产品；1917 年，杜邦开始生产颜料以及其他大宗化工产品，远离了爆炸品的生产，并不断有新材料、新产品的发明问世。其中不乏有十分优秀的发明，比如玻璃纸防潮的技术、氯丁橡胶、尼龙、四氟乙烯、PVB、莱卡、特卫强牌防护材料、Nomex 阻燃纤维、可丽耐面料、凯夫拉（Kevlar）。其中杜邦凯夫拉纤维还应用于制作的特种防弹背心，经过反复试验和测试，这一防弹背心的质量得到了数十家警局的一致首肯。杜邦材料的超高品质在特殊领域得到极大的肯定，例如在月球上行走的宇航员所需穿着的太空服，为了保证宇航员的生命安全及任务的顺利完成，对太空服的要求极其严苛，但即使这样，一件有 25 层夹层的太空服中 23 层均采用的是杜邦材料。

1981 年，杜邦动用 80 亿美元巨额资金收购大陆石油公司 CONOCO INC.，使公司的资产和收入增加了一倍，促成了当时美国史上金额最大的收购案。

进入 20 世纪后，杜邦实施多元化战略，不断扩展新的产品线，经营范围涉及军工、农业、化工、石油、煤炭、建筑、电子、食品、家具、纺织、冷冻盒运输等 20 多个行业，1 700 个门类，20 000 多个品种，在美国本土和世界近 50 个国家与地区设有 200 多个子公司和经营机构，业务遍布全球 150 多个国家和地区。杜邦公司目前拥有包括杜邦电子和通信技术、杜邦高性能材料、杜邦涂料和颜料技术、杜邦安全防护、杜邦农业与营养五个业务集团。

经过近 200 年的发展，杜邦公司已成为世界上历史悠久、业务多元化的化学及能源跨国企业之一，年营业额达 420 亿美元，盈利为 33 亿美元，在《财富》

杂志列举的全美 500 强大企业中排行 13 位,名列化工行业榜首。

二、杜邦的安全管理

美国东部特拉华州的白兰地河在静静地流淌,岸边草木茂密,风景如画,如果不是矗立着一座杜邦公司的历史博物馆,几乎没人能够想象,这里曾经是一座庞大的黑火药生产厂。200 多年前,E.I.杜邦率领他的家族企业杜邦公司诞生并成长于这条河畔。经过两个多世纪的风雨沧桑,当年的火药厂已经成为杜邦公司历史的印记,今天的杜邦早已投入能源、电子科技、通信与交通、工程塑料、食品与农业以及楼宇与建筑等相关产品的创新、研发和生产,发展为全球领先的科技公司。

在两个世纪的起起落落之中,老牌企业杜邦公司发展到今天,做到了所有的安全目标都实现,这意味着零伤害、零职业病和零事故。关注一下新闻,国内外在一天之中发生的安全事故就有多起,每年还会有一两起重大事故发生,杜邦公司 200 年的发展取得如此耀眼的成绩,在无数次的转型中不断前行,焕发出更强大的生命力,无疑是一段传奇,而缔造这段传奇的秘籍之一便是贯穿于企业经营管理中的核心理念:安全。

(一)高危行业安全理念贯彻始终

杜邦并不是一家被神化了的公司,也不是生来就承担引领全球企业安全生产使命的特殊企业,其今天在安全管理上的成功,同样来源于公司历史上因为安全不够而造成的教训,甚至,这些教训足以用惨痛和鲜血来形容。

就在杜邦的家族企业雄心勃勃地研发和生产中,火药厂曾在 19 世纪初期发生了数次大爆炸,遭受了巨大的生命与财产损失。也正是因为这样,杜邦的领导层深深体会到安全的重要性,并促使了在 1811 年创建了第一套安全管理规范。在一系列的安抚政策中,杜邦公司逐步制定并完善了三项严格的安全管理决策:一是生产管理人对安全直接负责,而不仅仅靠专门的安全部门;二是建立公积金制度;三是让员工真正认识到,安全生产并不是对他们生产行为的约束与纠正,而是对人身的真正关怀与体贴。杜邦还规定,在最高管理层亲自操作前,任何员工不得进入一个新的或重建的工厂去操作,目的是体现杜邦对安全的重视和承诺。

在杜邦看来,生产的安全不仅仅意味着成本,更意味着生命和企业信誉,为了使员工在火药厂继续安心工作,杜邦家族的成员也搬进了厂区与工人为邻,共同承受在高危作业中随时可能袭来的爆炸恐惧,同时也考验着杜邦各级管理人员对安全的重视程度以及执行的彻底性。

事实上,从事火药生产这种高度危险的行业,杜邦公司早已视安全为企业的生命,工厂制定的规章和安全生产程序极为严格细致,比如规定工人穿的鞋不能有铁钉,只能用木钉;进入厂区时必须接受检查,以防止有人将火柴带入厂区。甚至在需要举行庆祝活动的节日里,杜邦公司却规定禁止所有的游戏和有碍秩序的娱乐。

经历了建厂初期的爆炸事故后,安全意识已经成为杜邦公司每一名员工最为敏感的神经。公司为员工制定了近乎苛刻的守则,而最为严格的便是杜邦公司的《十大不可违背安全条例》(简称《条例》)。《条例》中明确规定,安全是被雇用的条件,任何人如果违背了其中任意一条,将面临"丢饭碗"的危险。在杜邦,安全文化除了规章要求外,更重要的是领导以身作则和员工的亲身参与。杜邦还用员工自己的力量来传播安全理念。就"安全"这一主题,杜邦公司内有员工安全委员会,该委员会每月举行一次会议,员工都必须参加。会议通常根据当时热点话题来谈安全,交通安全、雨天安全、行车安全都可以成为话题。

(二)业务拓展倾力经营安全理念

安全管理理念为杜邦公司奠定了强劲的发展动力,使其在经历任何风险和市场挑战的时候总能顺利过渡而丝毫不会动摇。然而杜邦公司始终明白,企业内部的管理只能保证企业生产和经营上的稳定,杜邦要寻求更大空间,更广阔的前景,就要让自身的安全理念成为一种"资源",并且通过生产和经营,让公司获取回报,进而形成企业生存和发展的推动力,使公司在竞争中保持不败。

杜邦认为,凭借科学的发展与运用,地球才成为更安全、更高效、更舒适、更美好的世界。凭借科技创新,杜邦公司在安全产品方面的研究和探索给世界带来了从未有过的变革,杜邦也获得了利润和信誉方面的巨大收获。最有代表性的例子就是杜邦在安全防护领域的一个非常有特色的发明,即 40 多年前问世的 Nomex 产品,发明这种产品的科学家斯维尼还获得了杜邦公司的最高科学成就奖——拉瓦锡奖[1]。另一个经典的例子是在生命科学领域的一项新研究成果,即杜邦 Qualicon。Qualicon 将公司的 RiboPrinter 及 BAX 系统引进市场,这两个系统借助扫描基因信息,如同检测 DNA 指纹,可以辨识现有的各种致病菌对食品的污染,只经过短短的一年,这两个系统已经为 9 个国家的实验室所采用[2]。2008 年,这种技术与方法还被应用于北京奥运会期间的食品安全保障体系。此外,中国国家质检总局将杜邦公司 Quaiicon 事业部的 BAX 系统列为官方指定检测方法之一,用于进出口食品的病原菌检测。

① 王志平.杜邦公司的安全信念与管理实践[J].外国经济与管理,2004(4):20-24.
② 古力.缔造 200 年的传奇——杜邦公司守护安全之道[J].现代职业安全,2009(6):60-61.

在杜邦的业务体系中,不得不提的是杜邦安全防护平台。据悉,杜邦对于安全与防护平台业务的设计,集中体现了杜邦经营安全的思路。该平台致力于开发解决方案,保护人们的生命、财产、业务经营和我们赖以生存的环境,包括个人防护、无纺布、先进纤维系统、实体面材以及安全管理咨询。2004年,杜邦设立了安全咨询业务部门,希望通过为客户提供安全咨询以提高其安全意识和水平。2006年,杜邦安全评价(深圳)有限公司在中国成立,中国客户开始接受杜邦的安全评价服务。在2007年,该平台业务收入合计为56亿美元,形成杜邦公司可持续盈利的"安全"资源①。

(三)积极活动引领安全生产实践

在2008年6月29日的第18届世界职业安全与卫生大会上,作为企业安全管理的典范,杜邦公司发表了题为《在全球培育安全文化:协作、承诺与责任》的2008年度《世界安全宣言》报告。杜邦公司在报告中指出,在企业内部全面推进安全文化是进展最大的领域,但要使安全成为头等大事,将是企业面临的一个持续挑战,减少职业事故与工伤仍是所有安全管理计划的最终目的。这份报告让杜邦公司再次进入公众的视线,得到极大的关注。

除了大会的参与者,杜邦公司还是此次世界职业安全与卫生大会的主赞助商,为企业员工的安全与卫生做出了贡献。杜邦公司需要参与一系列的活动,包括出席安全与健康峰会、举办"分享最佳实践,打造一个更安全、更健康的世界"研讨会、以"在机构及企业内建立一个成功的工作安全与健康管理体系"为题做技术报告,并主持一系列"保护生命"的圆桌讨论会②。

在企业安全管理上,杜邦公司似乎活跃得过分,如此多的会议、报告,但这并非杜邦公司哗众取宠、有意吸引公众的眼球。这是杜邦在帮助、引领全球企业共同关注并改善企业安全生产和经营的实践,为工人的安全、权益谋福祉。杜邦公司自创始起两百余年间,一直都是全球安全记录最好的企业之一,是公认工作场所安全管理做得最好的企业。对于安全保障,杜邦公司有自己的一套硬性措施,具体为领导人做出表率作用、团队有组织纪律性、一直保持安全理念、做好事故预防措施等。并且,杜邦公司还将安全管理经验、知识和科技进行整合,形成有关安全生产和管理的一整套解决方案,向全球大企业和政府部门提供,以期减少同行以及整个社会在生产经营过程中事故的发生。

在面向2015年的可持续发展目标中,杜邦表示,到2015年将推出至少1 000种有关安全的新产品或新服务,杜邦还在延续着这段传奇,将安全理念贯

---

① 梁田录.美国杜邦公司安全文化的借鉴[J].建筑安全,2010(2):10-12.
② 黄承宁.美国杜邦公司安全管理工作经验介绍[J].电力安全技术,2010(4):19-23.

穿于企业经营管理中[①]。杜邦对安全的执着与传播,引领着全球企业对生产安全的关注与实践,也成为我国企业在生产经营过程中借鉴的经验。

三、以管理创新推动技术创新

新制度经济学认为,决定人类发展的原动力来自制度。健康的制度促进了技术的创新和发展,从而推动了人类社会的不断进步。尽管目前制度决定论和技术决定论还在进行着无休止的争论,但有一点可以肯定,即制度对技术的进步有着重要的作用,技术的创新需要制度的创新作保障。在企业组织中,良好的管理制度和组织结构同样对于技术的创新有保障作用。因此,杜邦一次又一次技术创新的背后,其实是为屡次的变迁做支持。杜邦的组织结构,从简单的直线制到复杂的职能制,再到市场导向的产品事业部制以及对事业部的再设计,每一次的变革,无不是为技术创新提供肥沃的土壤,因为每一次变革都是为了适应环境的需要。当组织结构变得与环境不再适应时,杜邦就进行大规模的组织结构变革,使其与新环境相适应。

(一)从直线制组织结构向职能制组织结构的变革

从19世纪初杜邦成立到19世纪末约100年间,杜邦公司一直实行的是单人决策的直线制组织结构。这种组织结构设置简单、权责分明,便于统一指挥、集中管理。因此,在杜邦早期那种稳定的市场环境中,这种结构的适应性比较强,便于信息的沟通。同时,由于杜邦的规模也较小,产品比较单一(主要是火药),产品质量过硬,因此,采用单人决策制,使得决策流程大大简化,对市场的反应速度也很快。这种组织结构对杜邦早期的科技创新和企业发展发挥了重要作用。

这一时期以杜邦的领导者亨利的独裁决策最为典型。亨利是军人出身,具有军人的坚定与果断。这种性格,在一定程度上促进了杜邦的发展。尽管亨利使用的是传统的经验式管理,但由于他雷厉风行的领导作风和快速果断的管理风格,也有助于提高公司管理的效率。亨利从不授权让下属完成任务,而是事事躬行,亲自处理公司的大小事务,如亲自制定决策、亲自签订各种合约、亲自监督所有的车间。在这种集权式的管理下,公司的业务取得了显著的增长。在亨利刚接任时,杜邦还负债50万美元,经过亨利的经营,杜邦迅速成长为这一行业的领头羊。

但进入20世纪后,这种直线制的组织结构就显得与环境不太适应了,市场开始变得动荡莫测,杜邦的规模也逐渐扩大,产品品种开始多样化。这样,单人

---

① 左广智.安全管理的翘楚——杜邦公司[J].吉林劳动保护,2013(2):41-42.

决策的风险性将逐渐增大,原来的组织结构(见图3-1)显然已经不适应新形势的发展了,如果以这种组织结构继续经营,将面临巨大的经营风险。杜邦站在了生死存亡的十字路口。

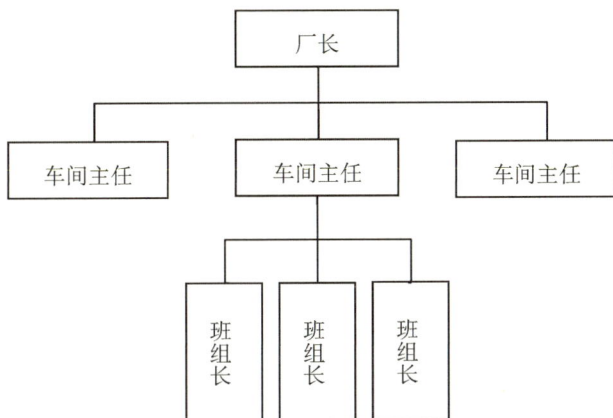

图3-1　单人决策的直线制组织结构图

(二)从职能制组织结构向事业部制组织结构的变革

正当杜邦面临危机的时候,杜邦家族中三位有着丰富管理经验的成员接管了公司,并进行了一系列变革,使杜邦重新焕发了生机。三位经营者看到了单人决策的弊端,认为传统的杜邦管理体制已经不能适应市场的发展,需要一种新的管理模式来取代过去的管理办法。于是他们设计了美国历史上第一个集团化的组织结构。这种新型的组织结构设立了董事会和"执行委员会"。董事会制定公司的发展战略和业务方向;执行委员会是最高管理机构,在董事会闭会期间,大部分权力由其行使,一般董事长兼任执行委员会主席。这种治理结构避免了单人决策的片面性和风险性,有利于保证企业沿着正确的轨道运行。

到1918年,公司已经运行得比较正规了。当时执行委员会有10个委员、6个部门主管、94个助理。高级经营者年龄基本在40岁左右。另外,公司还建立了预测、长期规划、预算编制和资源分配等管理方式,在管理职能分工的基础上,建立了由总办事处控制的采购、制造、销售、基本建设投资和运输等职能部门(见图3-2)。

执委会实行严格的每周例会制度,主要任务是听取、审阅业务报告,评估投资方案及风险,讨论公司的发展方向等。委员会采取少数服从多数的民主决策制,一般以投票表决的方式进行。委员会对各职能部门主管的权限也进行了重新界定:对于超过预算标准的投资额,各个主管无权审批;对于预算内的投资,还要经过委员会专家的审核。这样的决策程序在一定程度上减少了投资风险，保证了利润率。执委会做出的预测与决策主要基于发展部提供的数据和各个职能部门的报告。因此，委员会要求各个职能部门必须按月、按年向执委会提交报告。

职能制具有直线制无可比拟的优势：权力高度集中于委员会，遵循统一指挥、垂直领导和专业分工相结合的原则，权责明确，各司其职，从而促进了杜邦管理的规范化和制度化，促进了杜邦在 20 世纪初期的发展。然而，这种多人决策的职能制也导致部门之间信息沟通不畅，相互扯皮，对市场的反应过于缓慢。这种组织结构自身的特点决定了它无法适应 20 世纪中后期动荡的环境变化。

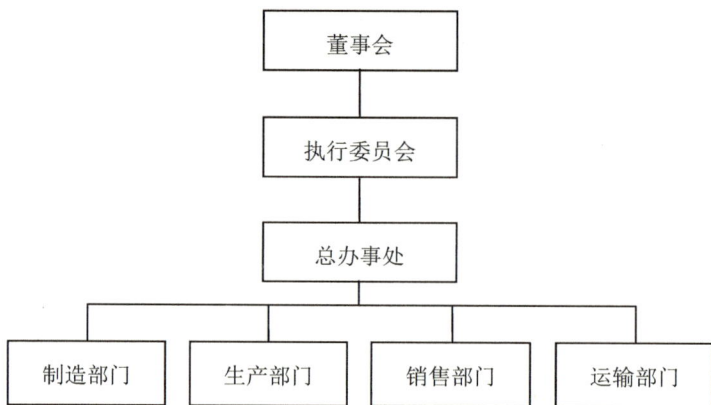

图 3-2 多人决策的职能制组织结构图

（三）对产品事业部制组织结构的变革

由于第一次世界大战期间杜邦的迅速扩张及多元化发展，使得原本庞大的组织结构变得愈加复杂化和正规化，逐渐产生了一些官僚作风，部门之间相互扯皮的事情逐渐增多，对市场的敏感性也逐渐减弱，缺乏弹性。再加上战后通货紧缩、经济疲软等因素，使得杜邦的发展显得步履维艰。为了扭转这种局面，杜邦对它的职能制组织结构又进行了一次大的手术。

20 世纪 20 年代，杜邦又进行了一次组织机构的变革。变革的目标很明确：加快对市场的反应能力，增强组织的柔性和弹性，把市场作为企业生产的导向。变革后的组织不是简单的职能制，而是建立了以产品种类为基础的事业部制。总部主管财务和咨询，各个分部其实就形成了一个个"小杜邦"，独立核算，设立自己独立的采购、生产、销售、会计等职能。这样，总部除了以财务控制为手段对各个事业部进行控制和提供咨询外，各个分部获得了独立的发展权，就可以针对事业部所在的产品市场的需求,生产适应市场需求的产品,从而使杜邦在总体上增强了适应性和弹性。

但是,进入 20 世纪 60 年代以来,杜邦又面临着巨大的市场和技术压力:许多技术专利权纷纷过期,美国人造丝、联合碳化物等竞争者开始蚕食它的市场;杜邦的事业部经理过于独立,以至于有时候总部都不了解各个事业部经理到底在干什么。这些迫使杜邦必须采取措施以改变它的状况。于是,杜邦又进行了一次组织机构改革。它扩大了财务副总裁和咨询副总裁的权力,定期让事业部的经理将自己事业部的营业绩效报告给两位副总,由副总将情况反馈给执行委员会;执行委员会的政策也要经过两位副总的传达才能生效,并让副总协助事业部的运营。杜邦就是这样不断地进行组织机构的创新,当原来引以为豪的组织结构不再适应市场的发展时,就大刀阔斧地进行改革,以促进自己的技术创新,保持领先地位。

杜邦 200 年的发展实际上就是用科技不断改善人类生活的历史;但杜邦成功的背后却是以人为本的企业文化。杜邦始终坚持以人为本、SHE 理念以及员工职业道德管理,重视对员工的培训,从而形成了一种良性循环。员工素质的提高是科技创新的源泉,而杜邦保持了这种源泉,从而在 200 年的发展过程中,始终能以技术遥遥领先于竞争对手,获得持续的竞争优势。

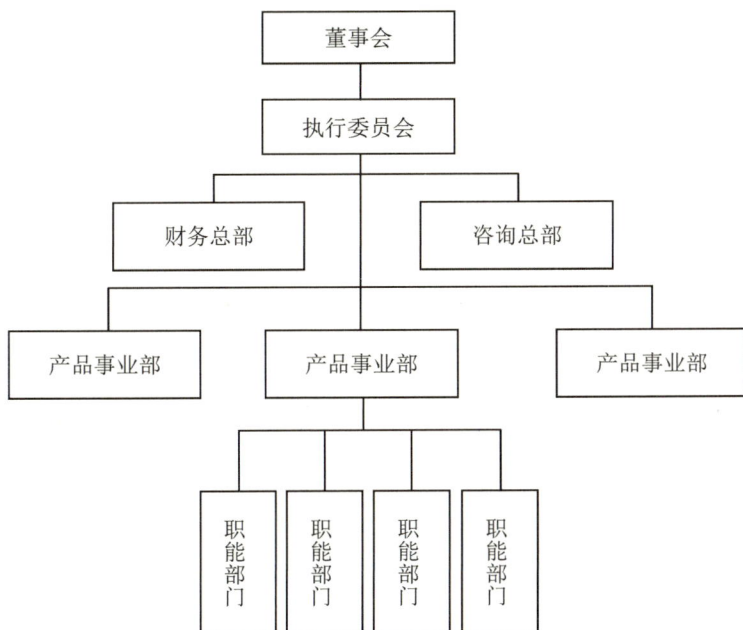

图 3-3 产品事业部组织结构图

四、以技术创新为基础竞争的时代

随着知识经济的到来和经济全球化的发展趋势,外国一些跨国供公司纷纷抢滩中国,凭借自己的先进技术和管理参与中国市场的竞争。相比之下,中国企业在技术、资本、人才、管理等方面都落后于跨国公司,但两者却必须在同一平台上竞争,这给中国企业带来了很大的挑战。如果中国企业想在技术方面超过跨国公司,就必须进行自主创新,否则永远只能落后于别人。但是,技术创新需要优秀的人才和尊重人才的文化做基础,还要通过体制创新、制度创新、战略创新、价值观创新等来推动。杜邦用技术创新优势锻造了其核心竞争力,并且坚持以人为本的技术创新导向,使它在历经 200 年的沧桑后仍然保持活力,为中国企业的技术创新提供了许多可以借鉴的地方。

(一)企业文化为杜邦技术创新提供支持性的软环境

杜邦文化的核心就是以人为本。杜邦主张用科技改善人类的生活。不论是 SHE,还是员工职业道德管理,杜邦都是在用 200 年的文化为它人才成长提供一个健康的环境,为科技创新和产品研发提供支持性的软环境。另外,杜邦创新的出发点和落脚点都集中在"人"的身上,如通过技术创新减少环境污染,提高员工的健康水平和减少事故率等,都是以杜邦的文化作为指航灯来指导企业的技术创新。

(二)从多方面塑造自己的核心技术竞争优势

杜邦大胆创新的精神是其创新的催化剂。员工拥有创新的热情和怀疑的精神,敢于挑战曾经获得成功的典范产品和技术,自己淘汰自己的产品,不断超越。企业不可能在所有方面都具有竞争优势,因此,杜邦只保留自己的核心技术,不断塑造、强化自己的核心技术,对于非核心技术则"毫不留情"地剥离出去。杜邦在研发核心技术时,投入高质量的产品。杜邦在产品市场化和品牌形象推广方面也坚持了正确的营销理念,"在商不言商",既销售了产品,又推广了产品品牌和杜邦品牌,从而赢得了顾客,积累了顾客资源。

(三)通过管理创新推动技术创新

当曾经促进公司发展的组织结构制约了杜邦的技术开发和产品生产时,杜邦就果断地进行组织变革,以改革那些不适应环境的部门和结构。杜邦从早期的单一直线制变革为复杂的职能制,再到对产品事业部制的进一步变革,每一次变革都为技术的创新提供了强有力的支持,扫除了技术创新的障碍,促进了公司的再次腾飞。

杜邦公司历经两个世纪仍然焕发着青春活力,不能不说是世界企业发展的一个奇迹。据壳牌石油公司的一篇追踪调查显示,20 世纪 70 年代排在世界

500 强之列的企业,到 20 世纪末已经消失了近 1/3。这不禁使我们产生了疑问,究竟靠什么才能够保持企业长盛不衰呢? 杜邦公司构建核心竞争力的案例给了我们很好的启迪:只有创新才是持续发展的基石。创新可以保持企业的长久竞争优势而不会使核心竞争力"老化";以人为本的企业文化和正确的创新战略又为创新提供了肥沃的土壤。

第三节 回顾小结与意义

从杜邦公司缔造的两百年传奇中,可以看出其在发展壮大过程中不断调整其组织结构,促进组织的优化,最终达到企业科学系统化的管理思维模式。

从在美国考察的实际情况来看,企业组织结构发展呈现出新的趋势,其特点是:①重心两极化;②外形扁平化;③运作柔性化;④结构动态化。团队组织、动态联盟、虚拟企业等新型的组织结构形式相继涌现。

一、横向型组织

横向型的组织结构,弱化了纵向的层级,打破刻板的部门边界,注重横向的合作与协调。其特点是:①组织结构是围绕工作流程而不是围绕部门职能建立起来的,传统的部门界限被打破;②减少了纵向的组织层级,使组织结构扁平化;③管理者更多的是授权给较低层次的员工,重视运用自我管理的团队形式;④体现顾客和市场导向,围绕顾客和市场的需求,组织工作流程,建立相应的横向联系。

二、无边界组织

这种组织结构寻求的是削减命令链,成员的等级秩序降到 r 最低点,拥有无限的控制跨度,取消各种职能部门,取而代之的是授权的工作团队。无边界的概念,是指打破企业内部和外部边界。打破企业内部边界,主要是在企业内部形成多功能团队,代替传统上割裂开来的职能部门;打破企业外部边界,则是与外部的供应商、客户包括竞争对手进行战略合作,建立合作联盟。

三、组织的网络化和虚拟化

无边界组织和虚拟组织是组织网络化和虚拟化的具体形式,组织的虚拟化,既可以是虚拟经营,也可以是虚拟的办公空间。

企业要随着时间、规模和战略不断调整其组织结构。组织结构不合理的企业将是一盘散沙,组织结构不合理会严重阻碍企业的正常运作,甚至导致企业经营的彻底失败。相反,适宜、高效的组织结构能够最大限度地释放企业的能量,使组织更好地发挥协同效应,达到"1+1>2"的合理运营状态。

课后思考

(1) 杜邦公司在两百年的发展历程中始终保持着零伤害、零职业病和零事故的记录,这无疑成为成就杜邦传奇的秘籍之一。而在中国,随着市场经济的深入发展,中国企业频频出现安全危机,这不仅给企业发展带来毁灭性的影响,还使得消费者对企业失去信心、对社会发展失去信心。试从杜邦的安全管理体系中总结出对中国企业应对安全问题的有益启示。

(2) 健康的制度促进了技术的创新和发展,从而推动了人类社会的不断进步。在企业组织中,良好的管理制度和组织结构对于企业创新和发展有保障作用。当组织结构变得与环境不再适应时,企业就必须对组织结构进行相应的变革。试分析不同组织结构的特点及其与环境的适应性。

(3) 苏东水创立的东方管理学的核心思想是"以人为本、以德为先、人为为人"。杜邦公司哪些技术创新实践体现了东方管理"以人为本"的思想?

第四章　花旗银行：文化制胜

第一节　理论背景和意义

企业文化,或称组织文化(Corporate Culture 或 Organizational Culture),是一个组织由其价值观、信念、仪式、符号、处事方式等组成的特有的文化形象。它包括文化观念、价值观念、企业精神、道德规范、行为准则、历史传统、企业制度、文化环境、企业产品等。其中价值观是企业文化的核心。这里的价值观不是泛指企业管理中的各种文化现象,而是企业或企业中的员工在从事商品生产与经营中所持有的价值观念。

企业文化是在一定的条件下,企业生产经营和管理活动中所创造的具有该企业特色的精神财富和物质形态,是企业的灵魂,是推动企业发展的不竭动力。

企业文化本质是通过企业制度的严格执行衍生而成,制度上的强制或激励最终促使群体产生某一行为自觉,这一群体的行为自觉便组成了企业文化。企业文化的生成对于企业而言意义重大。企业文化由三个层次构成:表面层的物质文化,中间层次的制度文化,核心层的精神文化。特伦斯·E.迪尔和艾伦·A.肯尼迪把企业文化整个理论系统概述为 5 个要素,即企业环境、价值观、英雄人物、文化仪式和文化网络。企业文化主要有以下作用:①企业文化能激发员工的使命感;②企业文化能凝聚员工的归属感;③企业文化能加强员工的责任感;④企业文化能赋予员工的荣誉感;⑤企业文化能实现员工的成就感。

从企业文化建设的宏观角度来分析,企业文化的塑造大致分为四个阶段:①不自觉的(无意识)文化创造;②自觉的文化提炼与总结;③文化落地执行与冲突管理;④文化的再造与重塑。这四个阶段相互影响,螺旋提升。

第二节　案例分析

一、背景资料

美国花旗银行迄今已有近 200 年的历史。进入新世纪,花旗集团的资产规模已达 9 022 亿美元,一级资本 545 亿美元,被誉为金融界的至尊。时至今日,花旗银行已在世界 100 多个国家和地区建立了 4 000 多个分支机构,在非洲、中东,花旗银行更是外资银行的先锋。花旗的骄人业绩无不得益于以顾客服务为核心的企业文化战略的实施。建立客户至上的核心价值观,引入内部营销理念,是花旗文化的精髓。花旗文化具有以下特点:一是柔软性。花旗银行企业文化的共同价值观和行为准则,尽管不具有像硬件那样的"不可塑性",却具有一种无形的力量让人感到一种柔性的压力感。二是渐进性。花旗银行企业文化的创立和发展是一个漫长的过程,是经过 190 多年的培育逐渐形成的。三是潜移默化性。花旗银行企业文化体现在日常的各种经营活动中,通过各种形式,"无孔不入"地渗透到职工的思想中去,像无声的命令促使员工朝着同一目标前进。四是延续性。花旗银行的企业文化产生后,历经世代相传,绵延发展,并在实践中得到不断丰富。

二、花旗银行企业文化的特点

(一)以人为本:花旗银行企业文化的核心

花旗始终认为人永远是第一位的要素,人才是保证企业领先的关键。为此,把选择、使用、留住优秀人才作为一贯的基本政策。

1.网罗人才穷追不舍

网罗人才并为我所用一直是花旗银行锲而不舍的追求。但精英人才并不是凭一纸招聘广告就能轻易得到的,必须要用真心去物色,用诚意去聘请。对于杰出人才,"三顾茅庐"是必需的。董事长瑞斯顿把"银行神童"约翰·里德网进花旗银行就是典型的一例。1965 年的某一天,瑞斯顿接到了一位教授对里德的推荐,仅三小时,他就拿着里德的简历决定和他面谈,并暗示"要给他一个机会"。与此同时,波士顿伯拉明第一国民银行向里德发出了要他担任董事长助理的邀请,于是,里德致电拒绝了瑞斯顿。"不管怎样,你也得来一趟纽约,我们只吃一顿午饭。"这是瑞斯顿的回答。在他们见面之后,瑞斯顿使出了浑身解数,企图说服里德。此后,瑞斯顿又多次用各种"诱惑"劝说里德,里德终于答应和花旗签约①。此外,为了吸引顶级大学的毕业生到花旗银行工作,花旗的董事长要去哈佛大学作演讲,向毕业生们宣传花旗的现在与未来,向他们描述在花旗的发展空间。

2. 使用员工人尽其才

主要表现在两个方面:①建立了部门人才输送考核机制。因传统的长幼尊卑制度和某些人害怕其下属超过自己的人性固有的弱点,有些层次的经理往往不会放开手脚让下属发挥才干和有充分的表现机会;有些经理则为了本部门、本团体的"小私利",也不会让他手下最优秀的人显山露水,以免失去他们。为此,花旗银行制定了一种特别监督手段,将高级经理们所主管的部门能够为董事会输送人才的数量作为衡量其经营业绩的一个重要标准。②建立了与众不同的董事长"密室人才库"。花旗银行董事长办公室有一间密室,密室内有上千个牌板,每个牌板上贴着花旗银行高级管理人员后备人选的姓名和照片,它是专供高层领导人选人时使用的。瑞斯顿在执掌花旗银行大印长达17年的时间里,形成了一个固定的制度,每个季度一定要抽出一天时间,把他的高级同僚们集中到这间房子,讨论牌板上的人的升迁和移位,讨论哪些职位出现了空缺,哪些人能填补这些空缺,哪些人的位置需要挪动一下。这么做的目的就是为了挑出最合适的人选,并把他们安排到最合适的岗位,以最大限度地发挥其才能,为花旗创造出最大的价值。

3. 储备人才处心积虑

在人才吸引上,花旗银行有一个理念:引进人才不仅仅是解燃眉之急,还要有后备。一个大银行,特别是一个走向世界的大银行,必须储备一些人才,花旗银行甚至认为,只要是真正的人才,只要是"身怀绝技",哪怕是聘用了超出实际需要一倍的人员也是值得的。因为银行是不断发展壮大的,机构是不断增多的,今天用不上的人才,也许明天就能派上大用场。

"问渠哪得清如许,为有源头活水来",这句话可以说是花旗银行人本书化的真实写照。知人善用的瑞斯顿在1983年的一次演讲中说道:"发现人才、培养人才以及充分地使用人才是我们实现目标的唯一途径。所有的组织机构都是按照普通人的要求来设计建立的,否则,所有的组织都会崩溃。因为我们绝大多数的人都是普通人。然而,如果一个机构能够像我们的银行一样,拥有一大批杰出的人才,那它就一定能够以150%的效率运作,而这种效率正是我们实现目标的必要前提。"

---

① 江海涛.花旗银行:文化制胜[J].企业改革与管理,2013(3):59-61.

（二）客户至上：花旗银行企业文化的命脉

花旗银行企业文化的最优秀之处就是把提高服务质量和以客户为中心作为银行的长期策略，并充分认识到实施这一战略的关键是要有吸引客户的品牌。1993年初，花旗银行在全球有效地实施了"以客户为重点"的管理计划，了解客户的需求，改善银行的服务，将客户至上作为超越制度的文化，深入至全球的花旗机构和员工的意识之中，真正感受到花旗银行"以客户为中心"的企业文化。

1. 提供差别化和个性化服务

花旗银行的口号是：代替统一服务的是那种能满足每一个单独客户需求的服务。花旗银行有多年的客户关系管理经验，非常重视"精选客户"。通过客户信息管理系统对客户产生的效益进行分析，鉴别客户的价值，将不同的客户依据收入、消费习惯的不同分为不同的客户类别，确定重点服务的客户群体，对优质客户尽可能地给予价格优惠并用尽招数挽留他们，实行差别化的服务战略。如花旗银行对中高收入阶层提供支票账户、周转卡、优先服务花旗金卡等。凡持金卡者，无论何时何地在任何一个花旗银行分行都无需排队等候服务，随到随办。

2. 方便快捷地为客户服务

花旗银行提出：不仅是客户需要什么，我们就有什么，而且是客户可能需要什么，我们就推出什么。花旗银行客户服务中心将大部分的查询、答疑等服务从专业部门中独立出来，成为银行与客户之间的一个友好沟通渠道，客户可查询各项汇款，追踪每笔交易，咨询每项产品，提出任何质疑。只要有疑问，在任何地点、任何时候都可以与客户服务中心联系，客户服务中心在规定的时间内将负责向各专业部门查询、核实每笔交易，集中花旗银行专家的智慧和意见为客户提供金融信息和投资理财建议。花旗银行还充分利用现代电子手段为客户提供全天候、全方位、自助式服务。普遍应用先进的电子和网络技术，大量采用电脑设备和自助终端，实现了全天候、全方位的金融服务，能使客户不再局限于银行网点，在不同的时间、不同的地点都可以得到全面的个人金融服务，如24小时保管箱、ATM机、存款机、电话银行、网上银行、无人银行、1人银行等，自助式服务占了银行服务的很大比例。

3. 实行客户经理制

客户经理作为银行与客户的重要桥梁，为客户提供全方位的服务，客户对银行的各种金融产品需求不必再找银行的各个产品部门，而是通过客户经理就可以全部办理，银行通过客户经理也可以对客户进行整体的把握，实行统一的客户战略。客户经理的一般任务是：联系银行与客户之间的各种关系；协调和争取银行的各种资源；及时解决客户的问题，了解竞争银行的客户策略及时提出对策建议；通过管理、服务客户为银行赚取合理的回报。花旗银行还为特大户设立了私人银行部，以为其提供最好的服务。花旗银行建立的客户档案，能主动联系和告知其个人财务上的一些最新数据，让客户感到放心和满意①。

（三）推陈出新：花旗银行企业文化的灵魂

1. 独特的员工哲学

优质的服务必须有优质的员工做后盾，花旗的员工哲学体现了员工在企业文化建设和服务提升过程中的价值。员工哲学又称员工观、员工管理哲学，是解决"怎么看待自己的员工"这一人力资源管理的根本问题，也是其他一切人力资源管理政策和措施的出发点。花旗银行长期秉承"不断创新，因为开心"的企业精神，信奉"没有快乐的员工就不会有满意度高的员工，就无法提供令客户满意的服务。把员工看成上帝，员工才会把顾客看作上帝"的员工哲学，其所有人力资源管理活动均围绕此展开②。

建立在员工哲学基础上的花旗银行的内部关系营销计划分为两个层次：策略性内部关系营销和战术性内部关系营销③。策略性内部关系营销是指通过科学的管理、人员职位的合理升降、企业文化方向、明确的规划程序，激发员工主动向客户提供优质服务的积极性。战略性内部关系营销主要是采取一系列措施提高员工素质和技能，如经常举办培训班、加强内部沟通、组织各种性质的集会、加快信息的交流和沟通等。在内部关系营销中，花旗银行建立了低成本、高效能的供应链和具有高度凝合力的服务利润链。在供应链中，营销人员、部分联络人员、客户服务代表以及分行经理的工作，就是发现未满足的潜在客户并为其提供产品，而不是将产品强加于不需要或不想要的客户。

在员工、客户、股东三者之间的关系中，花旗一直都把"员工"摆在第一位。花旗认为，无论是过去、现在还是将来，无论对客户而言还是对股东而言，员工都是银行最重要的资产。花旗力求做到，无论是文化氛围、工作满意度还是机会与福利都要好到足以吸引并留住全世界最杰出的人才，并积极创造一个尊重个人、把官僚主义压缩到最低限度的工作环境。

在对员工科学考核的基础上，花旗集团通过各种手段和方式对员工进行激励，肯定员工成绩，鞭策员工改善工作中的不足。作为全球最大的金融机构，花旗集团建立了完善、科学的激励体制，并随市场和公司的发展情况进行及时调

① 黎政.花旗银行企业文化的特点及其启示[J].商业研究,2005(17):198-201.
② 黎政.花旗银行企业文化的特点及其启示[J].商业研究,2005(17):198-201.
③ 郑先炳.花旗银行用人怪招选出[J].现代商业银行,2002(3):30-34.

整。激励除了奖金还包括对员工职位的晋升。在花旗，鼓励员工承担更大的责任，稳步成长为优秀的金融专业人才。

花旗还努力将员工的个人利益和银行利益结合起来，为此，花旗设计了多种股权计划，让员工直接持有银行股票，到 2001 年底，已有 2/3 以上员工直接持有银行股票，花旗的目标是将这一比例迅速提高到 100%。目前，花旗的员工，通过股票期权计划、限制性股票计划、股票购买计划等形式，直接持有花旗集团 4.5 亿股普通股，花旗把这种做法看作是花旗集团取得成功的重要原因之一，当员工像业主一样思考和行动时，当他们的利益与银行利益联系更紧密时，公司所取得的效果无疑就会更好①。

2. 独特的创新理念

在花旗银行，大至发展战略、小到服务形式都在不断地进行创新。它相信，转变性与大胆性的决策是企业突破性发展的关键，并且如果你能预见未来，你就拥有未来。它还认识到企业最大的问题是如何突破常规的方式，因为常规弥漫在我们整个银行业，而常规智慧几乎总是错的。这就是说，企业必须永无止境、永不间断地进行创新。创新是金融业的主题，创新是金融企业文化的灵魂。花旗银行在世界各地一直以技术与创新闻名遐迩，称雄于金融界，这是因为花旗在科技网络的发展上投入了大量的人力和巨额的资金。在 20 世纪 70 年代初期，花旗银行已建立了第二全球金融网络（Marty），但随着金融对网络多功能要求的增强，花旗银行在 80 年代末以"2000 计划"（Project）取代了"Marty"网络。90 年代中期，又着手实施一项名为"Project Enterprise"的计划——关于全球范围内的桌面 LAN。花旗银行又在积极开发两项热门的前沿技术：目标导向的规划（Object Oriented Programming，用于全球融资）和数字式媒体（Digit Media，用于零售支付），这两项技术将广泛运用于网络和电子银行业务方面。花旗的科技平台遥遥领先于全球同业，这正是它创造金融神话的最大保障所在。

3. 独特的经营哲学

在全球激烈的金融竞争中，花旗银行逐渐形成了"对银行来说，有时最好的经营策略就是明白自己不该做什么"的经营哲学，因而提出了自己独特的战略："以网络为依托，以信用卡业务、外汇业务为重心，大力发展零售性和消费性金融业务，抓住优势企业和 20% 的高收入阶层。"这种战略说明了为什么花旗银行的信用卡和外汇业务实力雄厚，而在美国国内及全球的投资银行业务以及欧洲各国资本市场上则很少见到花旗银行身影的原因。因此，全球金融界将花旗银

---

① 江海涛.花旗银行：文化制胜[J].企业改革与管理，2013(3)：59-61.

行列为充分发挥自身优势、精于几种强项业务的典范加以推崇①。

三、花旗银行企业文化给中国金融企业的启示

花旗的经验很值得我国金融业学习和借鉴。尽快以优秀的企业文化铸造民族的金融产业，不但是中国的当务之急，更是中国的长远目标。

（一）发展理念是企业文化的根基：只有追求发展，金融企业才能创造卓越的企业文化

世界上大凡成功的大企业、大机构在创建初期或在改革之后，都把确立什么样的企业文化作为一项重大战略，这是因为确立什么样的企业文化就等于发展什么样的企业。花旗银行在长达190多年的发展历史中形成了它独特而又卓越的企业文化，一直支撑着花旗的成长，根植于其企业内核的优秀企业文化是一股不断膨胀的动力，花旗人热爱花旗、效力花旗的企业文化是花旗银行成功的一大法宝，可以说没有卓越的企业文化就没有花旗银行的奇迹。花旗银行总结认为：企业文化主要是指企业（银行）在长期发展过程中形成的基本的、独特的经营传统、管理方式以及发展战略，而获求发展是企业文化的根基，并且只有优秀的"人"才能使企业取得更大的发展，同时也只有不断发展的企业才能留住优秀的"人"②。

中国的金融企业与花旗的差距究竟在哪里？两国的制度差异不谈，仅从理论与实践上分析，差距不仅在"硬件"上，而且更在"软件"上，尤其是在企业文化上差距悬殊。中国金融业的企业文化可以说是几近空白，不仅落后于国际金融业，而且还滞后于中国的其他行业，仍旧是"传统文化"占主导，在理论上对企业文化一无所知或者把企业文化等同于文娱体育活动的现象十分普遍，与当今发展的潮流严重脱节。中外金融企业必将在企业文化上展开较量，形成冲击、反差，因为在科技信息技术飞速发展的当今，金融所提供的产品和服务在技术支援、营销手段等方面的差异日渐缩小，客户的选择更注重对企业文化及其衍生的企业形象的认同，优秀的企业文化正在成为崭新的竞争手段。加强金融企业文化的建设对于我国金融企业顺利融入世界经济圈与增强市场竞争力极具战略性，中国金融企业文化的再创造一定要形成有金融企业自身特色的创造性和规定性。同时，金融企业的文化重塑还应切合我国的实际，企业文化的创造必须凝聚成新的职业理念、价值理念，并加上"中国特色"的规定性和长期以来形

---

① 黎政.花旗银行企业文化的特点及其启示[J].商业研究，2005(17)：198-201.
② 李胜华.企业文化：中国金融的生命工程——花旗银行企业文化给中国金融企业的启示[J].农村金融研究，2002(1)：22-26.

成的魅力,融合而成既别于传统,又别于外国,颇具国际性、民族性与金融特点的中国金融企业,增大金融企业中新文化的分量。

企业文化的创造不仅是对精神财富的整合,也要对物质资源进行整合,这是企业文化的真正内涵。花旗银行在对资源整合上可以说一刻都没有停止过,历史上通过购并美国农业贷款信托公司、聚餐俱乐部信用卡公司、加利福尼亚储贷协会等多家金融机构而迅速扩张,到1998年又与旅行者集团合并组成新的"花旗集团",金融业的资源主要包括人力、机构、资本、服务、形象、品牌等经营要素。最佳的运作应当是经营要素的完美组合。当前,国际金融业对资源的整合不断加快,不断翻新,尤其是机构的兼并潮与经营的混业化更是如火如荼,通过兼并、收购、联合、重组等方式提高竞争力,实现国际化、全能化、大型化、智能化发展战略是国际金融业的主流趋势。但是,我国金融业在经营资源的配置上还十分低效,浪费严重,很难释放出良好的要素效应。因此,不断进行资源整合以取得经营要素的有效组合,进而获取结构的优化将是我国金融业的重要任务和战略目标。

(二)以人为本是企业文化的核心:只有人力第一,金融企业才能战无不胜

花旗银行自创业初始就确立了"以人为本"的战略,十分注重对人才的培养与使用,始终认为人永远是第一位的要素。为此,花旗银行把选用与留住优秀的人才作为银行一贯的、基本的政策。一方面投入大量费用对企业员工进行培训;另一方面,更积极地从以大学生(特别是MBA)为主体的知识群体与同行中聘用企业所需的人员。花旗银行最大的经营特点之一就是在全球规模内充分利用它的优势,因而它的人力资源发展与培训也是基于企业广泛的、全球性发展的基础上的。从花旗银行全球范围看,它的人力资源政策可以概括为:一是聘用、培养并留住最优秀的人才,不断创造出"事业留人、待遇留人与感情留人"的亲情化企业氛围,让员工与企业同步成长,让员工在花旗有"成就感""家园感"。这是花旗银行最基本人力资源政策。二是尽可能地聘用当地人员。聘用当地人员既给银行节约了派出人员的高成本,同时因东道国员工熟悉本国语言和情况,也易于开展工作。如花旗银行在亚洲的1.5万名员工中有97%是在当地聘用的人员[①]。

作为现代经济核心的金融业是以高附加价值为标志的产业,依托知识为基础的服务将成为其主要的利润源泉,也就是说人是包括金融企业在内的所有企业最重要的资源要素,尤其是金融企业更为突出,人才将是金融企业最大的财富和资本。从我国金融业现实看,提高人力的整体素质,一方面要营造优厚的

---

① 邱兆林,王赫.金融企业文化建设与人才培养[J].吉林金融研究,2003(7):36-38.

政策环境吸纳优秀的人才,特别是要吸纳业务经营、产品开发、营销策划、电子网络、国际金融、数理分析、经济研究、文理复合、机构管理等方面的高级人才,包括引进国际"外援"。另一方面还要在培训上下功夫,逐力提高"存量"人才的质和量。花旗银行在对待培训上已形成铁的制度,它们把培训定位于"既有基于技能的培训,又有与顾客相关的培训,还有员工自我发展的培训"。花旗银行每年平均每人培训达 5 天以上,培训的费用支出更是相当之高。相比之下我国金融企业对员工的培训不仅机会(次数)少,而且层次(质量)低,员工充电严重不足,制约了素质的提高,反过来影响企业的发展。我国的金融企业必须认真反思,把对员工的培训作为一项日常基础工作①和长期战略,从培训中发现人才,从培训中发展企业。

(三)形象打造是企业文化的关键:只有全力塑造,金融企业才能拥有无价的企业形象

花旗银行长期以来十分注重企业形象的塑造,聘请知名的咨询机构进行企业形象的策划和宣传,如与世界著名的麦肯锡咨询公司进行合作,研究经营战略与形象企划,打造花旗在全世界的企业形象。花旗银行在企业形象上一直追求标准化的模式,不但金融产品标准化,而且对分布于全世界的分行风格也实行统一化,以保持花旗的一致性。尤其是在信用卡、外汇交易、国际结算等业务及分行风格上十分注重产品的标准化和风格的一致性。卓越的企业形象极大地推进了花旗的发展,反过来又为花旗的形象注入了新的生机和价值。

借鉴花旗的经验,再结合中国的特色,中国金融企业的企业形象应该是:有一个公正廉明、团结协作、务实开拓的领导班子;有一支精通业务、高效干练、素质过硬的员工队伍;有一批布局合理、高效运作、辐射强劲的网络机构;有一套设备精良、技术先进、制度完善的运作工具。而对于我国金融企业形象的塑造与构筑,则要从内部与外部同步切入。

一是对外应加快实施 CI 战略,即企业形象企划。虽然没有人对金融企业导入 CI 带来的经济效益作过统计,但我们从国际设计协会曾经统计的一组经验数字看:在企业形象上投入 1 美元,可以产生 227 美元的效益,不难得出"实施 CI 战略能带来更快、更多、更久的经济效益已是不争的事实"这样一个结论。CI 的魅力在于通过将企业外在的企业标志识别、企业精神信念、企业员工行为、企业公共关系等外在形象规范化、法则化,确立一种统一的价值取向和行为方式,从而增强金融企业的凝聚力与约束力。我国金融企业应借鉴花旗银行等

---

① 李胜华.企业文化:中国金融的生命工程——花旗银行企业文化给中国金融企业的启示[J].农村金融研究,2002(1):22-26.

国际优秀企业的成功经验,加快 CI 的导入和开发,树立以客户为中心、以发展为主题、以效益为目标的经营理念,培育优质服务和特色服务的行为规范,充分利用标准字体、标准颜色、标准广告、标准包装及标准服务等视觉标识,形成强有力的视觉冲击和企业品牌。

二是在内要积极实施 CS 战略,即客户满意工程。花旗的 CS 战略就非常出色,它十分注重企业的内在,在指导企业如何提高市场竞争力与经营管理水平上更着力于自身内在素质的提高,讲求服务质量与服务功能的完善。

此外,在推进 CI 与 CS 战略时还必须正确处理好两者的关系。一方面,CI 属"外延"拓展,CZ 属"内涵"提高,两者相辅相成,相互作用,具有整体性、互补性。因此,金融企业应同时推进 CI 与 CS 战略,以 CI 为手段,以 CS 为目的,"两 C"双轮驱动,内外同步,使之协调配合。另一方面,金融企业要将 CS 即"客户满意"始终贯穿于 CI 即"企业形象设计"之中,让"两 C"高度融合,使"客户满意"渗透到金融企业的理念识别、行为识别、视觉识别之中,树立起一种以"客户满意"为核心的企业形象,并传达给社会公众[①]。

(四) 寻求创新是企业文化的升华:只有不断创新,金融企业才能实现稳健的持续发展

花旗银行大至发展战略,小到服务形式都在不断进行创新,而且积极主动。花旗银行的管理政策也一贯强调:"让我们了解银行发生了什么样的变化,我们的业务正走向何方? 我们在今后 10 年中将做一些什么? 然后,让我们用最好的方法来为这些变化作准备。"这就是说,企业必须积极地调整企业的方法来为这些变化作准备。企业必须积极地调整企业的经营战略,永不间断地实施创新。事实上,创新是任何事物发展的原动力,更是长期缺乏创新的中国金融业惟一的生存与发展之路。

一是对外要加快创新业务领域。到目前为止,花旗银行已在世界 100 多个国家和地区拥有 3 500 多家分支机构,实现的利润中有一半以上来自海外业务的收入。这一切都源于花旗人永不停息的创新,在创新中求得新的发展。我国金融业由于受历史的影响与现实的作用,业务市场主要集中在国内,国际市场涉足甚少,是我国金融业发展的短腿,严重制约了其国际化进程。事实上,中国虽是一个人口大国,但却不是金融大国,可见,中国金融业创新的重点就是要加快实施国际化战略,及早走出国门实施"全球渗透战略",主动融入世界经济圈,全力发展海外市场,拓展以离岸金融为主体的国际金融业务,与国内金融实行

---

① 李胜华.企业文化:中国金融的生命工程——花旗银行企业文化给中国金融企业的启示[J].农村金融研究,2002(1):22-26.

一体化联动运作,增加海外市场的利润与扩张中国金融的品牌。此外,中国的金融业还要积极准备入世的混业经营,拓宽国内的业务领域,不断提升经营层次①。

二是在内要加大创新金融体系。一方面,要全方位创新金融制度。就我国金融业的实际而言,主要应在金融工具、金融产品、金融服务、金融运作及金融管理等方面进行创新。如个人金融产品、表外金融业务、业务营销手段、金融混业经营、衍生工具交易、虚拟电子商务、内部管理制度、法人治理结构等都要进行大胆创新,加速发展以投资为重点的混业经营业务,不断寻求新的发展空间。我国金融创新的侧重,在微观方面要构建金融超市,在宏观方面要组建金融集团,形成中国的"金融超级市场"与"金融航空母舰",参与世界金融竞争,抗衡国际金融风险。另一方面,全力创新金融科技,是中国金融业创新的又一重点。花旗银行在世界各地一直以其技术与创新闻名遐迩,称雄于银行界。在产品创新、技术更新与发展上,花旗银行投入了大量的人力和巨额的资金,长期处于世界领先地位。事实上,经济全球化进程加快的一个突出表现就是以国际金融为核心的虚拟经济在世界经济运行中日益居于主导地位,特别是对金融业具有变革意义的网络革命正成为当今竞争的潮流。为迎接网络社会的到来,金融企业没有任何理由不加快科技进步,加大对自身的技术更新和网络建设,构筑高新科技平台。科技含量极高的网上金融不仅是吸引客户的根本性手段,而且也是低成本运作模式较好的选择。科技进步将是我国金融业生存与发展的出路,是必须尽快切入的战略制高点,需要进行高起点的投入和超前性的开发,优化科技兴业的环境。

当然,实施金融创新的同时,决不能偏废管理,特别是要强化对金融风险的管理。花旗银行长期以来一直将建立有效的风险管理体系作为企业安全经营的基础。它的风险管理十分严密,所有的业务都置于严格的风险控制之下,运作程序规范、部门责任明确、制衡机制科学。我国金融企业对照花旗的要求相差甚远,而且事实风险很大,管理机制脆弱。故必须扎扎实实从基础入手,从国际着眼,走"改革体制、硬化法制、重塑机制"的创新之路,加快构筑完善的金融风险防范体系。特别是要针对我国的实际,强化对信贷风险、网络风险、衍生风险以及道德风险的预警、规避、防范和化解,加快社会信用环境的治理和再造。

---

① 李胜华.企业文化:中国金融的生命工程——花旗银行企业文化给中国金融企业的启示[J].农村金融研究,2002(1):22-26.

同时,我国的金融企业还应当像花旗银行等国际金融机构一样,主动挑战风险①。

第三节 回顾小结与意义

花旗银行用文化制胜:核心——以人为本,命脉——客户至上,灵魂——推陈出新;企业兴衰的本质是文化问题②,一个"有文化"的企业,不仅可以吸引优质的资金、人才、市场等资源,也会更客观、更精准地认知和把握环境,从而能在充分发挥优势、克服劣势的基础上,更好地把握机会、规避风险。

本案例总结了花旗银行企业文化给中国金融企业的启示:发展理念是企业文化的根基——只有追求发展,金融企业才能创造卓越的企业文化;以人为本是企业文化的核心——只有人力第一,金融企业才能取得竞争的战无不胜;形象打造是企业文化的关键——只有全力塑造,金融企业才能拥有无价的企业形象;寻求创新是企业文化的升华——只有不断创新,金融企业才能实现稳健的持续发展。当然,实施金融创新的同时,决不能偏废管理,特别是要强化对金融风险的管理。花旗银行长期以来一直将建立有效的风险管理体系作为企业安全经营的基础。它的风险管理十分严密,所有的业务都置于严格的风险控制之下,运作程序规范、部门责任明确、制衡机制科学。我国金融企业与花旗的要求相差甚远,而且事实风险很大,管理机制脆弱。因此,必须扎扎实实从基础入手,从国际着眼,走"改革体制、硬化法制、重塑机制"的创新之路,加快构筑完善的金融风险防范体系。特别是要针对我国的实际,强化对信贷风险、网络风险、衍生风险以及道德风险的预警、规避、防范和化解,加快社会信用环境的治理和再造。同时,我国的金融企业还应当像花旗银行等国际金融机构一样,主动挑战风险。

在竞争日趋激烈与复杂多变的环境下,企业经营充满着不可预知的变数与困难,企业要兴旺,就要做"有文化"的企业。

---

① 李胜华.企业文化:中国金融的生命工程——花旗银行企业文化给中国金融企业的启示[J].农村金融研究,2002(1):22-26.
② 田奋飞.企业兴衰的本质是文化问题[J].企业研究,2013(21):50-53.

课后思考

（1）花旗始终把以人为本作为企业文化的核心。到底什么是"以人为本"？以什么人为本？如何"以人为本"？请结合花旗的案例做具体阐述。

（2）"思想决定行动"，企业的经营理念决定了企业的经营方式和运作方式。在人力资源管理上，花旗本着"以人为本"的理念指导其行动；不断创新的理念使得花旗相信，转变性与大胆性的决策是企业突破性发展的关键；"有时最好的经营策略就是明白自己不该做什么"的经营哲学决定了花旗独特的经营战略，从而使得花旗能够充分发挥自身优势。试收集中国企业的相关案例进行简要分析。

（3）中国金融企业的发展有什么特点？花旗银行企业文化给中国金融企业有哪些启示？

第五章　宝洁：创新驱动品质

第一节　理论背景和意义

人们往往把创新理解为技术创新、产品创新，而对其他方面尤其是商业模式方面的创新重视不够。其实，商业模式创新在增强企业市场竞争力方面有着重要的地位。

改革开放 30 多年来，通过与跨国公司合资，我国当地企业引进了先进技术，并通过消化吸收，提高了我国企业的技术水平，为自主创新打下了良好的基础。可以说，在促进中国自主创新方面，外资在华企业是中国与世界合作的一个重要桥梁，外资企业为中国企业的引进消化吸收和集成创新提供了一个很好的合作窗口，促进了中国企业自主创新，加快了市场化进程。

但是，中国长期的思想束缚造成人们思维模式的僵化，习惯于从工程技术的角度看待创新，因此往往把创新理解为技术创新、产品创新，而将其他形式的创新，比如商业模式的创新忽略。企业要想有国际一流的竞争力，实现经营思维的突破、建立国际领先的商业模式是必不可少的，要使得资金、技术等资源服从于正确的商业模式，使得资源体现其真正的价值。在增强企业的市场竞争力上，工程技术创新和商业模式创新具有同等重要的地位。

跨国公司到中国投资，不仅给中国带来了许多先进的工程技术，而且给中国带来了许多先进的业态和商业模式，通过引进这些新的业态和商业模式，我国成长起许多新的行业，出现了许多新的经营模式。在这些方面，中国实际上发生了一系列革命。对于这方面的研究和总结也是中国促进自主创新的当务之急。在商业模式创新方面，宝洁公司是其中的佼佼者。自创始以来，宝洁公司始终将营销策略作为企业的核心策略。宝洁公司的传统营销手段主要有三种：一是通过建立旗下多种品牌，保证宝洁公司的市场占有量；二是通过广告营销的方式推广产品；三是宝洁公司特有的派送营销。三种不同的营销方法多管齐下，造就了现在庞大的宝洁，让我们一起学习宝洁公司的商业模式创新和营销手段。

第二节　案例分析

一、宝洁公司的发展

始创于 1837 年的美国宝洁公司（P&G），是一家庞大的生产、经营洗涤和化妆品的跨国公司，是世界最大的日用消费品公司之一，其产品畅销全球 140 多个国家和地区。

19 世纪初，在美国俄亥俄河边的辛辛那提市，来自英格兰的蜡烛制造商威廉·普罗克特（William Procter）和来自北爱尔兰的肥皂制造商詹姆斯·甘布尔（James Gamble）因为凑巧娶了两姐妹而走在了一起。1837 年 8 月 22 日，威廉和詹姆斯各出资 3 596.47 美元，正式确立合作关系，并于 10 月 31 日签订合伙契约，成立了公司。新公司的名字取两位合伙人名字的头一个字母 P 和 G，这就是现在保洁公司标志（P&G）的由来。宝洁公司"星月争辉"的标志是 19 世纪 50 年代作为宝洁公司的非正式商标推出的。1879 年，宝洁公司生产出了"象牙"香皂，这也是宝洁公司推出的第一个品牌，并由此奠定了宝洁公司发展的基础。到 1890 年，宝洁公司共销售包括"象牙"香皂在内的 30 多种不同类型的肥皂。1896 年，宝洁公司聘请了当时著名的艺术家设计制作了"象牙"女士和"象牙"宝宝形象，以吸引消费者的注意力和提高产品的亲和度。这成为历史上肥皂商所做的第一个彩色印刷广告。

20 世纪是宝洁公司飞速发展的时期。随着消费者对宝洁公司香皂需求的日益增长，宝洁公司开始在辛辛那提的堪萨斯城设立工厂，接着又在加拿大的安大略省设立了美国境外的第一个工厂。由于批发商季度性购买宝洁公司产品导致生产需求的不稳定，从 1919 年起，宝洁公司开始直接向零售商销售产品，并雇用了 450 多名销售人员。这一措施改变了杂货店行业的运作方式。1923 年，宝洁公司推出了新的香皂"佳美"，由于与其近半个世纪一直畅销的老品牌"象牙"太过相像，因此"佳美"的销售情况一直不尽如人意。

但在时任总裁杜普利的支持下，以"品牌经理"为核心的品牌管理体系逐渐在宝洁公司建立起来。1931 年以来，宝洁公司的最高主管都是品牌经理出身，90% 的管理阶层也都来自品牌管理，品牌管理成为宝洁公司的核心领域。在宝洁公司之前，没有任何一家美国公司鼓励旗下的品牌相互竞争。"品牌管理"系统给当时的美国工业界和商界带来了翻天覆地的变化。它迅速被全世界的跨国公司移植和导入,转变为企业市场营销战略的一种重要的模式。美国庄臣公司、法国娇兰公司、美国福特公司、美国通用公司等都先后采用了这一制度。

1946年,宝洁公司推出"洗衣奇迹"——汰渍(Tide)。"汰渍"结束了人类历史上长达2 000余年的皂洗时代,清洗去渍能力远高于当时市场上的同类商品,受到消费者的极大的喜爱,大获成功。汰渍的畅销为宝洁公司赚取了大笔资金作为原始积累,供其开发新产品、进军新领域。在之后的几年中,宝洁大举进军新领域。在日化领域,推出了新产品——佳洁士含氟牙膏,该产品迅速得到了美国牙防协会的首例认证,并在同类产品中崛起,成为牙膏第一品牌。宝洁公司不断进军纸浆制造工艺,促进纸制品的发展,期间发明了一次性使用的"婴儿纸尿片",并于1961年成立品牌"帮宝适"。在不断地开拓中,宝洁屡屡成功,公司业务能力不断加强,此时的宝洁有余力进军日化以外的食品和饮料市场,其中最重要的动作就是1961年Folgers咖啡的收购。同年,宝洁又一大产品——第一种织物柔顺剂Downy问世。积累到一定程度的宝洁开始将目光转向拓展全球业务,并给予了高度重视。随即,在墨西哥、欧洲和日本,成立分公司。直到1980年,宝洁公司在全世界23个国家中开展业务,销售额直逼110亿美元,利润比1945年增长了35倍。

从20世纪末开始,网络经济在世界飞速发展。英特尔、微软、苹果和雅虎等IT行业品牌的循序崛起,彻底动摇了宝洁公司营销帝国的地位。为避免成为经济衰退的陪葬物,宝洁公司在1998年宣布了"2005年组织重组计划"。该计划改变了过去以区域为主的品牌管理方式,把四个按地区划分的业务单位改成七个按产品系列的全球业务单位,还涉及新的"市场开发组织"。它对品牌管理模式的影响是:各区域性的事务由该区域领导者决定,一方面可以减少管理层次;另一方面可以避免因个人式的领导而失去策略上的意义。

经过170多年的艰苦奋斗,发展成为目前世界上最大的日用消费品制造商和经销商之一,宝洁公司在世界80多个国家和地区设有工厂及分公司,经营300多个品牌的产品,畅销160多个国家和地区,其中包括视频、纸品、洗涤用品、肥皂、药品、护发护肤品、化妆品等。旗下品牌有帮宝适、汰渍、碧浪、护舒宝、飘柔、潘婷、佳洁士、玉兰油和伊卡璐等。宝洁公司在全球80多个国家拥有雇员12.7万人。2008年,宝洁公司的市值排行世界第6位,其利润世界排行第14位。它同时是《财富》500强中十大最受赞誉的公司之一。

2010年度,宝洁公司营销收入为807.97亿美元,在《财富》评选出的2011年世界500强中排名第80位。

二、宝洁公司的商业模式创新

（一）顾客忠诚度驱动

宝洁公司迄今为止已经有170多年的历史，现在是全球最大的日用消费品公司。宝洁公司的商业模式是与宝洁公司的宗旨是一脉相承的，宝洁公司的宗旨是通过提供优质超值的品牌产品和服务来改善消费者的日常生活。为了服务这一宗旨，宝洁的商业模式就是吸引尽可能多的忠诚的消费者。

从市场营销学的角度来看，如果一个顾客对于某一个品牌的产品具有较高的忠诚度，那么这个顾客相对于企业来讲就具有较高的价值。同样地，宝洁商业模式的目标就是要吸引尽可能多的消费者经常购买宝洁公司的产品，并且对宝洁公司的品牌和产品留下良好的印象。为了实现这一目标，宝洁公司在商业模式上必须保证能够为消费者提供超值的产品和服务，并且提高消费者的满意度。

宝洁公司通过拥有四个核心业务和若干著名品牌来达到自己的目的。由于宝洁商业模式的定位，宝洁公司对于自己的业务范围的选择是非常慎重的，现在主要集中于四个业务领域，即织物护理、洗发护发护理、婴儿护理和女性护理，在这四个领域内拥有10个领先品牌，其中每个品牌都能产生至少10亿美元的年销售额。

对于公司的扩张，也主要是围绕着能够发挥自己商业模式优势的领域，一旦进入该领域，就要在该领域拥有顾客忠诚度和较高的品牌效应。如宝洁在1990年才进入女性护理领域，但到2007年的时候，就已经拥有全球37%的市场份额，远远领先于竞争对手；又如在美容和健康护理领域，宝洁公司在过去的几年里是该领域增长最快的公司之一[①]。

（二）模式的灵魂——创新

宝洁公司以吸引尽可能多的忠诚顾客为目标，实现这一目标的主要手段是创新，宝洁公司的创新是广义的创新，既包括工程技术方面的创新，也包括消费者体验的创新，正是由于创新的缘故，才促使宝洁公司拥有众多知名品牌。

从工程技术方面来讲，宝洁的许多品牌产品都是世界上同类产品中第一个产业化的。如汰渍是全球第一种合成洗衣粉，佳洁士是第一个使用氟化物并证实可以预防蛀牙的牙膏，帮宝适是第一次成功的一次性尿布。

在工程技术创新的基础上，宝洁公司更加关注产品整体在消费者心目中的品牌体验。为了迎合消费者，宝洁公司非常关注产品的两个"真理时刻"，即"当

---

① 董超.宝洁公司的商业模式创新[J].中国外资,2008(8):46-47.

消费者来到商店的时候,选择我们的产品;当消费者用我们产品的时候,感到满意"。第一个"真理时刻"为第二个"真理时刻"的实现提供可能,同时第二个"真理时刻"是第一个"真理时刻"再次实现的必要条件。

为了顺利实现两个真理时刻的良性循环,宝洁公司在 2000 年到 2007 年对消费者和购物研究的费用超过了 10 亿美元。花费如此巨额的研究资金,宝洁的目的远不止研究传统的消费群体,他们深入研究消费者的生活以及其消费心理、消费习惯,使得产品的开发有方向、有针对性,缩短产品面世的前导时间。

在这方面成功的一个典型例子是宝洁公司的玉兰油。玉兰油全效系列针对那些希望修复老化的痕迹、使其肌肤重返自然光泽的人群;玉兰油新生焕肤系列则是针对那些使用很多产品来保养皮肤的女士,她们对于成分以及效用背后的化学原理十分关注;玉兰油焦点皙白系列和玉兰油新生焕肤系列大部分特性都是相同的,但是焦点皙白系列更关注在意那些皮肤颜色和质地的人,往往是更为成熟的女性。这些由消费者认知拉动的产品细分,使得玉兰油在很短时间之内飞速增长。2000 年的时候,玉兰油还有可能会淹没在成排的护肤品牌当中,如今却变成了世界上领先的护肤品牌,年销售收入超过 20 亿美元。

(三) 模式的提升——开放

首先,宝洁公司开放的创新模式体现在开始面向新兴的发展中国家。宝洁公司历史上主要服务于发达国家的中产阶级,面对全球新兴市场的快速崛起,宝洁公司越来越看重在这些国家赢得大量忠诚的顾客群体,开始从为这些发展中国家富裕人群服务转向为一般中产阶级服务,现在这些国家的顾客群体和销售收入也实现了快速增长。

宝洁公司在中国不仅设立研发机构,从事洗涤和护理用品的产品研究开发,而且也投入大量资源,研究如何改善产品广告和产品陈列以及如何促进销售等。宝洁公司设有"信息决策解决方案部",这个部门的作用是利用 IT 技术帮助业务部门实现商业模式的优化。研究人员利用 IT 技术对产品的广告、消费者和渠道进行研究。通过不同的流程和工具模型的组合,公司以更精确的方式对收集到的业务数据进行加工和利用,进而支持产品结构、客户结构和供应链的调整。通过坚持不懈的本土化调适,宝洁成功实现了商业模式的创新,不仅在中国市场上站稳了脚跟,而且对市场的影响力越来越大,从 1988 年宝洁公司在广州设立第一家合资企业以来,经过 20 年的发展,宝洁公司已成为中国最大的日用消费品公司。

其次,这种开放的创新模式体现在与外部创新资源的合作上。宝洁公司在创新上不仅仅利用公司内部的资源推进产品研发和品牌推广,还积极利用外部资源促进产品创新,为消费者提供更好的服务。例如,宝洁同众多协会、教育学院和政府机构都有合作。如同菲律宾政府部门合作共同加强公共卫生、与哥伦比亚妇女健康中心合作共同推进药物研究等。在中国,宝洁公司与很多本土供应商都有合作,并且通过各种措施发挥供应商在创新中的积极作用,如通过吸收供应商的知识和能力,提升自身的专业水平,通过促进供应商系统和技能水平的提高,降低了保洁公司的运营成本等。

再次,这种开放式的创新模式,不仅宝洁自己占有,还通过与分销商建立联盟,把创新的成果传给合作伙伴,提升了整个产业链的竞争力。如宝洁在中国的众多分销商那里建立了分销商(DMS)管理系统,规范基础业务管理,建立了与宝洁实现数据交换和通信的系统。同时,宝洁通过对分销商强化培训和有力支持,在培养分销商的基础设施、管理水平和员工素质等方面投入了大量的资金、人力、物力和时间,使他们成为拥有健全网络,能够提供优质覆盖服务的新型分销商。宝洁开办商业培训课程,使分销商掌握更为专业的商业运作知识。

三、宝洁公司全球化营销策略

(一)宝洁公司经典营销策略

1. 广告营销

广告,即"广而告之",是企业惯用的推广新产品的方式,成效极快,这也是宝洁公司进攻市场的常用手段之一。宝洁公司投入大量精力开展产品宣传,并乐此不疲。大范围、高重复率、让人过目不忘的广告让商品在短时间内在消费者中熟悉起来。1994年,宝洁旗下碧浪进入中国市场,并实施了庞大的广告宣传计划。1995年,汰渍在中国上市,制作了"汰渍千人操"广告投放入中国市场;两则"汰渍洗衣舞"广告相继在1995年和1996年在全国播放;1998年汰渍柠檬洗衣液(400克)隆重上市,"汰渍洗衣舞"之三继而展开迅猛攻势。宝洁公司以不断加大的广告投入换来了消费者对品牌的认知度以及广泛的宣传效应。在广告内容上,宝洁使用本土化宣传,同一商品广告在不同国家都会相应作出调整以适应当地的风俗习惯以及人文特色。例如,1997年,宝洁公司在中国市场推出名为"润妍"的润发产品,宝洁则把水墨画等元素融入广告中,营造典雅的东方气息,而"润妍"这一产品在中国取得了极大的成功。

2. 品牌营销

随着宝洁公司产品的更新以及品牌的发展,宝洁公司最显著的竞争优势就是"产品多、品牌多"。从香皂、牙膏、漱口水、洗发精、护发素、柔软剂、洗涤剂,到咖啡、橙汁、烘焙油、蛋糕粉、土豆片,到卫生纸、化妆纸、卫生棉、感冒药、胃药,横跨了清洁用品、食品、纸制品、药品等多种行业,宝洁公司的每一种产品都拥有着多个品牌。截至目前,宝洁公司拥有至少300个品牌以及5个主要的产品目录。宝洁公司拥有的品牌中大多都是消费者熟悉、信赖的,其中也包括享誉全球的碧浪、飘柔、海飞丝、吉列等。放眼望去,在日化行业中,宝洁公司恐怕是拥有着世界上最多品牌的公司。这种多品牌的营销方式帮助宝洁公司迅速占领市场,扩大营销范围。

3. 派送营销

在 1996 年,宝洁公司将 150 万袋 40 克包装的汰渍洗衣粉样品在半个月内赠送到 150 万武汉市民的家中,让市民获得免费的产品使用体验。这一举动使得汰渍洗衣粉在洗衣用品市场上的份额迅速增长到 50% 左右,销量直线上升。这就是宝洁最常用的一种促销活动方式——派送营销。宝洁在推广时精确定位该产品的消费人群,并有计划地向目标消费人群及其周边人群免费赠送产品正装或试用装。通过这样的方式,让消费者和产品有直接的接触和鲜活的使用体验,可以更好地了解产品的质量、效果等各方面,对产品有初步的认识和直观的感受。往往一次成功的产品使用体验都会刺激消费者产生对于该产品的兴趣和购买的欲望。这种营销方式在成本方面有较大的优势,样品的成本低、发放方便,极易被潜在消费者所接受。宝洁公司连续多年不断派送样品,使得企业拥有更高的知名度以及更优的品牌形象,达到了最佳的营销效果。这种派送营销的方式沿用至今,并被广泛采用,甚至改变了部分人的消费习惯。现在有相当一部分人尤其是女性,喜欢在买东西之前,通过试用装先确定产品的使用效果与品质再进行购买,以保证消费质量。这种营销方式显示了宝洁对自身产品的信心,它产生的效果也不是一般广告的效应能比的。

(二)宝洁公司国际化营销策略创新

随着宝洁公司产业规模的日益壮大,传统营销已经满足不了这个帝国宣传的需要,所以宝洁公司开始开辟新的现代营销策略,在原有的基础上不断完善并且进行创新。其中,宝洁将自己定位为一个涉及面更广、规模更大、层次更高、投入更多的企业。

1. 口碑营销创新

口碑营销是一种通过口口相传的效应达到营销目的的营销方式。宝洁公司通过口碑宣传,使品牌信息以几何倍数复制的方式,迅速传播开。然而口碑营销也有其弊端,一旦产品不够好,存在缺陷,这一问题也同样会飞速传播开,造成企业信誉急速下滑。所以使用这一营销方法,体现了宝洁公司对产品质量的信心。由于宝洁公司品牌众多,为了避免企业内部竞争,即使是同一品牌产品,通过准确的品牌定位,各品牌产品都很有针对性,在目标消费者人群中都拥有良好的口碑。

宝洁公司花巨资研究消费者的生活需求和消费心理等,力图做到从消费者出发,直击消费者内心,让他们买到自己想要的产品。由此宝洁可以提升公司、品牌的口碑,传递优良的信息,最终达到口碑营销的目的。然而宝洁品牌众多,只有达到品牌的个性化定位,才能让消费者印象深刻并找到适宜自己的品牌。比如品牌的命名,品牌的准确命名增加消费者对产品的认知,激发消费者对产品的想象,还可以增加顾客对产品的信赖度以及亲切感。再比如对于品牌的描绘,这在消费者心中占据了重要的位置,提高消费者对品牌的热情。像力士香皂的广告聘请国际影星作为代言人,广告尽显奢华与高端;舒肤佳的广告则极具亲和力,以关心家人健康为主题,更贴近日常生活。

2. 活动营销创新

活动营销一般是通过举办各类活动,比如公益活动来提高品牌知名度,从而扩大宣传范围、提升宣传效果。宝洁公司常通过与国家相关部门联手举办公益活动,区别于其他活动营销的是,宝洁公司的活动主题不是一味地介绍产品,而是有目的、有预期地针对目标人群。

一个家庭中,担任母亲角色的人往往是快速消费品的主要购买决策者,这类人群也正是宝洁公司产品的主要消费人群。针对这一人群,宝洁公司借2012年伦敦奥运会开展了"感谢妈妈"的主题活动,向全世界的母亲表示感谢。奥运会作为规模最大的综合性运动会,可以说奥运会上发生的一举一动都是全球瞩目的。奥运会中,200多个国家和地区的约150位参赛运动员为宝洁传递大约30个品牌的宣传信息,超过400万家商铺共同参与宝洁的奥运主题促销展示活动,这些举动创造了宝洁史上规模最大的营销活动。宝洁公司借助"感谢妈妈"这个极富感染力的主题,成功地与受众目标达成情感共鸣。

此外,宝洁联合百度共同搭建起一个"感谢妈妈,用爱跨越距离"的平台。近期,宝洁公司还借助知名电视节目"非诚勿扰"的大平台,举办了"飘柔爱转角"活动,有效地对宝洁旗下的飘柔产品做了广泛的宣传及营销,因此获得众多电视观众等潜在消费者的广泛关注。

3. 网络营销创新

近年来,网络营销在国际市场内备受关注。作为新时代的特殊营销模式,网络营销成本低廉、效率高、效果好,有利于企业与消费者深入沟通。由此,宝洁公司充分利用网络进行网络营销,从而获得低成本以及高效率的竞争优势。

宝洁公司本着以人为本、顾客至上的原则,提出网络营销"5C"宗旨,即顾客(Customer)、创造性(Creative)、建设性(Constructive)、多变性(Change)以及自信(Confidence)。宝洁公司官网的设计秉持着5C宗旨,网站外观依照客户喜好独具风格。网站内容信息分类清晰,设有"生活顾问""宝洁创新""新鲜情报"以及"产品介绍"等链接栏目,便于消费者点击并了解。

雅虎、谷歌以及百度等知名搜索引擎逐渐成为人们搜索信息的基本渠道，而关键词的搜索也帮助企业实现广告的精准，投放从而提升总体的营销效果。作为支持网络营销的手段之一，宝洁公司利用知名的搜索引擎来提高搜索定位排名从而大大地高了广告的效果。

4. 知识营销创新

宝洁公司主要的品牌营销方式为知识性营销。宝洁公司在营销过程中注重知识含量，帮助广大消费者增加对产品的了解，从而达到销售商品开拓市场的目的。宝洁公司拥有典型的知识营销方式，通过在营销中不断打造一系列的知识概念。这一营销理念在洗发护发类产品中尤为典型，知识营销在这类产品中的运用达到了极致，使每一个品牌都被赋予了一定的知识并打造了一个概念，从而赋予每一个品牌独有的特性与个性。例如，飘柔的广告语为"丝质润发，洗发护发一次完成，令头发更飘逸"，体现的产品特性为光滑柔顺；海飞丝的广告语为"头屑去无踪，秀发更出众"，体现了产品去屑的特性；潘婷的广告语为"含丰富的维他命原 B5，能由发根渗透至发梢，补充养分，使头发健康亮泽"，其产品特性为营养滋润；沙宣的广告语为"我们的光彩来自你的风采"，则体现出调理秀发的产品特性。宝洁公司对于知识和概念的运用在这些产品中表现得淋漓尽致，有效地将品牌渗透到消费者的思想中。同时，实施知识营销也使每一个品牌都具有独特的个性，增加品牌核心价值的同时也大大提升了品牌的文化内涵。

随着企业全球化，单一的营销方式已满足不了企业扩张的需要，多元化的营销策略已经是大多数企业的选择，此时若仍然选择单一营销方式可能如逆水行舟——不进则退。多元化的营销策略可以帮助企业从多种途径、针对不同情况和不同人群获得最大化的宣传效果。宝洁公司在传统营销策略的基础上，扬弃地发展出适合企业自身的新型营销策略，以继续引领全球的营销。在宝洁发展的初期阶段，大量广告营销辅以派送营销使宝洁的宣传获得了很好的效果。随着时代的发展和变迁，一些现代营销方式应运而生。通过消费者口口相传而获得的良好口碑；通过举办参与各种活动而打响品牌知名度；通过对互联网的有效利用，成功地将品牌宣传从线下做到了线上。而所有这一切宣传策略中都隐含着宝洁对其品牌的知识性营销。宝洁本着以消费者需求为中心，以科技发展为辅助手段，开创出越来越多、越来越丰富的营销策略，从而占领更广泛的市场。

第三节　回顾小结与意义

在中国，还有不少跨国公司像宝洁公司这样，直接从国外引进新的流程和业务模式，或者直接投入大量资源进行商业模式的创新，这些新的业务模式为跨国公司带来业务发展的同时，也为中国企业自主创新带来了深刻的启示。即我们的自主创新要实现工程技术创新和商业模式创新相结合，要通过"双轮驱动"的相互作用来实现技术的产业化，打造具备全球竞争力的产业体系。我们的自主创新要建立开放式的创新模式，广泛地吸收世界有利的创新资源促进自身创新体系的完善，要从战略角度应用创新成果，加强与合作伙伴的共同发展。

在通过大量数据和案例证明了企业的宗旨是创造顾客之后，德鲁克接着指出，基于顾客，企业有且只有两项最基本的职能是：营销和创新。为什么德鲁克会将创新和营销作为企业的两大基本职能，可能有以下原因：①德鲁克的出发点永远是顾客需求，企业的宗旨是创造顾客，所以顾客是企业行为的核心，生产产品是企业的行为，而行为的后面是产品被顾客接受，只有顾客的购买才能将产品转化为利润，没有顾客也就没有了企业存在的价值。因此，营销和创新两项内容是从一个思考方式出发：如何让顾客知道我们的产品？如何让产品和服务服务好顾客？如何更好地满足顾客的需求？营销和创新因此成为必然的选择。②德鲁克的两项基本职能贯穿了企业日常经营的工作分工。不是生产，不是人力资源，不是销售，不是研发。营销和创新是贯穿了企业的所有部门，换言之，营销和创新不是某一个部门的事情，是所有部门、所有管理层，都需要做的事情。③德鲁克的两项基本职能是在谈企业的职能，因此就不是医院，不是政府，不是非营利机构。政府机构不需要营销，只有在市场竞争中存在的企业，才是这里要谈的重点。因此这两点也正是企业区别于政府机构的重点所在。宝洁很好地结合了创新和营销，所以它成了世界最大的日化消费品公司之一。

课后思考

（1）从消费者角度出发，说明宝洁公司如何让消费者感受到体验创新。

（2）举例说明宝洁公司是如何做到两个"真理时刻"的。

（3）宝洁商业模式的创新中哪些是值得中国借鉴和引用的？为什么？

（4）举例说明国内哪个企业很好地借鉴了宝洁营销创新的举措。

第六章　迪士尼：制胜之道

第一节　理论背景和意义

经营模式是企业根据其经营宗旨，为实现企业所确认的价值定位所采取的某一类方式方法的总称。其中包括企业为实现价值定位所规定的业务范围、企业在产业链的位置，以及在这样的定位下实现价值的方式和方法。由此看出，经营模式是企业对市场作出反应的一种范式，这种范式在特定的环境下是有效的。

根据经营模式的定义，企业首先有企业的价值定义。在现有的技术条件下，企业实现价值是通过直接交易还是通过间接交易，是直接面对消费者还是间接面对消费者。处在产业链中的不同位置，实现价值的方式也不同。

由定义可以看出，经营模式的内涵包含三方面的内容：①确定企业实现什么样的价值，也就是在产业链中的位置；②企业的业务范围；③企业如何来实现价值，采取什么样的手段。

迪士尼从众多卡通明星到迪士尼乐园，再到玩具、游戏软件等各类产品的共性。主题公园、动画产业、一体化产业经营塑造了它的商业帝国，开放而又立体交叉的模式，使迪士尼实现了良性循环。

经营战略是企业为求得长期的生存和发展而进行的总体性规划，是企业战略思想的集中体现，是在符合和保证实现企业使命的条件下，充分利用环境中的机会，确定企业的从业范围、成长方向和竞争对策，进而有效合理地整合企业的资源。

我们认为任何企业在全球化条件下取得的成功，其实只是成功了一半，还必须有本地化的成功，才能够获得余下一半的成功。迪士尼是世界上经久不衰而又与时俱进的全方位发展的最成功的全球化传媒娱乐企业，其虽然创立于美国，但业务却是面向全球的。让我们一起来学习一下迪士尼的制胜之道。

第二节　案例分析

一、娱乐帝国的成长

1901 年 12 月 5 日，"米奇老鼠"的创造者和迪士尼世界的开创者沃尔特·迪士尼（Walt Disney）出生于芝加哥。沃尔特·迪士尼的父母都是芝加哥的农民，少年时期的迪士尼靠当报童赚来的钱进了艺术学院念书。1922 年，沃尔特与艾渥克创业成立 Iwerks-Disney 商业艺术，但仅仅半年就倒闭了，这是他第一次重大失败。之后，在艾渥克的鼓励下，沃尔特去堪萨斯城电影广告公司应聘，结果被录取了。进入堪城电影广告后，沃尔特正式开始接触动画。沃尔特尝试自制卡通，完成一系列"小欢乐"卡通，卖给堪城电影商。由于在堪城发展不易，1923 年 8 月，沃尔特离开了堪萨斯城，来到了好莱坞。10 月，沃尔特和他的兄弟凑了 3 200 美元重新创业，迪士尼兄弟制片公司正式开业。这是今天迪士尼娱乐帝国的真正开始。1925 年，迪士尼兄弟制片改名为沃尔特迪士尼制片。成长当然也要付出代价。1927 年迪士尼与明池合作推出"幸运兔奥斯华"，但是第二年因缺乏管理经验，员工被代理商挖墙脚挖走，结果迪士尼失去了这个卡通人物的所有权。但是，遭到打击的沃尔特并没有消沉下去，而是更加努力，更加坚定。1928 年，一个天才创意的灵感——一只活泼可爱的小老鼠，在沃尔特的头脑中萌发，并且拥有一个响亮的名字"Mickey Mouse"（米奇老鼠）。从此，这个长着大耳朵、带着白手套，有幽默表演天赋的小老鼠把迪士尼式的童话、梦幻和欢乐散播到全球的每一个角落。人们为什么如此喜欢米老鼠？因为它诚实善良、幽默顽皮、快乐单纯。而最根本的原因是它能给人带来一种欢乐的体验，给人提供一个童话世界，提供一种梦境。这也是迪士尼从众多卡通明星到迪士尼乐园，再到玩具、游戏软件等各类产品的共性。"一切都始于一只老鼠。"这是沃尔特·迪士尼生前最喜欢挂在嘴边的一句话。他在此后制作了电影史上第一部完整的动画影片，创建了主题公园，组建了现代化多媒体公司——那只老鼠改变了他，继而他改变了世界。

从此之后，他并没有停止脚步，而是致力于开拓全新的动画产业，从 1928 年至今，创作了很多受观众喜爱的卡通人物和影片。从世界第一部有声卡通"汽船威利号"米奇卡通推出到 1937 年推出电影史上第一部长篇动画电影"白雪公主"；从推出电影史上第一部立体声电影、古典音乐动画"幻想曲"到推出第一部完全由真人主演的电影"金银岛";从推出首部宽银幕迪士尼动画"小姐与流氓"到推出电影史上第一部用电脑来拍制的电影"电子世界争霸战",迪士尼创造了神奇的童话世界。把欢乐带给了全世界喜爱迪士尼的人们。

迪士尼不仅投资了电影产业,同时还创造了革命性的娱乐形式。接着,开创了第一个主题公园——迪士尼乐园。在忙碌的夏季,一天中最少也有10多万人光临迪士尼世界。现在,迪士尼又把欢乐带到了互联网与移动通信网上。迪士尼经过百年的发展,从靠借钱才成立的小公司发展到了娱乐帝国,不仅拥有 Walt Disney Pictures,Touchstone Pictures,Buena Vista,Hollywood Pictures,Dimension Films,Miramax 等众多的电影公司和制片厂。还有迪士尼世界、欧洲迪士尼乐园、东京迪士尼乐园、上海迪士尼乐园。同时还拥有 ABC 电视网、迪士尼频道、ESPN 家庭有线电视网等大型的传媒。而这个王国之所以在百年的长河中依然焕发青春的关键是带给顾客以欢乐。正是以这种文化作为核心竞争力,才使迪士尼保持长久稳定的发展和持久的竞争优势。

(一)树立品牌核心价值观

正如迪士尼公司首席执行官(CEO)迈克尔·埃斯纳回顾公司在创业者沃尔特·迪士尼之后仍然得到持续发展时所说的那样:"创造性思维为公司成长提供了所需的燃料,对新思维的执著追求是成功的金钥匙。"

在此基础上的精确定位和广泛的品牌延伸构建了迪士尼的完整产业链,开发品牌价值和整合集团资源的能力成就了今日的全球娱乐王国。因此,迪士尼被誉为"艺术产业化、大众化的先驱"。

迪士尼创造巨额产业神话的产业结构模式如图6-1所示。

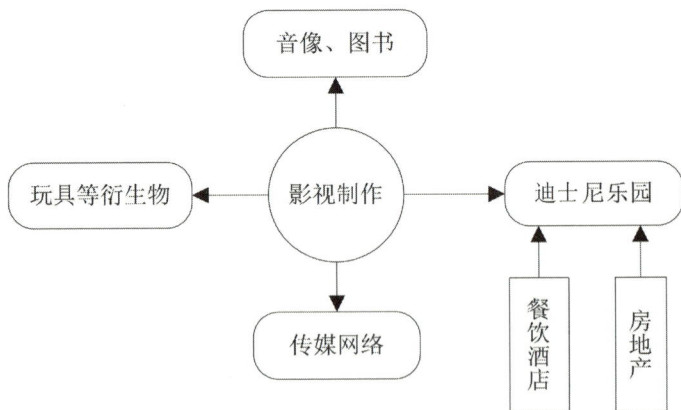

图6-1 迪士尼的产业结构图

对迪士尼来说,电影从来都是产业链的开始。迪士尼以"影视制作"为核心,构建出完整的由五大业务群组成的产业链,进而满足五类客户的需求,以扩大利润来源。其具体流程如下。

迪士尼一部影片制作完成后,第一步就是借助自己拥有的覆盖全球的发行网络,进行耗资巨大的强势炒作营销,赢得众多影迷的喜爱,赚进巨额的票房收入,收获第一轮美元;第二步就是公开出版相应的电影拷贝、DVD视频产品、主题音乐、图书,获取第二轮美元;第三步就是在自己的主题公园中增添与卡通片有关的形象和景点,吸引游客,赚取第三轮美元;第四步就是通过授权的形式,让授权企业生产一系列与影片中的卡通形象相关的产品,并在迪士尼连锁店等处出售,获得巨额授权费和销售利润;第五步就是把卡通片在自己控制的大众传媒网络上播出,或根据影片制作各类电视节目,获得巨额的广告收入,获取第五轮美元。由此可见,迪士尼的完整产业链"是一个既相互联系、相互交叉,又相互制约、相互促进的有机连贯体,是一个不可分割的完整的循环系统"。不同类别的客户是可以互相转化的,如电影观众往往可能去收藏DVD,还有可能去游乐园体验一下荧屏上的环境,更有可能购买相关延伸产品。以1994年上映的《狮子王》为例,这部耗资5 000万美元的影片,最终为美国带来整整75亿美元的经济收入,其中直接的票房收入为7.6亿美元,Video收入为7.8亿美元,相关产品授权赢利则为60亿美元。在迪士尼永无止境创新的核心理念指导下,迪士尼的成功之处如下。

1. 一体化产业经营

美国通用公司的总裁杰克·韦尔奇明确指出:"文化产业是属于这个时代最有挑战力商人的最大蛋糕!"事实上,文化产业的运作已渗透到传媒、演艺与旅游等领域之中,形成了一体化产业经营优势,并可以通过文化旅游、影视、会展、演艺、传媒形成的文化产业群来带动整个区域经济的发展。文化产业的核心是资源、创意、资本和人才的整合,具有同心圆向外扩张的结构特征,只有形成完整的产业链,才能创造出更大的附加值。因此,一个缺乏文化品位和价值含量的创意,一定是没有太久生命力的。花建先生认为从文化产业特有的价值含量和组织结构来看,可把它描述成一组逐渐扩大的"同心圆"。第一圈是圆心,就是文化内容的创作:各类创意、策划等创作活动,这是文化产业的灵魂所在和生命之源;第二圈是文化产品的制造业,运用工业化的生产流程,通过现代科技手段大量复制文化产品;第三圈是文化产品的销售业,通过市场中介的销售,把文化产品和服务变成大家喜爱的消费品;第四圈是扩张型的文化产业,就是把文化产业与其他产业融合以后产生的混合型产业①。它既具有传统制造业、服务业的基本形态,同时又具有很高的文化含量,包括多媒体业、展览业、广告业、咨询业、旅游业、职业培训业等。通过从里向外层层扩大的"同心圆",就从核心内容发展到扩张型的文化产业或混合型产业。

迪士尼公司就是从"'创意内容'核心层出发,逐步扩大到'产业基地',用现代工业化流水线生产的方式,大批量地制作动画片并把它们销往世界各地;同时,又为米老鼠、唐老鸭等卡通形象申请了专利,在法律的保护下进行特许经营开发"。在迪士尼专卖商店里,各种玩具、食品、礼品、文具等,无不因卡通图案的附加值而带来丰厚的利润。到了20世纪40年代后期,迪士尼公司利用它的动画片中的米老鼠极高的知名度,又与丹麦的艾阁蒙公司合作,并于1948年9月出版了《米老鼠》杂志,到2002年为止,全世界已有24个国家和地区出版了《米老鼠》。1949年又成立了迪士尼唱片公司,它出版的许多动画片和唱片都成为当年最畅销的唱片,不但是20世纪世界电影音乐的经典之作,而且成为无数小朋友传唱的"流行歌曲"。特别是"1955年7月17日,位于洛杉矶的首座迪士尼乐园正式建成。它标志着迪士尼公司的经营范围从纯粹的文化产品和文化产业,扩张到相关的'亚文化产业'主题公园文化旅游业,这一事件被文化史学家称为影响20世纪人类的一个重大历史事件。它第一次把观众在电影里和卡通片里看到的虚拟世界变成了可游、可玩、可感的现实世界,公园里的'美国大街'、'探险奇遇'、'西部边境'、'梦幻世界'和'未来世界',激起了无数少年儿童和他们父母的好奇心。20世纪60年代,它又在乐园附近建造了占地360亩的迪士尼宾馆,80年代公司又在美国的奥兰多建造了一个更大规模的迪士尼主题公园,同时又延伸到国外,在日本的东京和法国巴黎建造了迪士尼乐园,1996年当公司根据好莱坞的科幻电影,开始建设新景观——侏罗纪公园的时候,实际上是把科幻电影业和主题公园的旅游业结合起来。截至2000年底,到各个迪士尼乐园参观游览的游客已超过3.8亿人次。迪士尼发明的'米老鼠'这一独特创意,经过70多年的发展已经成了一个风靡世界的全新的文化产品和文化产业,当别的商家模仿时,它又不断加强自身开发能力,加快价值转化的战略,把优势延伸到音像和期刊出版业、零售业、旅游业,等等,通过规模化的拓展,排斥了别家企业的兼并企图,而成为一个全球化的跨国娱乐企业集团"。

迪士尼除了在娱乐上发展多元化经营外,还开创了房产联动的策略。在迪士尼周边存在一系列的酒店度假村、高尔夫俱乐部和商场等,这些资产组合不仅给迪士尼带来可观的经营利润,还有资本增值效果。迪士尼除了经营与娱乐

① 江若尘.迪士尼的制胜之道[J].科学发展,2010(7):103-112.

配套的房产外,还直接投资房产,此举带动了周边地价的不断上涨和房产升值,从而产生丰厚的房地产利润。从市场运作的角度看,任何景区的经营,门票收入总是有限的,要做大必须与房地产联动,利用旅游炒热地皮,利用地皮开发房产,形成旅游产业链上互动递进的环节。当然,要打造有影响力的原创产品是需要时间、财力等方面的大量投入,往往是一年半载无法实现利润的。要打造整个产业链,更是需要公司可持续的投入才能够达到的。

综上所述,迪士尼的产业链模式不是单一的直线结构,而是一个开放而又立体交叉的模式,以动漫影视为龙头,将相关业务迅速扩展到其他四个主要领域,进而发挥交叉促销的效用。具体而言,就是一部影视剧生产的同时,相关的玩具、书刊、音乐唱碟、纪念品和游戏等产品则随之快速生产并推向市场,媒体网络同期进行地毯式轰炸的宣传,广告及主题公园都可能会同时启动,协调进行市场推广,形成强势营销,整个集团形成立体交叉式的产业链经营模式。一言以蔽之,迪士尼把影视娱乐作为价值链上游,借助自己的品牌优势,逐渐向其他产业延伸,其他延伸部分反过来也促进影视娱乐业的发展,从而使整个价值链良性运转。

2. 连带品牌运营

菲利普·科特勒认为品牌是一个名称、名词、符号和设计,或者是它们的组合,其目的是识别某个销售者或某群销售者的产品或劳务,并使之与竞争对手的产品和劳务区别开来。迪士尼之所以能够取得如此大的成就,在品牌运营上有其独特的地方,主要体现在品牌积累和高超的品牌运营策略。

纵观迪士尼的发展历史,尽管遇到多次困境而能够转危为安,其品牌积累和高超的品牌运营策略则是功不可没的。迪士尼乐园的创办人沃尔特曾说过:每个人都在自己的心中憧憬、设计、创造一个世界上最精彩的地方,而真正能够将梦想化为现实的也只有人自己。迪士尼在经济不景气的情况下仍能留住大批游客,就是因为迪士尼具有自己独特的生产方式、经营方式和运营体制,沃尔特的这句话很好地体现了这些理念的精髓。

快乐,就是迪士尼品牌体现的企业核心价值观。尽管迪士尼公司从1928年推出威利汽船以来已经历了80多年的发展,但迪士尼这个品牌的核心价值观却一直都没有改变,具体包括创新、质量、共享、故事、乐观和尊重。我们以创新(Innovation)为例。

创新是迪士尼矢志不渝坚持的传统,成就了充满神奇色彩的迪士尼。对企业来讲,要持续创新绝不是一件易事。众所周知,迪士尼早期推出米老鼠、唐老鸭、古飞狗等脍炙人口的卡通形象后,连续创造数十年的辉煌战绩。今日我们还会发现迪士尼的新创意不断涌现,每年都有新的动画大片推出,给我们以耳目一新、赏心悦目的感觉。事实上,迪士尼在其公司内部早已创建了一套"创新知识管理流程",使创新不再简单表现为个体的、毫无依据的凭空想象的过程,而是形成了经过长期实践、证明行之有效的业务流程、知识管理和创作框架"固化"下来的体系来运作。① 也就是在整个作品的创作过程中,每一个参与剧本编写、动画设计、采编剪辑、录制合成等工作人员,"都能够在自己负责的环节上借鉴所有整合提炼好的知识资源,并在一定的业务规则指导下,有条不紊地输出智慧。这使得企业的创新动力不再仅仅依赖于个人的魅力与智慧,而是靠组织整体的协同运作。规范化的业务流程与业务规则看似'腐朽',但却成为迪士尼不断创新的源泉!"②再以质量为例,即使在公司发展初期,在资金不足的情况下,沃尔特仍不惜血本对影片质量严格要求并长期坚持执行的精品策略,质量取胜的策略是迪士尼成功的基础。在品牌宣传上,迪士尼每推出一部新片前,整个集团上下一致,利用所有宣传渠道和共享资源,如迪士尼频道、所辖的 ABC 电视网、迪士尼网站、迪士尼乐园、迪士尼玩具专卖店,并与其战略伙伴电影院、麦当劳等有关方面合作,进行"轰炸式"宣传,力求走进孩子和家长的内心深处,强势营销获得了空前的成功。表 6-1 就是迪士尼品牌在《商业周刊》(*Business Week*)和 InterBrand 评出的世界品牌价值 100 强中最近几年的数据。

表 6-1　迪士尼品牌价值

年份	品牌价值	排名
2008 年	29 251 亿美元	名列第 9 位
2007 年	29 210 亿美元	名列第 9 位
2006 年	27 848 亿美元	名列第 8 位
2005 年	26 441 亿美元	名列第 7 位
2004 年	27 113 亿美元	名列第 6 位
2003 年	28 036 亿美元	名列第 7 位
2002 年	29 256 亿美元	名列第 7 位
2001 年	32 591 亿美元	名列第 7 位
2000 年	33 553 亿美元	名列第 8 位
1999 年	32 275 亿美元	名列第 6 位

①　江若尘.迪士尼的制胜之道[J].科学发展,2010(7):103-112.

②　董观志.盈利与成长——迪士尼的关键策略[M].北京:清华大学出版社,2006.

连带品牌运营就是利用迪士尼品牌在人们心目中留下的烙印，引导人们不由自主地进入迪士尼精心打造的连环产业链，通过我们上面所讲的同心圆的五个步骤，进行一系列的深加工，开发大量的相关产品，在全球迪士尼商店及其相关地方出售。

同时，迪士尼在品牌延伸方面是非常优秀的，首先是横向的品牌延伸，迪士尼通过特许和并购的方式进行横向的品牌延伸。在20世纪80年代初，就运用特许经营的方式与日本东方公司进行合作，不进行资金投入，而通过提供品牌的方式，收取特许经营费，建成东京迪士尼乐园，公司每年都从东京迪士尼营业额中获得一大笔特许经营费。其次是纵向的品牌延伸。迪士尼是美国电视传媒中最大的节目制作商，在1955年和2001年并购美国较大的电视运营商——美国广播公司和福克斯家庭公司，获得大量海外用户，使迪士尼实现了电视传媒的海外扩展，通过业务的拓展，获得大量的利益。再次是采取混合式的品牌扩展模式进行业务扩展。特别是在光速传输的网络时代，通过混合兼并的方式进军了互联网领域，实现了不同媒体间相互传播和共同盈利。由此可见，混合式经营是一种非常重要的扩张方式。

事实上，迪士尼还拥有自己良好的品牌控制体系，保障了自己的品牌价值和利益。迪士尼通过制定标准化的控制体系，要求特许经营必须达到标准化的服务。与此同时，迪士尼还注重打造多样化的品牌授权体系，实现全员参与品牌建设，使迪士尼品牌的维护成为每个员工的责任，使迪士尼品牌成为企业的"摇钱树"。正如迪士尼消费品公司（DCP）总裁安迪·穆尼所说的那样："我们是世界上唯一能够在所有地理区域经营所有产品类别的品牌。"

3. 全球化和本土化相结合的经营战略

利用全球化的浪潮，把它所创造出来的文化传播于世界各地，其经营战略的选择必然是全球化和本土化相结合的路径，具体表现在如下三个方面。

一是传播快乐和希望的核心理念贯穿始终。尽管在迪士尼风雨兼程的几十年发展历史中，人类社会快速发展，在技术革命、艺术创新、行业变迁、经营管理体制、社会环境等方面发生了巨大的改变，但迪士尼传播快乐和希望的核心理念却始终没有改变过。通过迪士尼电影等产品，人们依旧感受到温暖、快乐、希望、梦想和激励。

二是节目主题和创意的全球化。迪士尼通过其设立在世界各地的分支机构，频繁举办形式多样的活动，主动了解世界各地小朋友最关心和最流行的是什么，进而确定节目主题，进行创意和剧本的撰写。然后总部把写好的剧本发到迪士尼世界各地的节目部，请他们汇集和反馈意见。收到这些意见后，总部对剧本进一步加工，然后根据剧本做一个样片，在世界各地请观众试看和进行市场调查,在修改充实的基础上,总部才正式确定第一集的剧本,落实制作单位进行制作。节目出来之后,还会把它发到各个国家,接受意见和再调整。经过这样筹备的节目,加上公司的强势营销,在全球范围内掀起收视热潮,从而获得丰厚的回报。"'全球迪士尼观众研究项目'通过对 18 个国家的研究对象进行问卷调查和面试采访,并经过对各国市场的分析和跨文化分析这三项有针对性的研究后发现:被调查者平均 5 岁前第一次接触迪士尼。99% 的被调查者看过迪士尼电影,只有 1% 的被调查者从来没有看过迪士尼的影片。"如 1998 年 6 月推出大型动画故事片《花木兰》,是迪士尼根据我国古诗《木兰辞》描述的木兰从军的故事制作的。2 000 余位迪士尼艺术家耗时 8 年,在保留原作的内核和主脉的基础上,运用现代手段加以改编和包装,融入了大量迪士尼式的诙谐幽默,取得了巨大的成功,凸显出普及率、共同性和多元化的特征。

三是全球化加上本地化。在全球化战略的推进中,迪士尼争取让每一个节目能够适合每个国家。学术界也因此出现了一个合并新字:Glocalization,全球化加上本地化。迪士尼会根据不同国家和地区的文化差异对节目进行本土化的改造,进而准确把握各国观众的心理差异,充分照顾到各地观众的思想和风俗习惯,借鉴全球各地的创意和理念,为本土观众量身定做适宜的节目。又如主题公园,迪士尼乐园的服务主题是"为世界各地所有不同年龄的人们创造幸福与快乐"。因此,世界各地的迪士尼乐园的主题是不同的。东京迪士尼乐园的核心理念是安全、礼貌、表演与效率,是家庭娱乐。截然不同于美国迪士尼乐园的核心理念——幻想和魔法王国,东京迪士尼展示的是日本人本身。巴黎迪士尼乐园在经历不景气之后,选择了与日本迪士尼类似的路径,主动加入更多的欧洲故事传说,推出欧洲当地风味菜,允许在园里卖红酒等。香港迪士尼乐园则是加入更多的东方元素。我们坚信:未来的上海迪士尼将是一个有中国特色的魔幻王国,将更多中国文化特质融入进去,如中国神话、美食、园林设计等。

4. 准确的定位和营销组合

大道至真至简,迪士尼的成功还在于准确的定位和营销组合。迪士尼公司的经营理念十分简单:制造并出售欢乐,满足人们身心的需要,进而改变个人和群体的生活态度和品质,达到促进社会的良性互动与社会环境的和谐与净化。

制造欢乐是迪士尼品牌的核心,始终贯穿于公司经营中,其核心价值和品牌个性随着迪士尼事业的扩大传播到世界各地,唤起了人们对生活的乐趣和热情,博得消费者的认同和喜爱①。

---

① 崔成.迪士尼:经营快乐[J].企业改革与管理,2008(2):72-73.

1922 年迪士尼事业刚刚起步时,成立的公司就叫"欢笑卡通公司",制作了《爱丽斯梦游仙境》《幸运兔子奥斯华》等系列片;1928 年的《威利汽艇》放映后,当时的影评杂志《观览评论》的撰稿人说:"从头到尾声音和动作都配合得天衣无缝。从影片名一出现在银幕上,观众就笑个不停,许多人笑得从椅子上跌下来,片子结束时,观众都鼓掌不止。"米老鼠形象横空出世,受到美国少年儿童的追捧,迅速扩展到杂志、唱片等各类产品。20 世纪 50 年代,沃尔特·迪士尼先生把米老鼠、唐老鸭这些品牌动画人物搬进主题公园,以新的娱乐形式给游客创造体验的欢乐。主题公园的理念是:由游客和员工共同营造"迪士尼乐园"的欢乐氛围。在这一过程中,员工起着主导作用,他们身着演出服装,以主人角色出现,热情招待进入自己家庭的客人,体现在对游客的服务行为上,包括微笑、眼神交流、令人愉悦的行为、特定角色的表演和顾客接触的每一细节上。同时,引导游客参与营造欢乐氛围的活动,游客们能够同艺术家同台舞蹈,参与电影配音、小型电视片制作,还能够通过计算机影像合成动画片中的主角,亲自参与升空、跳楼、攀登绝壁等各种绝技的拍摄制作,等等。

迪士尼能高超运用其他娱乐企业所不及的营销组合,并且其市场定位非常清晰,即"给人们制造欢乐"。这两点便成就了其强势营销的制高点:一是娱乐促销做到位。娱乐促销的实质就是营销人员与购买者进行有效的信息沟通,特点是永远跟着热点走,紧紧抓住年轻消费市场的时尚因素,运用明星偶像的号召力实现最佳促销形式。迪士尼明星效应可以分为三种形式:娱乐界的明星、有名的实物形象(如"米老鼠")和借助领导人的公众影响力。二是产品质量必须过硬。迪士尼对产品质量的要求非常苛刻。即使在财务困难时期也严把质量关。如迪士尼公司摄制白雪公主时,预算成本为 25 万美元。但沃尔特为了真实感,又雇舞蹈演员穿上戏服拍成影片,再根据影片画出卡通底稿,使摄制成本一再攀高,最终耗资达 200 多万美元,几乎使他倾家荡产。但高质量的白雪公主,不仅首次发行收入就达到了 800 多万美元,而且还获得奥斯卡金奖。三是灵活的定价策略。迪士尼公司非常善于利用组合定价的定价策略,它会根据不同产品的经营策略采取不同的定价策略。与很多娱乐场所不同的是,迪士尼乐园采取低价全票制,可以使游客入园后尽情地玩,延长在园内的逗留时间,增加了其他消费的可能,使宾馆饭店、食品饮料和纪念品获得更多的销售机会,实现整体效益。四是销售渠道主要是特许经营。尽管迪士尼收到的第一笔特许经营费是一家家具商请求允许在其出售的写字台上印上米老鼠的图案而给的300 美元,但从此开始了迪士尼公司的特许经营之路。以 2002 年为例,消费品的收入约 24.5 亿美元,约占迪士尼集团总收入的 10%,其中营业收入约为 4 亿美元,约占迪士尼集团总营业收入的 14%,成为迪士尼价值链当中不可忽视的一个组成部分。

（二）以核心理念打造核心竞争力

企业的核心竞争力是企业为顾客带来特别利益的一类独有技能和技术，是组织的积累性学识，特别是关于如何协调不同的生产技能和有机结合多种技术流派的学识。迪士尼作为全球最成功的娱乐企业，其基业长青的核心理念就是用创新理念打造自己的竞争力。

1. 创新理念造就永无止境的创新机制

创新理念打造了"欢乐帝国"的竞争力，其核心竞争力的构建和提升主要依靠创新，通过"硬件"上的服务创新和"软件"上的组织创新，构筑了企业的核心竞争力。迪士尼创造了米老鼠、唐老鸭、罗杰、狮子王、米妮、布鲁托、贝儿公主、美人鱼、爱丽儿公主等名角，改写了卡通影片无声的历史，以每月一片的速度推出新片在全球发行。到1930年时，米老鼠已经成为家喻户晓的卡通人物。

迪士尼的产品不仅要有丰富的内容、深刻的内涵，还必须以精湛的技术来表达。迪士尼本人对卡通乃至乐园技术的追求则是永不满足的。不仅在卡通的有声化、色彩化等划时代技术的吸取、运用上不惜血本，敢为人先，而且在吸引和造就世界顶级动画大师上更是别具匠心。他坚持以创新精神不断整合形成一支强大的创新团队，然后通过这些创造大师，把技术创新和应用新技术达到极致，开发出"多层次"摄影法等一系列新技术。特别是在三维电脑动画技术创新上，更是成绩斐然。在《狮子王》《玩具总动员》等轰动一时的卡通片上，将电脑技术发挥得淋漓尽致。可以说，迪士尼的精品是团队在创新理念下合作打造的结果。以卡通片为例，在卡通片的制作过程中，制作动画片的总裁、副总裁、经理和董事会副主席一起讨论各个部门汇集的意见，确定最佳方案。随后，导演、艺术指导、幕后指挥全都加入到相关的讨论中进而达成共识。然后进行动画绘图、拍摄、配音、剪辑，一直到电影拍完。动画故事片《花木兰》，就是在创新理念的指导下，集了2 000余位迪士尼艺术家，耗时8年合作打造的成功精品。

沃尔特·迪士尼积极拓展米老鼠的商业领域，出版米老鼠故事书，又与"国王漫画"公司签约，出版米老鼠连环漫画等，实现经营模式的创新，成功建立了动画形象与品牌产品相联系的新商业模式，使迪士尼的品牌定位与品牌联想清晰明了，特别是提到动画片，人们首先想到的就是迪士尼及其创造的动画明星。提到迪士尼，人们对其动画片制作以及改编经典童话的能力都赞誉不已。

迪士尼公园强大的生命力也体现在不断创新上。迪士尼公司内部有一个专门的研发创意机构叫沃尔特·迪士尼创意工程公司，具体负责迪士尼度假地、主题公园、景观房产等从概念形成到建设安装所涉及的一切工作。创意公司是迪士尼公司向前发展的发动机和核心组织。多年来,创意公司以理念和技术创新为主要手段,致力于将迪士尼主题公园建设成世界上最具魅力、最具有故事色彩的旅游胜地。至今,它已拥有了100多项专利技术,这些技术涵盖了乘骑系统、特技效果、交互技术、现场娱乐、光纤技术和音效系统等领域。1959年,创意公司将美国首个单轨铁路日常操作系统引入迪士尼乐园;1963年,公司开发了一套音效特技系统并安装到迪士尼魔法屋内;1982年,创意公司开发了先进的三维立体动画投影技术。除此之外,创意公司还策划了不同类型的表演项目和节庆活动,都达到了预期的效果。因此,迪士尼常变常新的创意,不断给全世界的儿童和家长带来了无限的欢乐。

2. 以创新理念造就周到细微的服务

迪士尼创造快乐和高度人性化的服务体现在创新理念造就的周到细微的服务里。世界著名建筑大师格罗培斯设计的奥兰多迪士尼乐园经过了三年的施工,马上就要对外开放了。格罗培斯虽然对迪士尼乐园各景点之间的道路安排方案修改了50多次,但没有一次是让他满意的。无奈之下他采取了撒上草种提前开放的方法,没多久,小草出来了,整个乐园的空地都被绿草覆盖。在迪士尼乐园提前开放的半年里,草地被踩出许多小道,这些踩出的小道有窄有宽,优雅自然。第二年,格罗培斯让人按这些踩出的痕迹铺设了人行道。如此设计出来的迪士尼乐园路径,在1971年伦敦国际园林建筑艺术研讨会上被评为世界最佳设计①。因此,迪士尼从人工服务的软件到物质设施的硬件都尽可能地体现人性的关怀。"欢迎进入迪士尼乐园,祝您在这里拥有一个奇妙的旅程",每一位进入迪士尼乐园的人都会听到来自迪士尼员工由衷的问候;当雨天来临时,迪士尼特意为游客们提供了印有米老鼠头像的雨具;园中设有多处亭子和长凳,以便游客休息;在游园过程中,如果游客遇到问题,能在自己的视线范围内找到员工求助,而每位员工发现游客看上去需要帮助,就会主动上前询问。

重视员工培养,才能够引到回头客。因此,优质的服务质量来自严格细致的服务培训。迪士尼公司在员工培训上一直非常严格。迪士尼公园有三种扫帚:扒树叶、刮纸屑和掸灰尘的。仅教授这三种扫帚如何使用就需要半天的时间。员工还要学习拍照、给小孩包尿布和如何辨识方向等。每位员工在加入迪士尼主题公园后,必须参加一个迪士尼大学的培训课程,接受怎样更好地为顾客服务。在实际工作中,如主题公园的清洁工,除了做好保洁工作,还要学会照相,能够使用世界上最先进的相机,因为迪士尼的游人随时都有可能请清洁工帮忙照相。除此之外,迪士尼的员工碰到小朋友问话,都要蹲下来微笑着和他

① 朱仁祥.迪士尼细节体现文化之美[J].企业文化,2007(8):24-25.

们说话,甚至做到眼睛和小孩的眼睛保持在同一高度,不能让小孩抬着头和员工说话。正是通过这种细致入微、以人为本的高标准的服务,才使得东京迪士尼的回头客超过了70%。

东京迪士尼在对待丢失的小孩和送货方面更是别具匠心。东京迪士尼开业十几年来,两万名小孩和家长走失,但家长都找到小孩了。问题在于是如何找到的,这里体现了快乐和高度人性化的服务。园内绝对听不到破坏气氛的寻人广播,小游客迷路了会送到托管中心等待家人认领。在东京迪士尼里有10个托儿中心,只要看到小孩走丢了,员工就会用最快的速度把他送到托儿中心。然后通过小孩的衣着、描述等办法迅速加以联系,尽量用最快的方法找到父母。再用电车把父母立刻接到托儿中心,当家长看到小孩在托儿中心快乐地吃薯条、啃汉堡、喝可乐的时候,真正体验到乐园的滋味。又如送货,东京迪士尼乐园规定在客人游玩的地区里是不准送货的。迪士尼需要的一切食物、饮料都是在围墙外面的地下道中搬运,然后再从地道里面用电梯送上来。顾客站在最上面,员工去面对客户,经理人站在员工的底下来支持员工,这个观念建立起来了。由此可见,迪士尼用创新理念造就了周到细微的服务①。

第三节　回顾小结与意义

纵观迪士尼的发展历史,尽管遇到多次困境,却能够转危为安,其品牌积累和高超的品牌运营策略则是功不可没的。迪士尼乐园的创办人沃尔特曾说过:每个人都在自己的心中憧憬、设计、创造一个世界上最精彩的地方,而真正能够将梦想化为现实的也只有人自己。

迪士尼在经济不景气的情况下仍能留住大批游客,就是因为迪士尼具有自己独特的生产方式、经营方式和运营体制,沃尔特的这句话很好地体现了这些理念的精髓。连带品牌运营、全球化和本土化相结合的经营战略、准确的定位和营销组合、前瞻性的创新理念,迪士尼这一点一点的积累,使得它成为全球娱乐帝国。企业想要走向全球,必须有其核心竞争力。企业的核心竞争力是企业为顾客带来特别利益的一类独有技能和技术,是组织的积累性学识,特别是关于如何协调不同的生产技能和有机结合多种技术流派的学识。迪士尼作为全球最成功的娱乐企业,其基业长青的核心理念就是用创新理念打造自己的竞

---

① 江若尘.迪士尼的制胜之道[J].科学发展,2010(7):103-112.

争力。

课后思考

（1）文化产业可以被描述成一组逐渐扩大的"同心圆"，从文化内容的创作到文化产业的扩张。简述迪士尼公司的文化产业拓展方式。

（2）简述迪士尼的连带品牌运营方式对中国企业品牌建设的借鉴意义。

（3）乔·福勒在他的《神奇王国的王子》一书里这样写道："这不是企业的历史，是人类衷心为理想、价值观和希望奋斗的历史。这些都是世间男女愿意牺牲生命去奋斗的东西，是一些有时是如此容易消失，有些人可能斥之为愚蠢的价值观；却也是如此深刻，以致其他人愿意学习、愿意奉献一生去实现的价值观。他们在价值观似乎遭到侵犯时愤愤不平，在防卫价值观时变得诗意盎然、心灵奋发。这就是'迪士尼'这个名字让人印象深刻的地方。"试总结迪士尼教派般的文化特点。

第七章 IBM公司：薪酬管理体系

第一节 理论背景和意义

　　薪酬是企业激励机制的重要组成部分，它在决定工作满意度、激发工作动机，增强企业凝聚力，支持企业经营改革等方面起着重要的作用。合理的薪酬政策不仅能有效地激发员工的积极性、主动性，提高企业经营效益，而且能在人力资源竞争日益激烈的知识经济下吸引和保留一支高素质具有竞争力的员工队伍。薪酬管理包括薪酬体系设计、薪酬日常管理两个方面，薪酬体系设计是建立薪酬制度的基础工作。薪酬体系设计过程如图7-1所示。

　　IBM公司在20世纪80年代末期对公司薪酬战略的成功变革得到世界各国的肯定，也引来了企业家和学者从不同角度、不同切入点采用不同的研究方法对IBM公司的成功案例进行研究和探索。本书试图以IBM公司在20世纪80年代末期企业改革和薪酬战略改革作为分析案例，结合企业发展阶段与企业薪酬政策和薪酬战略的关系，剖析IBM公司成功的战略转移中，薪酬战略在支持公司成功变革中的作用，以此对中国企业在转型过程中如何有效地运用薪酬战略支持企业变革有所启示。

第二节 案例分析

一、IBM公司的薪酬战略及特点

　　IBM公司，即国际商业机器公司，1914年创立于美国，目前是世界上最大的信息工业跨国公司，拥有先进的全系列产品，在复杂的网络管理、系统管理、密集型事务处理、庞大数据库、强大的可伸缩服务器系列集成等方面具有世界

```
┌─────────────────────┐
│   薪酬管理现状诊断    │
└─────────────────────┘
          ↓
┌─────────────────────┐
│    制定薪酬策略       │
└─────────────────────┘
          ↓
┌─────────────────────┐
│  岗位设置与工作分析   │
└─────────────────────┘
          ↓
┌─────────────────────┐
│     岗位评价          │
└─────────────────────┘
          ↓
┌─────────────────────┐
│     薪酬调查          │
└─────────────────────┘
          ↓
┌─────────────────────┐
│    薪酬水平设计       │
└─────────────────────┘
          ↓
┌─────────────────────┐
│     薪酬结构          │
└─────────────────────┘
          ↓
┌────────────────────────────────┐
│ 薪酬构成（工资、奖金、津贴补贴）设计 │
└────────────────────────────────┘
          ↓
┌────────────────────────────────┐
│  薪酬制度的执行、控制与调整       │
└────────────────────────────────┘
```

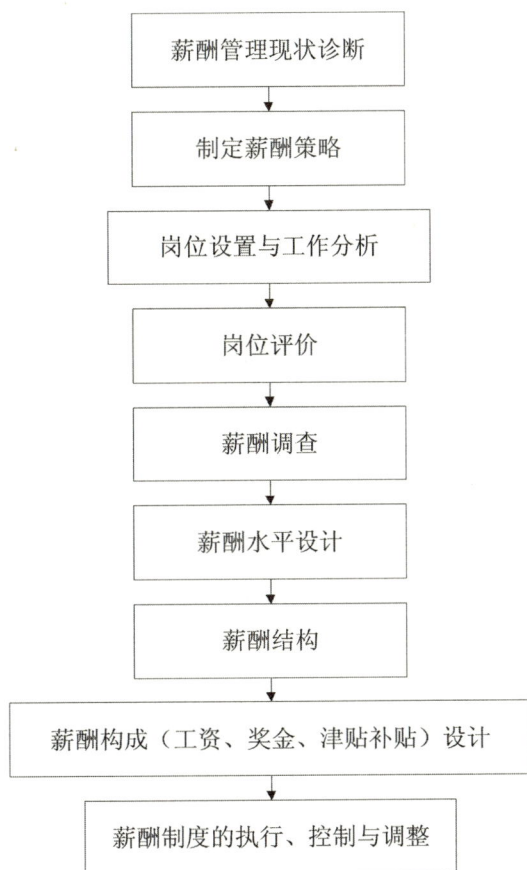

图 7-1　薪酬体系设计过程

性领先优势。

1989 年郭士纳接管 IBM 公司，公司困难重重，根据公司的支出计划现金很快就会告急，员工中高技术人才流失率超过 20%，由于股票价格的持续下跌，使得股票期权留住高级人才的办法已经失效，甚至许多股票期权的执行价格高于股票的市场价格，公司正在面临巨大的亏损，收入增长微乎其微。公司高层领导认识到这个具有杰出技术并在市场上具有领导地位的公司正在面临严重的挑战，企业的战略变革已经刻不容缓。对此做出三项核心策略：第一，强调现金流的重要性，并恢复公司的盈利能力；第二，让 IBM 公司成为吸引人才的工作场所，阻止高技术人才流失，同时实施适当的裁员政策，淘汰不合格人员；第三，提高创新研究的地位，保持公司的技术领导地位。企业管理层认识到，薪酬战略变革是保证三项核心策略实施起作用的杠杆,是经营变革成功的关键。

(一) 变革前的薪酬政策

改革前的 IBM 公司经过多年的发展和完善已经发展到成熟阶段,公司管理上采用家庭管理模式,文化上趋于保守。企业的薪酬制度过分注重内部一致性。具体表现为:第一,具备完善的企业管理制度,包括完善的工作评价方案。在工作分析、职位说明书、职位评价、内部薪酬结构等项目都有十分完善的制度,薪酬体系中的绩效考核因素、加薪条件、分配奖金制度遵从严格的定量标准,运用应用数学和统计学知识及相关的计算软件可以明确地表达出来,有着完善和精细的薪酬方案。第二,福利项目在薪酬总额中占的比重很高。IBM 公司是一家家长式管理作风的组织,表现在薪酬制度上就是慷慨地为员工提供各种形式的福利待遇:补充养老金、补充医疗福利、补充住房政策、乡村俱乐部、完善的教育培训机构、保障性的工作环境建设,等等,在当时的美国没有第二家公司的福利可与之媲美。第三,终身就业承诺和不裁员政策。在 IBM 公司提供的高福利保障环境中,公司所有员工都享有一个特殊的身份证,即"IBM 雇员",保守的公司文化使得公司职员遵循:踏踏实实地做好分内工作就可以得到高额的工资报酬,享受高福利待遇。第四,稳定有余,灵活不足。在传统的薪酬战略下,基本薪酬是员工为企业工作所获得的绝大部分报酬,而基本薪酬的关键决定因素是员工所从事的工作特性,而且这种"特性"被分为多种级别以区别员工的工作级别,加薪和可变薪酬通常占工资总额的极少部分,稳定高额的工资待遇反应在工作上就是稳定、保守的作风,员工仅仅注重职位级别的升迁而忽视技能的提高,导致了缺乏灵活性和创新性。

(二) 薪酬战略改革的目标

(1) 调整固定成本和变动成本,缩减劳动力成本,使得成本结构与公司的收入相一致。为了保持竞争力和留住核心的人才,公司必须以市场(或高于市场)的薪酬来保证高知识、高技术人才和团队的工资水平;同时,公司应当根据自己的财务能力和发展对固定成本和可变成本进行相应的调整,必要时候可以采取裁员或缩减福利政策的方式。

(2) 留住最佳业绩贡献者。每当公司流失一位顶尖员工,他去开办一家自己的公司,既能发挥自己的管理才能或技术才能,又可能获得更高的现金回报,这种离职方式成为首选。而给公司带来的不仅仅是人才的流失和一个新的竞争对手的产生,更是带走了公司的相关业务。因此,薪酬政策应该让高级人才在 IBM 工作既能发挥个人所长又能得到个人回报,同时公司还可以从营销、运作和行政体系给予他全方位的支持。

(3) 把以客户为中心的考核指标融入公司运作中去,顾客的满意度是公司成功的关键。顾客的满意度直接影响公司的财务收入，既影响股东的投资收益，又影响员工的个人收入，顾客的态度是影响公司运作的关键。同时，在公司建立的顾客、员工和股东三因素绩效考核体系中，评价员工贡献的主要指标是员工行为带来的顾客满意度；股东评价公司业务、预测投资前景的主要参考数据是顾客（包括潜在顾客）对产品和服务的态度及消费愿望。因此，客户的态度是考核的核心因素，是公司成功的关键所在。

（4）增强公司的市场领导地位，增强销售收入和利润。公司的成长停滞了，但市场却在膨胀，尤其是个人电脑，IBM需要重新找回自己的市场领导地位，充分利用公司内部存在的技能和经验的多样性，拿出新产品和服务，向新客户群体进行有效的营销。因此，个人对公司做出的业绩贡献必须被给予期望并得到奖励，同时集体在组织成功中的核心作用也不容忽视，必须得到承认和奖励，为此，薪酬战略必须对此做出突出的反映。

（三）薪酬战略的措施

（1）奖励对产品创新和生产过程的改革。基本薪酬水平以市场为基础，建立以顾客满意为基础的激励工资，鼓励员工在新的生产流程中大胆创新，缩短从产品设计到顾客购买产品之间的时差，同时，这种薪酬战略也支持着公司产品和服务领先转向大众化的PC机研发策略的经营战略。

（2）提高可变薪酬比重，重视竞争对手分析，提高生产力，注重效率。改革后公司重视系统控制成本和工作细分，注重对竞争对手的劳动成本、技术创新成本、操作成本的分析，精心研究操作流程，通过各环节节省成本的方法来控制成本，改革生产效率。

（3）以与顾客的交往为依据评价工作和技能。建立灵活的工作描述机制，强调取悦顾客，按顾客满意度来支持以顾客为核心的战略，注重与顾客的密切关系、售后服务体系建设，加强市场灵敏性和反应速度。

（4）薪酬的战略性和沟通性得到认可。组织的财务结果、产品服务、客户、市场份额、营销以及质量等方面的特定战略目标成为公司制定薪酬方案以及进行薪酬沟通的重要基础；薪酬计划可以根据组织特定的经营状况以及所面临的人力资源挑战来进行及时调整。另外，薪酬问题是沟通的主要内容，公司以薪酬为载体将组织的价值观、使命、战略、规划及组织的未来前景传递给员工，界定好员工在各因素中将要扮演的角色，从而实现企业和员工之间的价值观共享和目标认同。

（四）作用和效果

（1）员工的绩效得到改善。绩效是员工通过努力所达成的对企业有价值的结果，以及他们在工作过程中所表现出来的符合企业的文化和价值观，同时有利于企业战略目标实现的行为。从薪酬管理的角度来看,较高的薪酬水平有利于吸引知识和技能水平较高的员工;以技能和能力为导向的薪酬体系和报酬方式有利于激励员工不断增强自身的能力和素质;灵活的薪酬体系有利于员工在企业内部的调动和轮换,从而帮助员工在组织内部找到最适合自己从事的工作;强调绩效的薪酬政策有利于员工采取对企业有利的行为,等等。结合 IBM公司薪酬战略改革前后的调查分析,员工的绩效改变主要在以下几个方面:第一,预测部门对于公司一级的财务要求和运作理解得更加透彻,他们成为更好的生意管理人;第二,公司负担的差旅费和生活费在计划实施的第一年减少了20%,并且以后一直维持在和计划实施前相比低得多的水平上;第三,计划实施以来的四年(1992—1996 年)时间内,绩效工资支出增加了 6%,与此同时公司的盈利能力提高了 9.5%,达到了"双赢"的良好状态——员工个人收入显著提高的同时公司盈利能力得到提高。

(2) 研究开发的转变。变革的重点集中在持续改进上,变革的过程是永无止境的,在竞争越来越激烈、变化速度越来越快的市场环境下,选择什么经营策略来赢得和保持企业的竞争优势,选择什么薪酬战略来支持企业的经营策略,成为企业持续稳定发展的核心所在。创新研究是保持企业技术领先、产品和服务领先、市场业务领先的根本动力,而这一动力的发挥程度取决于企业对研究开发人员的薪酬政策。为了保持持续的竞争优势,IBM 公司对创新研究制定了相宜的薪酬政策:一是管理激励计划,即从投资回报率(每股收益)着眼激励;二是全面调整股票期权计划,即增加关键人才的持股数;三是针对性的现金回报策略,即对开发新产品、设计新流程的优秀人才的现金奖励。实施这些薪酬策略的结果是惊人的,从统计资料来看公司变化:第一,公司整体人才流失率从25%下降到 11.2%,关键技术人才流失率为 2.3%,低于市场平均水平;第二,自从计划开始实施以来,没有一个公司想留住的高级管理、咨询师流失到竞争对手那里或自己开办公司;第三,公司用于研究开发的资金投入达到 20 亿美元,占净收入的 25%左右;第四,1997 年 IBM 共获得 2 886 项专利。

(3) 业务增长和财务贡献。自 1992 年变革开始到 1996 年的四年中,公司把新薪酬战略和新战略的管理流程贯彻到各个方面。IBM 在全球拥有雇员 26万人,业务遍及 160 多个国家和地区,1996 年的全球营业收入超过 800 亿美元,它以超前的技术、出色的管理和独树一帜的产品领导着全球信息工业的发展,保证了几乎所有行业用户对信息处理的全方位需求。以下是市场业务和财务变化对比数据:第一,销售收入上升了 25%以上(超过 560 亿美元);第二,净收入从亏损 80 亿美元,增加到盈利 30 亿美元;第三,每股收益从原来的每股负收益 7.02 美元,上升到正收益 3.12 美元;第四,顾客满意度评分上升了 5.6%;第五，员工满意度评分上升了 4%；第六，股东满意度上升了 9.7%①。

（五）延续至今的薪酬特色

IBM 有一句拗口的话：加薪非必然。IBM 的工资水平在外企中不是最高的，也不是最低的，但 IBM 有一个让所有员工坚信不疑的游戏规则：干得好加薪是必然的。为了使每位员工的独特个性及潜力得到充分尊重，IBM 一直致力于工资与福利制度的完善，并形成了许多值得我们参考的特色。

薪水是企业管人的一个有效硬件，直接影响到员工的工作情绪，但是每一个公司都不轻易使用这个精确制导的武器，因为使用不好会造成负面影响，这是企业制定激励机制的共识。在中国文化里一直有着君子重义轻利的价值取向。在西方社会里，人们主张回报和投入的等值，但是同样不将收入多少作为衡量工作价值的最佳标准。不过许多企业还是拿薪金作为管理员工的利器，在有些企业里有一种负向的薪水管理方式，就是扣薪水，通过经济制裁来达到管理员工的方式在工厂里还普遍存在。比如迟到、旷工、自己负责的岗位出现责任事故，等等，一般都会让员工填表挨罚。西方企业的管理模式通过外企大量引入中国之后，出现了一种新的薪资管理规则。

激励文化，对员工基本上没有惩罚的方式，全是激励，工作干得好，在薪金上就有体现，否则就没有体现，这样就出现了一种阐述惩罚的新话语：如果你没有涨工资或晋升，就是被惩罚。这种激励文化是建立在高素质员工的基础上的，员工的自我认同感很强，高淘汰率使大部分人都积极要求进步，如果自己的工作一直没有得到激励，就意味着自己存在的价值受到忽视，许多员工会在这种情况下主动调整自己，或者更加努力工作，或者辞职另谋发展。

如何让员工相信企业的激励机制是合理的，并完全遵从这种机制的裁决，是企业激励机制成功的标志。IBM 的薪资管理非常独特和有效，能够通过薪资管理达到奖励进步，督促平庸的作为，IBM 将这种管理已经发展成为高绩效文化（High Performance Culture）。薪资管理，运用之妙，可喜可贺；运用之谬，可悲可泣，让我们来解读 IBM 高绩效文化的精髓。

1. 薪资与职务重要性、难度相称

每年年初 IBM 的员工特别关心自己的工资卡，自己去年干得如何，通过工资涨幅可以体现得有零有整。IBM 的薪金构成很复杂，但里面不会有学历工资和工龄工资，IBM 员工的薪金跟员工的岗位、职务重要性、工作难度、工作表现和工作业绩有直接关系，工作时间长短和学历高低与薪金没有必然关系。在

---

① 舒晓兵，张少文，陈雪玲. IBM 公司的薪酬管理及对我国企业的启示[J].生产力研究，2006(11):213-215.

IBM,你的学历是一块很好的敲门砖,但决不会是你获得更好待遇的凭证。

在 IBM,每一个员工工资的涨幅,会有一个关键的参考指标,这就是个人业务承诺计划 PBC。只要你是 IBM 的员工,就会有个人业务承诺计划,制定承诺计划是一个互动的过程,你和你的直属经理坐下来共同商讨这个计划怎么做切合实际,几经修改,你其实和老板立下了一个一年期的军令状,老板非常清楚你一年的工作及重点,你自己对一年的工作也非常明白,剩下的就是执行。大家团结紧张、严肃活泼地干了一年,到了年终,直属经理会在你的军令状上打分,直属经理当然也有个人业务承诺计划,上头的经理会给他打分,大家谁也不特殊,都按这个规则走。IBM 在奖励优秀员工时,是在履行自己所称的高效绩文化。

1996 年初 IBM 推出个人业绩评估计划(PBC)。具体来说,PBC 从三个方面来考察员工工作的情况。第一是 Win,制胜。胜利是第一位的,首先你必须完成你在 PBC 里面制订的计划,无论过程多艰辛,到达目的地最重要。企业在实现目标时无法玩概念,必须见结果,股市会非常客观地反映企业的经营情况,董事会对总裁也不会心太软。第二是 Executive,执行。执行是一个过程量,它反映了员工的素质,执行能力需要无止境的修炼。PBC 不光是决定你的工资,还影响到你的晋升,当然同时也影响了你的收入。所以执行是非常重要的一个过程监控量。最后是 Team,团队精神。在 IBM 埋头做事不行,必须合作。在 IBM 采访时有一个强烈的感觉:IBM 是非常成熟的矩阵结构管理模式,一件事会牵涉很多部门,有时候会从全球的同事那里获得帮助,所以 Team 意识应该成为第一意识,工作中随时准备与人合作一把。总之,必须确实了解自己部门的运作目标,掌握工作重点,发挥最佳团队精神,并彻底执行。

2. 薪资充分反映员工的成绩

PBC 考核通常由直属上级负责对员工工作情况进行评定,上一级领导进行总的调整。每个员工都有进行年度总结和与他的上级面对面讨论这个总结的权利。上级在评定时往往与做类似工作或工作内容相同的其他员工相比较,根据其成绩是否突出而定。评价大体上分 10～20 个项目进行,这些项目从客观上都是可以取得一致的。例如"在简单的指示下,理解是否快,处理是否得当"。

对营业部门或技术部门进行评价是比较简单的,但对凭感觉评价的部门如秘书、宣传、人事及总务等部门怎么办呢? IBM 公司设法把感觉换算成数字,以宣传为例,他们把考核期内在报纸杂志上刊载的关于 IBM 的报道加以收集整理,把有利报道与不利报道进行比较,以便作为衡量一定时期宣传工作的成效。

评价工作全部结束,就在每个部门甚至全公司进行平衡,分成几个等级。例如,A 等级的员工是大幅度定期晋升者,B 等是既无功也无过者,C 等是需要努力的,D 等则是生病或因其他原因达不到标准的。

从历史看,65%～75% 的 IBM 公司职工每年都能超额完成任务,只有5%～10%的人不能完成定额。那些没有完成任务的人中只有少数人真正遇到麻烦,大多数人都能在下一年完成任务,并且干得不错。

IBM 的薪资政策精神是通过有竞争力的策略,吸引和激励业绩表现优秀的员工继续在岗位上保持高水平。个人收入会因为工作表现和相对贡献、所在业务单位的业绩表现以及公司的整体薪资竞争力进而确定的。1996 年调整后的新制度以全新的职务评估系统取代原来的职等系统,所有职务将按照技能、贡献和领导能力、对业务的影响力及负责范围等三个客观条件,分为十个职等类别。部门经理会根据三大原则,决定薪资调整幅度。这三大原则是:①员工过去三年"个人业务承诺计划"(PBC)成绩的记录;②员工是否拥有重要技能,并能应用在工作上;③员工对部门的贡献和影响力。员工对薪资制度有任何问题,可以询问自己的直属经理,进行面对面沟通,或向人力资源部查询。一线经理提出薪资调整计划,必须得到上一级经理认可。

3. 薪资要等于或高于一流企业

IBM 公司认为,所谓一流公司,就应付给职工一流公司的薪资。这样才算一流公司,员工也会以身为一流公司的职工而自豪,从而转化为对公司的热爱和对工作的热情。

为确保比其他公司拥有更多的优秀人才,IBM 在确定薪资标准时,首先就某些项目对其他企业进行调查,确切掌握同行业其他公司的标准,并注意在同行业中经常保持领先地位。

定期选择调查对象时主要考虑以下几点:①应当是工资标准、卫生福利都优越的一流企业;②要与 IBM 从事相同工作的人员的待遇进行比较,就应当选择具有技术、制造、营业、服务部门的企业;③是有发展前途的企业。

为了与各公司交换这些秘密的资料,根据君子协定,绝对不能公开各公司的名字。当然,IBM 所说的"必须高于其他公司的工资",归根结底是要"取得高于其他公司的工作成绩"。在提薪时,根据当年营业额、利润等计算出定期提薪额,由人事部门提出"每人的平均值"。因此,要提高提薪额,就必须相应地提高工作成绩。

4. IBM 的工资与福利项目

(1)基本月薪——是对员工基本价值、工作表现及贡献的认同。

(2)综合补贴——对员工生活方面基本需要的现金支持。

(3)春节奖金——农历新年之前发放,使员工过一个富足的新年。

(4)休假津贴——为员工报销休假期间的费用。

（5）浮动奖金——当公司完成既定的效益目标时发出，以奖励员工的贡献。

（6）销售奖金——销售及技术支持人员在完成销售任务后的奖励。

（7）奖励计划——员工由于努力工作或有突出贡献时的奖励。

（8）住房资助计划——公司提取一定数额资金存入员工个人账户，以资助员工购房，使员工能在尽可能短的时间内用自己的能力解决住房问题。

（9）医疗保险计划——员工医疗及年度体检的费用由公司解决。

（10）退休金计划——积极参加社会养老统筹计划，为员工提供晚年生活保障。

（11）其他保险——包括人寿保险、人身意外保险、出差意外保险等多种项目，关心员工每时每刻的安全。

（12）休假制度——鼓励员工在工作之余充分休息，在法定假日之外，还有带薪年假、探亲假、婚假、丧假等。

（13）员工俱乐部——公司为员工组织各种集体活动，以加强团队精神，提高士气，营造大家庭气氛，包括各种文娱、体育活动、大型晚会、集体旅游等[1]。

第三节　回顾小结与意义

IBM 公司在 20 世纪 80 年代末成功地克服了企业面临的危机并保持着在通信行业的霸主地位，其成功的原因有很多。本文通过研究 IBM 公司的案例发现，实施支持公司变革的薪酬战略是其成功克服危机的重要因素之一。因此，IBM 公司的薪酬战略成功地支持了公司的变革对当前中国企业具有重要的启示作用。

（1）薪酬战略与企业经营目标匹配。薪酬战略的制定需要随着外界环境和企业经营战略的变化而变化。企业所处的外界环境，包括经济、技术、竞争对手及市场是不断变化的，企业经营战略应随之不断变化，作为服务于企业经营战略实现的薪酬制度就不能一成不变，而是需要随着外界环境、企业经营战略的变化而不断改变和调整，这样才能发挥薪酬的激励功能，激发员工的积极性和创造性，进而有效实现企业发展战略目标。

（2）企业所处不同阶段，薪酬战略重点要进行相应调整。企业制定薪酬战略必须首先认清企业所处发展阶段，根据理论分析和实际调研，熟悉企业的当前特点和面临的主要危机，结合企业的经营战略制定出合理薪酬战略适应企业

---

① 仝若贝.高新技术企业知识型员工弹性管理研究[D].北京:北京交通大学,2009.

需要,使企业能够持续稳定发展。

　　(3)处理好员工、顾客和股东三者的关系。员工通过努力取得结果或成就,根据结果或成就可从企业获得报酬,在不同阶段、不同背景的员工,其需要的报酬内涵则不同,有人看重物质的,有人看重精神的,更多的人则是多元化的,所以薪酬制度应该以多元的形式对待员工奉献,通过薪酬使员工产生积极的情绪反应,激励他们以饱满的热情投入工作,提高工作效率,从而得到较高的顾客满意度,给公司带来财务回报,进而吸引更多投资,使企业不断发展壮大。

　　(4)尽可能做到对外具有竞争力。随着中国市场化进程的加快,劳动力市场日趋完善,人才的流动必然会受到薪酬的影响。人才向着薪酬高的地区和企业流动则成为普遍现象。从这个意义上讲,企业是否具有薪酬竞争力直接影响到企业在人才市场的竞争力。因此,企业在制订薪酬标准时,必须要考虑本地区同行业相似规模的企业的薪酬水平,以及本地区同行业的市场平均薪酬水平,尽可能使企业的薪酬具有竞争力,以吸引和留住企业发展所需的人才。

　　(5)重视内在报酬的激励。企业的知识型员工不断增加,优厚的货币性薪酬对他们来说,已不是工作报酬的全部。内在报酬相对于外在报酬,它是基于工作任务本身的报酬,指那些给员工提供的不能以量化的货币形式表现的各种回报,如对工作的胜任感、成就感、责任感,为完成工作而提供的各种工具、条件、培训和发展的机会、提高个人名望的机会以及对个人的表彰、协议,等等①。

课后思考

　　(1)薪酬体系作为保护和提高员工工作热情的最有效的激励手段,是现代企业管理制度中不可或缺的一部分。试分析企业发展阶段与企业薪酬政策和薪酬战略的关系。

　　(2)IBM在企业发展各个阶段的薪酬体系有什么特点?

　　(3)绩效管理体系与企业薪酬管理体系的有效结合,才能更好地达成"吸引人才、留住人才、激励人才"的目的。如何发挥绩效管理体系和薪酬管理体系的联动作用?

---

① 舒晓兵,张少文,陈雪玲.IBM公司的薪酬管理及对我国企业的启示[J].生产力研究,2006(11):213-215.

第八章　麦当劳:长盛之本

第一节　理论背景和意义

商业模式是一个企业满足消费者需求的系统,这个系统组织管理企业的各种资源(资金、原材料、人力资源、作业方式、销售方式、信息、品牌和知识产权、企业所处的环境、创新力,又称输入变量),提供消费者无法自给而必须购买的产品和服务(输出变量),因而具有自己能复制但不能被别人复制的特性。彼得·德鲁克说:"当今企业之间的竞争,不是产品之间的竞争,而是商业模式之间的竞争。"商业模式决定企业的成败。麦当劳的成功也与它独特的商业模式不可分割。麦当劳的创始人将麦当劳的商业模式打造成为一种顺应时代需求的商业模式,并且通过制订统一规范化的企业标准,使得麦当劳的商业模式可以在内部迅速地复制扩张,并保持着自己的优势。

质量管理是指确定质量方针、目标和职责,并通过质量体系中的质量策划、控制、保证和改进来使其实现的全部活动,EMBA、MBA 等主流商管教育均对质量管理及其实施方法有所介绍。质量管理价值观包含:质量第一、零缺陷、源头管理、顾客至上、满足需要、一把手质量、全员参与、持续改进、基于事实的决策方法、顾客、规则意识、标准化预防再发生、尊重人性。麦当劳在注重质量管理的基础之上,一步一步发展起来,我们从麦当劳的发展史中可以学习如何注重质量管理,提高服务,开拓自己的全球市场。

第二节　案例分析

一、背景资料

1937 年，麦当劳兄弟（理查·麦当劳 Richard McDonald，莫里森·麦当劳 Maurice McDonald）在洛杉矶东部的巴沙地那（Pasadena）开始经营当时美国极其流行的汽车餐厅时，还是一个规模简陋的小餐厅，与路边的其他快餐没什么两样。由于他们制作的汉堡包味美价廉，深受顾客欢迎。虽然每个汉堡包只卖 15 美分，但年营业额仍超过了 25 万美元。这是相当可观的数目。随着汽车餐厅越来越多，经营也越来越乱。针对这种情况，麦当劳兄弟实施特许经营，开始出售麦当劳的特许经营权。

1953 年，福斯仅以 1 000 美元的价格购买到麦当劳特许经营权，成为麦当劳的第一位加盟者，并在凤凰城开设了一家麦当劳快餐店。

到了 1954 年，当时还是一位为麦当劳提供纸杯和多头搅拌器的推销商雷·克洛克，对于麦当劳巨大的发展潜力独具慧眼。于是，雷·克洛克通过与麦当劳兄弟签订联合经营协议，获得了其在全美的特许经营权，在全美他是麦当劳唯一的特许经营代理商，他成立了特许经营公司——麦当劳公司系统公司。雷·克洛克在美国伊利诺伊州的首家麦当劳餐厅于 1955 年设立，随后创立了独具特色的麦当劳加盟体系。在这取得成功后，就开始了金拱门的传奇。1961 年，麦氏兄弟以 270 万美元的价格把麦当劳全部转让给了雷·克洛克，并更名为麦当劳公司。当时麦当劳餐厅的菜单上，种类并不多，但由于麦当劳餐厅提供的食品质量比较高、价格相对低廉，而且麦当劳餐厅的环境优美，其食品的供应迅速，使得麦当劳连锁店受到美国各个州的欢迎，迅速发展起来。截至1983 年，麦当劳在美国的分店已超过 6 000 家。1967 年，麦当劳在加拿大开设了首家国际餐厅，此后麦当劳在国外的业务很快发展起来。到 1985 年，麦当劳在国外的销售额约占其销售总额的 20%。在全球 40 多个国家里，麦当劳餐厅每天都会有 1 800 多万的人流量。在后来的几十年里，由于麦当劳经营有道，其通过出让特许经营权，使麦当劳餐厅成为发展速度最快的世界性企业。1965年，麦当劳股票正式上市。麦当劳快餐店拥有温馨熟识的店堂环境，以及麦当劳的特许经营加盟制度，使得麦当劳成为世界上公认的名牌快餐店之一。从1955 年至今，麦当劳餐厅已经在全世界的 100 多个国家和地区开设了 3 万多家餐厅,现在仍在迅猛发展,其中最南位于新西兰茵薇卡其尔,最北位于芬兰旅游胜地罗凡尼米。在地球上,每隔 15 小时,就有一家麦当劳餐馆开业。在中国,麦当劳已经开设了 1 000 余家餐厅,2013 年餐厅数量达到 2 000 家。麦当劳的大黄金拱门已经深入人心,成为人们最熟知的国际性企业之一。

表 8-1 麦当劳发展史小结

时间	事件
1903 年	美国人熟识的汉堡包在密苏里州圣路易斯安那采购展览会上面世
1940 年	麦当劳兄弟在美国加利福尼亚州创建了"Dick and Mac McDonald"餐厅,是今日麦当劳餐厅的原型
1955 年	雷·克洛克在伊利诺伊州的德斯普兰斯以经销权开设了首个麦当劳餐厅
1960 年	雷·克洛克正式将"Dick and Mac McDonald"餐厅更名为"McDonald's"
1961 年	雷·克洛克收购麦氏兄弟的餐厅,汉堡包大学为麦当劳经理提供专门训练
1962 年	麦当劳售出第 10 亿个汉堡包,罗纳德麦当劳叔叔在华盛顿市首度亮相
1967 年	麦当劳在加拿大开设第一家国际餐厅,开启了其国外发展道路
1972 年	麦当劳资产达到 10 亿美元
1980 年	麦当劳在香港开设第 1 000 家国际餐厅,国际营业额首次突破 10 亿美元
1988 年	麦当劳第 10 000 家餐厅成立
1990 年	麦当劳进军中国大陆市场,在深圳开设了第一家餐厅
2002 年	麦当劳卖出第 1 000 亿个汉堡
2014 年	麦当劳在华开放一线城市对个人的特许经营。麦当劳中国已于上海、深圳市场开展传统式特许经营业务
2015 年	麦当劳美国宣布逐步停止采购在饲养过程中使用了某些人类抗生素的鸡肉产品;麦当劳中国声明其将严格要求供应商遵守中国关于抗生素使用的法律法规

资料来源:麦当劳百度百科。

今天,总部坐落在美国伊利诺伊州 Oak Brook 的麦当劳公司,是拥有数百亿美元资产、全球规模最大、最著名的快餐集团。麦当劳取得的成功与它的经营理念是分不开的。麦当劳以"麦当劳不仅仅是一家餐厅"涵盖了其经营理念,把欢乐、美味通过餐厅的员工传递给顾客。诚然,麦当劳的餐厅并不能撑起麦当劳这一世界品牌的全部,麦当劳集团拥有全面的、完善的、强大的支援系统,使得麦当劳提供产品的质和量得到有效的保证。这个强大的系统中包括:拥有先进完备的采购网络、完善的人力资源管理体系、健全的人员培训系统、遍布全球各地的高层管理者、量体裁衣的营销系统、别具一格的开发建筑、匠心独运的市场推广、精准高效的生产运作、准确快速的财务统计分析,等等。每一个部门都各司其职,精益求精,充分发挥团队合作的作用,致力于达到麦当劳"百分百顾客满意"的目标,高度诠释了麦当劳的"品质、服务、清洁、价值"的经营理念。

质量（Quality） 无论在何时、何地,对任何人都不会打折扣的高品质	麦当劳为保障食品品质制定了极其严格的标准。因为无论是哪个行业,只要产品的质量/品质不良,便会使消费者却步。因此,麦当劳的食品在交给顾客之前都是经过严格的品质控制。因为他们的商品是"食物",所以食物的衍生产品也当然要通过层层把关才能送到消费者面前
服务（Service） 快速、准确、笑脸迎人	麦当劳按照细心、关心和爱心的原则,要求员工必须时时保持微笑,因为服务人员是餐厅与顾客接触的第一线,所以麦当劳要求员工提供热情、周到、快捷的服务
清洁（Cleanliness） 保持最整洁的环境	麦当劳制定了必须严格遵守的清洁工作标准。因为当客人用餐时,一定希望他的用餐环境清洁,所以麦当劳很注重店内的整洁,定时清理周遭环境,以使顾客能在最整洁的环境中用餐
价值（Value） 向顾客提供更有价值的高品质食物	麦当劳尽可能地使每一位顾客感受到被重视,达到顾客的最高满意度,使顾客觉得来到麦当劳消费是值得的

资料来源:整理自麦当劳的成长历史以及麦当劳百度百科。

二、独特的商业模式

商业模式是一个企业满足消费者需求的系统,这个系统组织管理企业的各种资源(资金、原材料、人力资源、作业方式、销售方式、信息、品牌和知识产权、企业所处的环境、创新力,又称输入变量),形成能够提供消费者无法自给而必须购买的产品和服务(输出变量),因而具有自己能复制但不被别人复制的特性。

彼得·德鲁克说"当今企业之间的竞争,不是产品之间的竞争,而是商业模式之间的竞争",商业模式决定企业的成败。

麦当劳的成功也与它独特的商业模式不可分割。麦当劳的创始人将麦当劳的商业模式打造成为一种顺应时代需求的商业模式,并且通过制订统一规范化的企业标准,使得麦当劳的商业模式可以在内部迅速复制扩张,并保持着自己的优势。

在 20 世纪六七十年代,美国的经济进入高速发展的阶段,人们的生活工作节奏不断加快,他们花在吃饭上的时间逐渐缩短。另外,随着经济的飞速发展,汽车在美国成为最普遍的代步工具之后,人们在途中需要进行快速用餐,而这一需求的出现,更加促使了麦当劳在一些机场以及高速公路路口设立快餐店,这不仅能够满足了人们快速用餐的需要,而且加速了麦当劳的发展。

随着美国经济的飞速发展,麦当劳取得了巨大的成功。麦当劳在无形之中被赋予了某种独特的政治文化意义——人们将其巨大的金黄色拱形视为美国服务的标志。同时,在麦当劳里用餐成为美国中产阶级民众生活方式的典型特征之一。

Corporate Identity System(以下简称 CI 体系)即企业形象识别系统,在 20 世纪 60 年代由美国首先提出,它是现代化企业走向整体化、形象化、系统化管理的一种全新概念。CI 体系由理念识别、行为识别和视觉识别三方面构成。在麦当劳的早期发展过程中,它逐渐形成了具有强烈美国 CI 体系中最具传播力和感染力的视觉识别特征:以简单的 M 和传统的红色、黄色为基本色调,成为世界上最有名的商标特征。以金色拱门为标志的麦当劳,其品牌内涵中包含了麦当劳所提供产品的品质、市场定位、品牌文化、标准化生产及品质保障机制、品牌形象推广、特许经营的市场扩张模式等。

麦当劳最大的竞争对手是百事集团,它们的盈利模式有很大的不同。麦当劳的商业模式是让自己掌握技术和核心环节,并且能够高效率地运用其营运模式,使得自己占据价值链的主动权,然后再利用其在价值链中的核心地位来获取超额的利润。归结起来,麦当劳的商业模式有两步:第一步,把其主业汉堡包经营好;第二步,在通过辛辛苦苦地建立麦当劳的餐饮文化的基础上,去寻找另外的商业机会——房地产,麦当劳通过它专业的选址能力,利用麦当劳餐厅构建的麦当劳商圈,从而拉动大量的人到麦当劳的商圈中,进而去推动房地产价格的增长。

麦当劳的主营业务汉堡包经营发展到一定阶段时,麦当劳就会通过不断吸收加盟商来进行规模的扩展。此时,麦当劳通过专业的选址能力,选择地段,买下该块地产,对其精装修后,吸引加盟商。通过这样的方式,麦当劳不仅得到了一笔加盟费,另外,它还能够挣到加盟商的房屋租金。我们所知道的一般商家招加盟商的模式是:如果有商家想加盟,那么想加盟的商家需要自己租房子之后才能经营。但是麦当劳的加盟模式是:麦当劳为想加盟的商家提供房子供其经营,而且加盟商利用麦当劳提供的房子有以下优势:首先麦当劳选取的店铺地段好。麦当劳拥有专业的选址能力，其所提供的房产大都是在人流量比较大的黄金地段。其次，就房租而言，麦当劳能够以更低的价格为加盟商提供更好的房屋。拥有如此的优势，加盟商当然更加偏爱于选择麦当劳所提供的房子（见图8-1）。

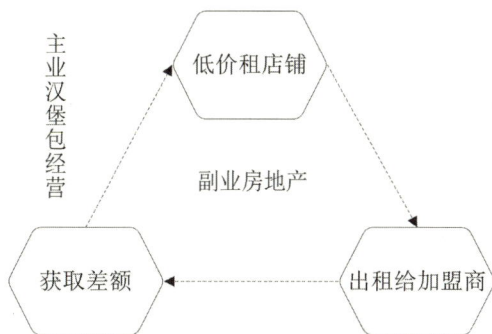

图 8-1　麦当劳商业模式图

麦当劳以其独特的商业模式获得了世界餐饮第一的地位，吸引了世界的强烈关注，成为人们津津乐道的话题，使得品牌得以快速传播，很多人没有见到麦当劳之前就在书本上、电影里熟悉麦当劳了，所以麦当劳进入新市场时不需要做广告，往往就会顾客盈门。比如在中国，麦当劳登陆北京和上海时，当日单店的造访顾客都超过了万人。

麦当劳品牌的产品绝不仅仅是汉堡和薯条，麦当劳的经验和模式是食物、人物与快乐的组合。人们可能并不认为麦当劳提供的食物是世界上最好的，但人们都认为它是世界上最好的快餐店。因而，人们对麦当劳产品的认可，并不仅仅是对其产品物性使用价值的认可，同时，更是对它的巨大形象价值的接受与认同。

三、以标准化为基础，在精细化上做文章

麦当劳在全球100多个国家和地区拥有3万多家餐厅，数十万员工，而且，各个国家和地区的文化与经济背景不一，其营销和管理的难度可想而知。那么，它有什么法宝让这么多市场环境截然不同的餐厅维持正常运作呢？是标准化！麦当劳科学系统地分析餐厅的日常运营及相关业务，得出精确的标准，然后不断地复制。

麦当劳的经营无疑是成功的，当我们谈及其成功的经验时，麦当劳的创始人雷·克罗克曾这样说："连锁店只有标准统一，而且持之以恒地坚持每一个细

节都按标准化要求执行,才能保证成功。"

麦当劳自创立以来一直严格地坚持执行标准化管理,这也使得麦当劳能够在全球缔造出一个个商业奇迹。麦当劳今日所取得的辉煌成就与它在经营管理中坚持每一个细节都标准化地执行是分不开的。

麦当劳充分注重细节管理,麦当劳这方面标准化执行的经验我们可以总结梳理为8大方面66个细节:从标准化执行的经营核心品质(Q)、清洁(C)、服务(S)、价值(V)到麦当劳品牌文化的宣传推广,从原材料来源就抓起的精细的采购系统,以确保麦当劳提供的产品保质保量到麦当劳充分关注日常营运的细节管理,从麦当劳员工的6个步骤的标准化服务到汉堡包大学对管理者的培育,从麦当劳特许经营的成功复制到麦当劳形成自己独特经营的标准化典范——麦当劳特许经营手册,等等。这一系列的细节都是麦当劳当今辉煌成就的重要因素。

表 8-3　麦当劳的量化标准

面包厚度规定 17cm
牛肉饼重量 47.32 克,直径 9.85cm,厚 6.65cm
烤面包 55 秒,煎肉饼 1 分 45 秒
可乐与雪碧(芬达)4℃
柜台高度 92cm
炸薯条超过 7 秒、汉堡包超过 10 分钟则不再出售
员工消毒双手揉擦时间 20 秒

资料来源:麦当劳官网。

例如,麦当劳对员工制定了严格规范的洗手步骤,目的是为了保证其给顾客提供安全卫生的食品:首先需要用肥皂洗一遍手,清水冲洗干净后,再用麦当劳特供的清洁洗手液,挤一些放在手心,两手揉搓 20 秒后再用清水冲净。经过两遍清洗后,要求员工不能用毛巾将手擦干,必须使用烘干机烘干。类似于此类小细节在麦当劳的经营管理中随处可见,无一不表明了麦当劳在经营或者对员工的管理中始终贯彻着精细化的管理理念,也正是这些毫不起眼的细微之处促使了麦当劳的迅速发展。

麦当劳的连锁经营有四个特点:标准化、单纯化、统一化和专业化。麦当劳的连锁店扩张速度之快,令人瞠目结舌,每年以近 2 000 家新开店的速度增长,平均几个小时就有一家新店诞生。

麦当劳如此快速的复制能力,重要的原因之一是其高度统一化经营管理方式:统一的店名、统一的装修风格和店貌,统一进货、统一配送、统一价格、统一服务标准,统一的操作规程、统一的质量要求、统一的营运管理,等等。麦当劳在全球3万多家连锁店,无论你走到哪家分店,你都能看到麦当劳叔叔和蔼的笑容,感受到同样的快乐气氛,吃到同样风味的汉堡包和薯条。"精细化的标准管理"成为麦当劳全球经营的唯一宗旨,走进不同国度的麦当劳,你甚至可以发现每一个微笑都是标准化的,这就是标准化营销整合的魅力。

对企业经营中的每一个细微的环节都能给予充分的关注并且认真地去对待,是企业实施精细化管理的十分重要的步骤。标准化是实行精细化管理的重要形式之一。统一的规格标准、操作流程、质量标准、数量标准、时限标准,严格地执行标准,是管理规范化的必要条件。

标准化经营管理就是指在企业的生产经营管理范围内制定一个最佳的秩序,对实际存在或者企业经营过程中潜在的问题制定规范的规则活动。

麦当劳的成功告诉我们,企业要做到以标准化为基础,在精细化上做文章。企业只有制定并执行严格的标准,才能使精细化管理有章可循,而且要不折不扣地执行这些标准,这样才能使精细化管理落实到实处,才能规范企业的各种管理行为。

四、麦当劳长盛之本

(一)独特的经营理念

经营理念是在长期的经营管理实践中不断摸索产生的。麦当劳也不例外。当时市场上可买到的汉堡包比较多,但绝大多数质量较差、供应速度很慢、服务态度不好、卫生条件差、餐厅气氛嘈杂,消费者很是不满。针对这种情况,克洛克提出了专门的"Q""S""C"和"V"经营理念。Q代表产品质量"Quality",即为顾客提供质优味美、营养全面的产品;S代表服务"Service",即适应顾客的需求,提供快速便捷、热情周到的服务;C代表清洁"Cleanness",即为顾客提供清洁卫生、环境宜人的就餐氛围;V代表价值"Value",即让顾客感到物超所值。

"Q"——质量。麦当劳对顾客的承诺是"永远让顾客享受品质最新鲜、味道最纯正的食品"。为保证食品的独特风味和新鲜感,麦当劳制定了一系列近乎苛刻的标准,已经达到了无论在世界各地的任何一家分店,所有的调味品、肉和蔬菜的品质都使用同一个标准,就是由特许经营总部规定的统一标准。

在原材料方面,所有原材料在进店之前都要接受多项质量检查。其中牛肉饼需要接受40多项指标考核,要求必须挑选瘦肉,不能含有内脏等下水货,脂肪含量不得超过19%。牛肉绞碎后,一律按照规定做成直径98.5毫米、厚5.65毫米、重47.32克的肉饼;对于奶浆的温度要求是接货时不超过4℃,高一度就退货;奶酪的在库房保鲜期为 40 天,它的上架时间为 2 小时,水发洋葱为 4 小时,生菜从冷藏库拿到配料台上只有 2 个小时的保鲜期,超过这些时间标准,原材料就需要废弃。马铃薯是专门培植并经精心挑选的,再通过适当的贮存时间来调整其中淀粉和糖的含量。

在成品和半成品方面,汉堡包的脂肪含量应该在 17%～20.5% 之间,并且不许含有添加剂。肉饼必须是由 83% 的肩肉与 17% 的上等五花肉混制。面包厚度均为 17 毫米,且其中的气泡均为 0.5 毫米。这是因为,这样的面包入口味道最佳。与此类似的还有可口可乐的温度,全世界的麦当劳餐厅可口可乐的温度都是一个标准——4℃。

在制作工艺方面,麦当劳十分注重操作的规程和细节,从切割面包刀制作成汉堡包都要经过精细的制作流程,切割要求均匀,否则切面不能均匀烘烤会使酱料渗入面包,溶化纤维结构,破坏美味、松脆的口感。使用可以调温的炸锅加工不同含水量的马铃薯。自动炸薯条烹调器通过电动探测器,调控油温,以控制薯条的颜色。之后将炸薯条、汉堡包等产品和时间表一起放到保温柜中,炸薯条超过 7 分钟、汉堡超过 10 分钟尚未出售就将报废。

"S"——服务。作为餐饮零售服务业的龙头老大,麦当劳将服务视如性命般重要。麦当劳成立初期,当时的美国快餐业发展较为迅速,市场竞争也相当激烈。但快餐业在发展过程中,有一个普遍存在的问题,就是环境脏、乱、差。克洛克力图改变这种状况,从而使麦当劳在干净卫生方面独树一帜。首先是保证食品、饮料干净卫生,餐厅严格的管理能使这项要求落到实处;其次是环境整洁优雅。餐厅内外要窗明几净,员工仪表整齐划一,洗手间也始终保持清洁卫生,没有异味。为了保证以上几方面均能准确无误地执行,麦当劳制定了严格的规定。受过严格训练的工作人员培养了良好的卫生习惯,他们眼光敏锐,手脚勤快,顾客一走,马上清理桌面和地面,哪怕是散落在地上的小纸片也立即拾起,使顾客就餐既放心又愉快。麦当劳很快以清洁而闻名,在快餐业中脱颖而出,蒸蒸日上。

今天麦当劳已成为最令人敬佩的服务机构,正如麦当劳所宣称的:"我们卖的不是汉堡包,而是服务。"麦当劳清楚地知道,其食品绝不是吸引顾客的关键因素,因而为了切合本土需求,将经营的重心放在了服务和氛围上。人们之所以喜欢到麦当劳去就餐,并不仅仅是冲着新鲜的汉堡包,因为其他一些餐厅制作的汉堡包味道也许更好。那里的菜单基本是不变的:汉堡包、土豆条、饮料、色拉。为了吸引顾客,提高服务质量,麦当劳始终坚持优质服务策略。比如:努力营造欢乐温馨的气氛;餐厅内尽量避免喧哗游逛;营造出一种与在家中就餐一样宁静的环境,比如桌椅舒适,服务员热情周到。麦当劳通过多年的实践,深刻认识到以顾客为中心的理念的重要性,无处不体现出快捷、友善和周到的服务,即麦当劳的服务 FAT 三原则——Fast(快捷)、Accurate(准确)、Friendly(友善)。

"C"——清洁。走进任何一家麦当劳餐厅,你都会感到餐厅的环境清新舒适、干净整洁,给人一种在此处用餐是一种享受的感觉。麦当劳的员工规范中,有一项条文是"与其靠墙休息,不如起身打扫",麦当劳在全球连锁店的员工都必须遵守这一条文。麦当劳提出了员工必须坚决执行的严格的卫生清洁工作标准,如员工上岗操作前必须严格使用麦当劳杀菌洗手液,洗刷手指间与指甲,并且两手一起揉搓至少 20 秒,然后冲净,并且使用烘干机将双手烘干。麦当劳不仅注重餐厅环境和厨房内部的卫生,还会关注餐厅周围以及附属设施的整洁,甚至连麦当劳的洗手间都制定了严格的卫生标准。麦当劳餐厅的老板认为,一个餐厅的经营管理者要学会换位思考,倘若自己是一个顾客,若是自己在用餐之后,在使用该餐厅的洗手间时,发现其肮脏不堪,那么很难想象自己下次再来光顾这家餐厅。

餐厅内不出售香烟和报纸;器具全部是一次性的制品;清洁人员不仅要在规定的时间进行室内的清理,还要在顾客用餐之后立即清理桌面;玻璃要保持干净透明;天花板每星期必须清理一次。

对于员工也有严格的规定:每日必须穿统一的制服,制服必须保持清洁;头发必须光洁;男士头发不可长过衣领和耳部,必须剃胡须,保持良好的仪态;女士只可以化淡妆,上班要带发网,避免掉落头发;个人每天需要洗澡,防止体臭,保持口腔、双手的清洁。

"V"——价值。所谓价值,意为"向顾客提供最有价值的高品质食品",就是要让食品经过科学的配比,营养均衡,并且价格合理,让顾客觉得麦当劳的食品物超所值。"物有所值"是麦当劳让顾客在清洁的环境中享受快捷营养的美食,是对消费者的承诺,正因为如此,麦当劳在全世界拥有约 4 000 万的顾客每天都会光顾麦当劳。麦当劳不仅尽力为消费者提供一个舒适宜人的用餐环境,而且使消费者在用餐之余可以接受麦当劳精神文化的熏陶。麦当劳的食品非常重视味道、颜色、营养,价格与所提供的服务一致,让顾客吃了之后感到真正是物超所值。麦当劳不仅在国内反映着美国文化,它还将其输送到海外。金黄色的拱形已被认作美国服务的标志,而将美食作为快餐的热潮已遍布全球。麦当劳强调,"提供更有价值的物质商品给顾客。"现代消费者的需求不仅趋向高品质化和高品位化,而且也趋于多样化,重视商品新价值的开发,即不断给商品注入附加值。

（二）建立了一套根深蒂固的人力资源管理模式

1. 炸薯条、做汉堡是通向成功的必由之路

麦当劳 95% 以上的管理人员来自有经验、有业绩的普通员工。麦当劳 75% 以上的餐厅经理、一半以上的中高层主管和 30% 以上的加盟商都是从计时员工做起的。在麦当劳公司里，员工有快速升职的机会——一个刚刚在麦当劳里工作的年轻人，如果表现十分出色，那么这个年轻人可以在一年半内当上餐厅经理，也可以在两年内当上麦当劳餐厅的监督管理员。首先，实习助理是刚入职的有文凭的年轻人必须从事的岗位，他要在这个岗位上工作 4～6 个月的时间，在这段时间内，这些年轻人需进行轮岗实习，也就是说他们以一个普通班组成员的身份在麦当劳的各个工作岗位进行最基本的实习工作，如炸土豆条、烤牛排、收银等。实习助理通过在一线工作岗位上的实习之后，应当学会怎样使餐厅保持清洁以及怎样才能为顾客提供最佳服务的办法，使他们能够通过自己的亲身实践来总结并积累如何实现更优的管理经验，如此才能为他们日后真正参与到麦当劳更高一层的管理实践做好充足的准备。另外的工作岗位则是具有实际责任的性质——二级助理的职务。在任此职务时，这些实习生需要在每天规定的时间段内负责本餐厅的相关工作，这项工作任务与实习助理的不同之处在于，他们要担负起餐厅的部分管理工作，例如餐厅的订货计划、员工的排班任务、每日的销售统计，等等。这些实习生不仅要在餐厅的某个小范围内展现出他们各自的管理才能，更重要的是他们能够通过日常实践，总结摸索经营的经验，管理并协调好他们所负责的区域。

在麦当劳中，对于每位员工来说，升职都是公平且合理的。麦当劳中的职位晋升既没有特别的要求，也没有设置固定的职业模式。在麦当劳中工作的每位员工都是自己命运的主宰。对于那些适应能力快、工作能力强的员工，他们可以迅速掌握每个阶段的工作方法，从而可以比他人更快地获得晋升的机会。麦当劳这种公平的晋升竞争以及优越的发展机会大大地吸引着许多有理想有抱负的青年到此处施展自己的才华，追求自己的梦想。

然而，在麦当劳新招收的一批员工中，在他们入职的初期，前半年中的人员流动率是最高的，但是还是有一些能够坚持到底的新员工，他们在基层的工作可以培养这些员工的吃苦耐劳的精神、独立自主的品格以及在工作岗位上高度的责任感，基层的实习工作同样使他们获得了最真实有效的实践锻炼以及最珍贵的工作经验，经历了这些磨练的员工，持之以恒地坚持下去，基本上可以在 25 岁之前就能得到比较好的升职机会。

因此，凡是在麦当劳能够有所成就的人，他们经历过同样一个阶段，那就是进入麦当劳之后就从零开始，就基层开始，脚踏实地地做好自己的每一份工作。

就算是最基本的炸薯条、做汉堡，也要用心去对待，因为这是他们在麦当劳公司取得成功的必由之路。

2. 不用天才的用人机制

麦当劳在用人方面宣称，麦当劳不聘用天才，因为他们知道天才不会留在麦当劳长久发展下去的。麦当劳聘请的是那些"最适合的人才"。麦当劳在用人方面所说的"天才"，是指的那些在工作过程中没办法调整好自己，不能在工作岗位中给自己合适定位的人。在麦当劳公司里有所成就的人，他们都是从零开始，从基本的炸薯条、做汉堡包开始，但是他们能够脚踏实地、一丝不苟地对待工作。然而这些基层的工作对于那些一心想要大展宏图、施展才华的年轻人来说是没有办法接受的，他们不愿从基层做起，不愿从自我工作的小细节做起，不愿从现在做起。麦当劳的员工都是岗位最合适的人才，他们都是愿意脚踏实地、勤奋工作的员工。在餐饮行业中取得成功的必要条件是要求员工、管理者们脚踏实地，从基层做起，从自身工作的小事做起。虽然在麦当劳中，服务员有年轻人，也有年龄稍微大一些的人，他们有的长相普通，但是他们都能够脚踏实地地对待自己的工作岗位。

麦当劳与其他公司在用人方面有所不同，人才的多样化是麦当劳的一大特点。麦当劳的员工不是来自一个层面，而是从不同渠道请人。麦当劳的员工有真正毕业于饮食服务业的人员，也有来自于商学院的人员，还有大学生、农业家、工程师以及一些初高中毕业又继续进修多年的人。同时，麦当劳在人才方面有这样一个特点：家庭式的人才组合。这样的方式可以使得新进入的年轻人可以直接向年长的人取经、学习经验，与此同时，这些年轻人所独具的活力又可以带动年长的人的工作热情。麦当劳聘用员工不重学历重能力，不重智商重情商，强调勤恳踏实工作的品格，也正因如此，麦当劳的员工不一定全部是大学生，但是大学生却是麦当劳公司的庞大后备军。在麦当劳，只要你有责任心，对待工作认真负责，对待顾客微笑热心，给顾客一种宾至如归的感觉，你就有晋升的机会。然而那些自恃清高、中看不中用的花瓶型"天才"是不会在麦当劳公司内长久地待下去的。

3. 员工没有试用期

在对于员工招聘方面，麦当劳有一套自己特有的面试过程，它不同于同行业其他企业繁杂的招聘程序：麦当劳的员工首先经过人力资源部门初面试；接着再由其他职能部门进行二次面试；通过前两层选拔的人员，公司请他到餐厅里实习三天，当然这三天并不是义务劳动，麦当劳公司也会开给他们工资。通过这三天的实习，麦当劳会听取实习人员身边的同事对他（她）的评价，进而对前来应聘者进行全方位的评估考量，然后确定在麦当劳内的什么岗位工作适合这个应聘者,这个应聘者拥有什么样的优点可以使麦当劳企业发展得更好,最后麦当劳公司做出是否录用的决策。这就是麦当劳著名的 OJE(on the job evaluation)模式,即岗位测评法。麦当劳要求应聘者进行短短的三天的工作,而不是让应聘者通过漫长的实习期,这样的岗位测评方法不仅节约了应聘者和麦当劳公司双方的宝贵时间,而且能够让应聘者体验麦当劳的所有岗位,这是一种有效地提高和甄选应聘者质量的方法,这种方法可以使管理者在相对较短的时间内,高效地观察出应聘者的工作能力以及工作态度,进而有效地避免了普通面试中常忽略的细节以及常犯的错误。正是因为麦当劳拥有如此高效的测评方法才使得麦当劳在人才选拔上取得高达 95% 的成功率。汉堡包大学曾经几乎成为全球的笑柄,而如今也和 MBA 的管理学习变得一样重要。在汉堡包大学里,每年会举行 14 次麦当劳经理人员的强化培训,这些经理人员遍布在全球 72 个国家,都拥有 2~5 年的管理经验。他们都是由麦当劳公司精心挑选出来的,由他们来证实企业家的天赋,分享公司的价值[①]。

在麦当劳没有试用期,但是有长期的培训和考核目标。麦当劳的员工培训也是具有标准化的管理模式。麦当劳的员工培训是从新员工进入公司的第一天起,就直接走向岗位,由一名老员工带着,进行一对一的训练,直到新员工可以独立在岗位上进行操作。在培训方面,麦当劳注重对员工进行全职业的规划培训,从计时员工开始到高阶主管,结合他们的职业生涯,都有不同的培训计划,从各区域的培训中心到汉堡大学的阶梯式培训,使员工能够有机会不断地学习和发展。麦当劳的管理人员 95% 是从员工做起的,公司每年也要花费 1 200万元用于员工培训,一旦优秀的员工进入管理层,麦当劳又会给他制定一套结合国内外资源的训练机会,不仅能够在训练中心接受营运及管理方面的教育,还有机会去汉堡大学进一步深造,接受更高层次的训练。这种全职业规划培训使麦当劳的高管人员流动率很低,从而形成了一批稳定的管理队伍。从开始的操作型培训到后来的管理型培训,直到专门培养高层管理人员的美国伊利诺伊州麦当劳汉堡大学,只要员工有能力接受,麦当劳就为其提供继续深造的机会。而且,只要员工通过相应的考核,就有薪资不菲的职位等待他去上任。这就是麦当劳的人才培养机制,不要求你入门的时候是什么天才,但可以经过系统的培训把你培养成最适合的人才。

麦当劳培训的另一个特色是从幼儿园到大学的分级培训,这种分级培训包括:幼儿园、小学、中学直到大学的训练课程,而且专业化程度越来越高,所有课程也具有一致的目标和阶段的连贯性。幼儿园的课程是最基础的课程,主要是

---

① 沈志莉.麦当劳:"营"在文化,"赢"在本土化[J].中国流通经济,2007(5):61 - 63.

让员工学会怎样让客户满意；小学课程则是让培训者学会怎样去做人员管理；到了中学课程，核心就是学会如何控制成本和帮助销售；而到了大学，就是要学会如何带动管理者成长。

以上两种特色的培训机制并不是独立的，而是紧密地联系在一起的。在员工的全职业规划培训中贯穿着不同阶段的分级培训，让每一位员工都可以看到一个清晰的职业发展通道，由此产生一个强大的工作动力，不断地激励着每一位员工向更高的目标努力。正如麦当劳北京公司总裁赖林胜常告诉员工的那样："每个人前面有个梯子，你不要去想我会不会被别人压下来，你爬你的梯子，你争取你的目标。"

4. 培养接班人制度

麦当劳的培训理念是：培训就是让员工得到尽快发展。麦当劳的管理人员都要从基层员工做起，升到餐厅经理这一层，就该知道怎样去培训自己的团队了，并对自己的团队不断地进行打造。麦当劳公司的总经理每三个月就要给部门经理做一次绩效考核。考核之初，先给定工作目标，其中有两条必须写进目标中，那就是如何训练你的下属：训练什么课程，什么时候完成，并且明确告诉部门经理，一定要培训出能接替你的人，你才有机会升迁。如果事先未培养出自己的接班人，那么无论谁都不能提级晋升，这是麦当劳一项真正实用的原则。由于麦当劳各个级别的管理者，会在培训自己的继承人上花费相当的精力和时间，麦当劳公司也因此成为一个发现和培养人才的大课堂，并使麦当劳在竞争中长盛不衰。正是因为麦当劳这一独特的管理模式，才充分地促使每个人都必须为培养自己的接班人竭尽全力。这样的人才培养和更新形成了一个良性循环，也使麦当劳成为一个发现与培养人才的基地，而没有花费一分一毫的额外投资。这就犹如齿轮的转动，每个人都得保证培养自己的接班人，并为之尽心尽力，因为这关系到自己的声誉和前途。这是一项非常实用的原则。麦当劳公司也因此而成为一个发现人才、培养人才的大课堂。在这里，缺少的绝不会是人才。这是麦当劳在人力资源管理方面的成功和一大创新，在为麦当劳带来经济效益和长足发展的同时，也为企业的人才培养提供了一种良性循环的有效模式。

众所周知，天时、地利、人和是国家兴旺、事业成功的基础。但只有把天之大、地之厚的精华融入人的内心，才能真正使天、地、人成为一个完美的整体。也就是说，在这三者当中，人的力量是尤为重要而强大的。麦当劳公司在中国市场的成功并非偶然，这得益于一套完善的人才培养体系和合理的人力资源管理模式。其特点是多种人力资源管理手段紧密结合，相辅相成。麦当劳最主要的价值观就是"以人为本"，把"人"当作一种很重要的资产，注重人才事业的志向和未来职业的发展,以更好地体现人才的个人价值。培养人才,尊重人才,善待人才,为人才搭建晋升的阶梯,留人留心,以才生财,形成了优秀的企业文化。

"麦当劳现象"为全世界的企业树立了楷模,创造了一种全新的人力资源管理模式,为培养真正优秀管理者提供了一条行之有效的途径,是值得我们深思学习和适时借鉴的。

第三节　回顾小结与意义

独立的成功商业模式、独特的经营理念、建立了一套根深蒂固的人力资源管理模式使得麦当劳成为全球知名品牌。这都是建立在质量管理的基础之上的。一个企业想要获得长远的发展,就必须关注其质量管理。对企业经营中的每一个细微环节都能给予充分的关注,并且认真地去对待,是企业实施精细化管理的十分重要的步骤。标准化是实行精细化管理的重要形式之一。统一规格标准、操作流程、质量标准、数量标准、时限标准,严格地执行标准,是管理规范化的必要条件。

标准化经营管理就是指在企业的生产经营管理范围内,制定一个最佳的秩序,对实际存在或者企业经营过程中潜在的问题制定规范的规则活动。

麦当劳的成功告诉我们,企业要做到以标准化为基础,在精细化上做文章。企业只有制定并执行严格的标准,才能使精细化管理有章可循,而且要不折不扣地执行这些标准,这样才能使精细化管理落到实处,才能规范企业的各种管理行为。

课后思考

(1) 如今在中国市场上,许多国内的快餐店如雨后春笋般出现,同国外的快餐品牌进行激烈的竞争。在这样的环境中生存如何打造自身特色是国内快餐店面临的最大问题,试总结麦当劳独特的经营理念和商业模式,并指出它给中国快餐店生存和发展的启示。

(2) 标准化管理有哪些优缺点?麦当劳是如何充分利用标准化管理的优势从而获得快速发展的?

(3) 麦当劳各个级别的管理者,会在培训自己的继承人上花费相当的精力和时间,麦当劳公司也因此成为一个发现和培养人才的大课堂,并使麦当劳在竞争中长盛不衰。柯林斯的《基业长青》中就讨论过"造钟者"和"报时人"之间的区别。要建立一个高瞻远瞩的公司,我们更需要的是造钟,而不仅仅是报时。试结合麦当劳的人力资源管理模式对此进行分析。

第九章　摩托罗拉：以人为本的人力资源管理体系

第一节　理论背景和意义

人力资源管理体系是指围绕人力资源管理六大模块而建立起来的一套人事管理体系，包括薪酬、绩效、素质测评、培训及招聘等。人力资源管理是对人这类资源的综合管理，包括审查、培训等。

在人力资源管理体系的设计中，我们注重企业战略、企业文化与人力资源管理的融合。企业变革后的人力资源管理体系以目标管理为基础，以关键业绩指标（KPI）为核心内容，建立规范的、适应市场经济的、系统的战略人力资源管理体系。主要包括：第一板块——战略板块：紧扣企业战略规划目标和企业文化的要求，规划人力资源体系，使人力资源管理真正成为企业发展战略的核心内容，并成为战略目标实现的重要支撑和保证。第二板块——业绩管理板块：建立以工作分析为基础，以关键业绩指标（KPI）为核心，以绩效管理、薪酬管理为主要内容的业绩管理体系。业绩管理的手段是考评，核心是激励，目标是改善。第三板块——员工发展板块：企业与员工的共同发展是企业文化的重要内容，员工发展的核心内容是员工能力的开发与培养，运用人才的引进、培训开发、生涯管理等方式方法，不断提升员工队伍的整体素质。

人力资源各大模块既各自有独立的重要作用，又是紧密相连无法分割的，它是一个有机的整体。要做到人力资源管理的良性运作，就必须适时地根据不同的情况调节各个环节的工作，保证工作效率的充分发挥，这也是实现企业战略目标的重要前提之一。人力资源规划包括：①组织机构的设置；②企业组织机构的调整与分析；③企业人员供给需求分析；④企业人力资源制度的制定；⑤人力资源管理费用预算的编制与执行。国际人力资源管理包括：①职业生涯发展理论；②组织内部评估；③组织发展与变革；④计划组织职业发展；⑤比较国际人力资源管理综述；⑥开发人力资源发展战略计划；⑦工作中的绩效因；⑧员工授权与监管。

摩托罗拉缔造了百年传奇,自成立之日起,它的根本宗旨就是尊重人性,为员工、客户和社会做有益的事情,并始终把这一理念作为指导企业发展的最高准则。因此,公司的企业价值观是:尊重每一个员工作为个人的人格尊严,开诚布公,让每位员工直接参与对话,使他们有机会与公司同心同德,发挥出各自最大的潜能;让每位员工都有受培训和获得发展的机会,确保公司拥有最能干、最讲究工作效率的劳动力;尊重资深员工的劳动;以工资、福利、物质鼓励对员工的劳动做出相应的回报;以能力为依据;贯彻普遍公认的——向员工提供均等发展机会的政策①。摩托罗拉公司之所以在全球取得巨大的成功,很大程度上要归功于它坚持了人本管理。尊重人、理解人构成了其核心竞争优势。

第二节　案例分析

一、背景资料:百年传奇摩托罗拉

20 世纪 30 年代的美国,两个来自伊利诺伊州中北部村镇的年轻人——保罗·高尔文和他的弟弟约瑟夫·高尔文正在积极寻求着发展的机会。他们身无分文,除了精力、才华和雄心抱负之外,可以说是一无所有。他们自己肯定也无法预料,在不久的将来会创立一家规模巨大的跨国企业。

20 世纪 20 年代,随着汽车的风靡一时、收音机的大行其道,这两种相辅相成的新型产品发展势不可挡。但是,由于在汽车上安装收音机不仅价格高昂而且存在过程繁琐与音质不佳等问题,同时最为重要也最让人头疼的事是,司机如果要收听广播,那就必须得先把汽车引擎停下来,因此,直到 1930 年,很多人还是拒绝安装收音机。敏锐的保罗·高尔文嗅到了一个扩大公司影响的绝佳机遇。他向员工发出新的挑战,要求他们去设计一个能够安装在大多数汽车内的简易车用收音机并且要做到价格低廉。在屡次尝试失败之后,一个设计模型终于在收音机制造商协会展会开始前及时地被装进了一辆汽车内部。由于没有足够的资金再租一个展位,保罗·高尔文机智地将安装了他们设计的收音机的汽车停在了会场前,如此一来参观者在进入展会的时候就能先看到他们的收音机。这一聪明的举动成功地为他的公司带来了巨大的订单,也使他对未来的车用收音机市场充满了信心。为了强调是行动中的收音机,高尔文将他已颇有

① 吴国庆.中外合资企业"本土化"策略研究[D].武汉:华中科技大学,2006.

名气的收音机取名为摩托罗拉——摩托,汽车的引擎;罗拉,形容汽车收音机里传送出的欢快而悦耳的声音。

1936 年,保罗·高尔文决定进入警用无线电市场。正如他所回忆的,他看到了一个巨大而空旷的市场。从 1941 年到 1945 年的五年间,高尔文制造公司与美国军方的合同总金额近 2.5 亿美元,年销售额也增加到 8 000 万美元,确立了在行业内的领导地位。二战后美国经济开始大发展,保罗注意到电子工业的转变是由国家战时所需造成的。他也看到社会对新民间工业及消费产品的需要及渴望。为此,高尔文制造公司在 1946 年拨出 100 万美元的研究经费,并指定 240 多位工程师发展新科技。1947 年,为了纪念这个新纪元,同时也为了将公司的产品明确归并到已相当有名气的摩托罗拉商标的旗帜下,高尔文制造公司改名为“摩托罗拉公司”。60 年代,摩托罗拉公司开始进军海外市场。自从半导体变成了工业和商业用的电子产品以来,摩托罗拉大大扩展了它的基本业务范围。此时,世界各种新工业、新用途的产品,特别是电子计算机的出现,加速了摩托罗拉的发展。从 70 年代起,摩托罗拉在无线通信方面取得的成绩只能用辉煌来形容。

目前,摩托罗拉在全球 66 个国家共有 11 万名员工,业务范围涉及无线通信、半导体、汽车电子、宽带、网络和互联网接入产品等。

1987 年摩托罗拉公司正式进入中国,公司在北京设立了办事处,然后又于 1992 年在天津注册成立摩托罗拉(中国)电子有限公司,目前以手机、对讲机、无线通信设备等作为主要产品。

摩托罗拉致力于在中国建设其全球重要的研发基地,在中国的累计研发投资已超过 10 亿美元,先后在北京、天津、上海、南京、成都、长沙和杭州等 7 个城市建立了研发中心和实验室。摩托罗拉中国研究院已经成为摩托罗拉的全球研发基地之一,也是跨国公司在中国建立的最大的研发机构。由于对中国的杰出贡献,摩托罗拉在“2008 跨国公司中国贡献榜”上名列榜首。

摩托罗拉 2010 年的营业收入为 228.23 亿美元,排名 2011 年度《财富》世界 500 强第 427 名[①]。

二、与众不同的企业文化

摩托罗拉的企业文化很好地体现了其尊重人性的企业宗旨,概括起来,可以体现在下面四个方面。

---

① 方华明.世界 500 强管理绝招[M].北京:中国经济出版社,2012.

（一）管理基础是尊重

摩托罗拉公司的创始人高尔文有一句名言：对每一个人都要保持不变的尊重。在这一信念的指导下，高尔文从公司创办之初就在此基础上形成了一整套以尊重人为宗旨的企业制度和工作作风，进而将这一思想渗透到企业文化的各个层面。这个信念有几层含义：尊重每一位员工的价值和个人自由；给予员工最大的信赖；尽量满足员工的要求；创造团结、和谐、乐观、向上的整体氛围。为了体现对员工的尊重，创造和谐的企业氛围，摩托罗拉公司规定：公司一级及下属各层管理者的办公室大门要始终敞开着，意在表明，领导者与一般员工是平等的，始终保持着交流，准许员工随时进入领导者的办公室提出意见和发泄不满。同时，也是向员工宣示，领导者也同员工一样，在工作时间只有全力以赴投入工作的权力，不能在公司内处理私人的事情。

此外，公司还建立起多种信息反馈与上下沟通的渠道。一般的企业管理层次，往往是"总经理——经理——主任——员工"这样一个单向流程，而摩托罗拉的管理体制，又增加了"员工——总经理"这一环节。为此，设立了"畅所欲言"信箱和座谈会。公司的"畅所欲言"信箱是一种保密而有效的双向沟通方式。员工可以对公司的各项事务提出意见、建议、评论或投诉。然后由专门的协调人员将其姓名隐去，把员工提出的问题转给相关人员，再由协调人员把反馈回来的信息传达给员工。接到员工反映问题的部门，必须认真回答和解决；有些一时解决不了的问题，也要说明理由。对于提出良好建议的员工，还要给予鼓励与肯定。但对不署名的信件，公司不予受理。总经理座谈会，是员工与总经理之间面对面的交流，期间没有任何管理人员参加，一般每月一次。在这样的会上，总经理往往能够直接了解到公司管理中的不足之处，及时得到员工对公司各项制度的意见和建议，了解他们最真实的想法和需要，针对具体问题及时加以解决。

为了使"对人保持不变的尊重"的信念不断完善和发展，摩托罗拉公司还专门设计了 IDE（肯定个人尊严）问卷，其中包括六个固定的问题：第一，你是否拥有一份确定而有意义的工作；第二，你是否了解胜任工作的标准并具备成功所需的知识；第三，你的培训是否已确定并得到了适当的安排，并对你的工作有所帮助；第四，你是否了解自己的职业前途；第五，在过去的一个月里，你是否获得有助改善工作成效的反馈；第六，你的个人情况、性别、文化传统，是否得到正确对待。在对问卷的回答中，员工可以自由地表达他们对具体岗位工作的意义、胜任程度、培训、职业前途等的看法，也可以表达个人对公司的看法，对个人前途的想法,等等①。

(二) 鼓励人才逃走

作为一个明智的、成熟的企业管理者,应从员工个人发展的角度去看待人才流失。人才的流动与流失是不可避免的,"终生员工"无论对企业还是对员工个人,都不现实。但是,如果能坚持"终生交往"对企业来说将会有长远的利益。摩托罗拉总裁高尔文不主张"困住人才",而是强调应在那些员工离职之后,"继续与他们保持联系,把他们变成拥护者、客户或者商业伙伴。"

高尔文将离职的员工称作"校友",并且还创立了"校友网络"。摩托罗拉所有的"校友"都能经常收到最新的校友录,被邀请参加公司的各种活动,而且每年收到两次关于公司长期发展、专业成就和校友们的个人业绩的通信。同时,摩托罗拉还尽可能地帮助这些"校友",并不认为这样是损失了优秀人才,反而为"校友"的成功而高兴。

在摩托罗拉,还有一个特别的面试,即对员工辞职进行面试。在员工辞职时,摩托罗拉专门有辞职面试表格,填写他们的辞职档案,问他们为什么离开?如果时间能倒退,摩托罗拉怎么做才能留住他?但是有些员工在辞职时由于某些原因不会如实填写,所以摩托罗拉人力资源都会等到他离开一段时间后再问他,那时候可能他已经没有顾虑了,会将自己离开的真实原因讲出来。另外,摩托罗拉人力资源部每年会做一个员工意见调查,有 100 多个问题需要员工回答。在摩托罗拉北亚中心的职工餐厅摆放着触摸屏式的员工意见反馈系统,员工可以在吃饭的时候很方便地将工作中的问题反馈人力资源部。通过对员工辞职进行面试,公司得到了重要的信息反馈。

高尔文能取得今日的辉煌成就无不与其人才战略有关,最令人叫绝的是其"鼓励人才逃走"战略。该公司在很早以前就开始实行来去自由的人才战略。除工资浮动、发生活安置费用等优惠条件外,还特别强调大中专生和科技人员来去自由,若要走,企业绝不强留。同时鼓励考研攻博,读书期间还发一定额度的生活费;若出国留学,费用照样由公司负担。如有员工因为其他公司提供了更好的机会和更优厚的待遇,摩托罗拉不会阻止其离开。这并非因为摩托罗拉是家大公司,多走一个人也没什么关系。摩托罗拉(中国)大学前校长姚卫民对此的解释是:"公司要试图避免和控制是不可能的,这是客观事实。正因为这种宽容、开放和注重对员工培训发展的理念,才使得摩托罗拉建立了很好的文化氛围,可能走 1 个,但随后又来了 3 个。如果要算这本经济账的话,摩托罗拉公司也不见得吃什么亏。"

---

① 张涛.不变的尊重——摩托罗拉的价值观[J].企业改革与管理,2000(6):37-38.

该公司"鼓励人才逃走"，不仅没有造成人才流失，人才反而越聚越多，也使许多"逃走"的人才又"逃回来"。摩托罗拉人力资源部经理说："受过公司培养出去的科技人员对企业有一种情结，这种情结会成为他们终生不褪的心理烙印，他们会以各种方式报效公司。"

"鼓励人才逃走"听起来有点匪夷所思，但企业的人力资源却可因此而得到有效的开发利用。表面看起来解决的是"如何使员工满意，留住人才"的问题，但更深层的含义在于：对企业而言，员工也是其所面对的一个市场，必然就有一个如何使这些特殊顾客满意的问题。企业在人力资源市场营销过程中得到了员工的智力、忠诚和协作精神等，那企业就应该提供给他们所期望的培训教育机会、人际关系网络等，唯有实现企业与员工的互动，公司才能获得更大的发展。

（三）公司是个家

修身、齐家、治国、平天下是传统的中国人成就事业、出人头地的四部曲。摩托罗拉公司在成长过程中，吸引了东方文化的长处，在公司的文化氛围中着力营造"家"的气氛。他们认为，要让员工爱厂如家、心甘情愿地为公司发展做贡献，公司首先要像个"家"。他们一向认为，"管理阶层与劳动阶层的对立关系不利于生产，是一种过时的关系。"一个优秀的企业提供给员工的，不仅是一份谋生的职业和优厚的待遇，还应为员工实现自我价值提供有效的途径。

公司所倡导的是：工作要精益求精，埋头苦干；生活要追求高质量，尽情欢乐。公司领导一贯认为，管理者的任务就是改善员工的生活素质，以为员工排忧解难为己任。1995年，摩托罗拉（中国）电子有限公司出资在天津市的黄金地段为员工兴建高质量的"摩托罗拉村"，然后通过为员工提供住房基金和低于银行贷款两个百分点的长期贷款，帮助员工购买住房，在累计为公司服务满10年后就能获得该住房的产权。在"摩托罗拉村"里，还建有商场、幼儿园、家庭服务中心、游泳馆等高档配套设施，以保证公司员工生活的高质量和现代品味。此外，他们还开展丰富的娱乐活动、高层次的业余生活以及举办大型"家庭日"等，来调剂员工紧张的工作和生活节奏，营造家庭般温暖的氛围，增强员工对公司的信任感和责任感，培养员工对工作的兴趣和不断追求的上进心，同时，这也是对员工努力付出的一份回报和鼓励。在摩托罗拉，每个月都有大型的文化娱乐活动，并且这些活动都是在上一年底逐月安排好的①。

（四）人人都是顾客

如何处理严格管理和对人的尊重的关系一直是困扰许多企业的难题。摩

---

① 张涛.不变的尊重——摩托罗拉的价值观[J].企业改革与管理，2000(6)：37-38.

托罗拉在这一问题上显示了自己的独特之处。

一个企业的根本任务是为市场提供优良的产品和服务,为此,企业对于质量的要求必须十分严格,同时还要不断提高技术水平、增加效益,要在产品制造、环保等方面取得领先的地位。这就使得每一位员工必须有十分强烈的责任意识,在工作岗位上各司其职,对于工作要求精益求精。在不断发现问题、解决问题的过程中去追求产品的完美。

因此,在摩托罗拉长达七十多年的经营中一直将"顾客完全满意"奉为经营宗旨。与一般概念有所不同的是,这里的"顾客"不是一般意义上的顾客,而是特指自己的下一个服务对象。对公司来讲,"顾客就是与公司发生联系的所有客户",包括供应商、销售商和公司产品的使用者。在公司内部,生产线的上一道工序的"顾客"就是下一道生产工序,中层管理人员的"顾客"就是企业的普通员工,而一般的管理者和员工又是总经理的"顾客"。所谓让顾客满意,既是指公司与所有客户、合作者的关系,又指公司内部上下级之间的关系。凭借"顾客完全满意"这一方针,摩托罗拉公司成功地制定了自己独特的企业管理方针,使人与人之间的相互尊重与严格的生产管理要求在公司内部形成一种相互协调的平衡运动,也将企业文化与企业的产品市场有机地结合在了一起。

国外一家调查机构 Change Wave Research 在 2010 年 11 月对六个月以来对于购买手机的满意度做了一项消费者调查,该调查结果显示:购买苹果手机用户的满意度最高,达到了 77%,而摩托罗拉则以 71% 的数据高居第二。如图 9-1 所示。

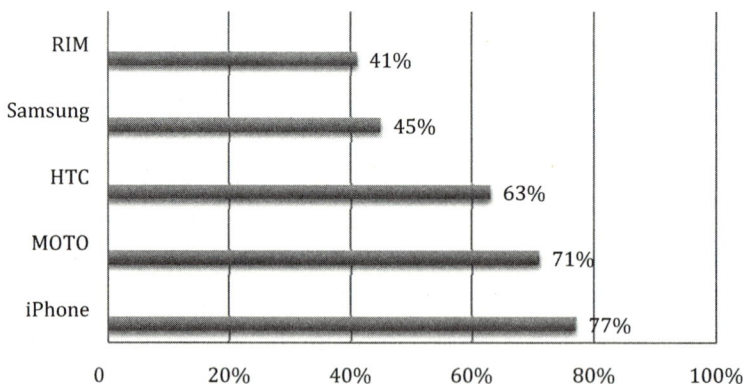

图 9-1　5 大品牌手机客户满意度调查

综上分析,我们不难看出摩托罗拉"顾客完全满意"的战略是取得了相当大的成功的。当"顾客完全满意"作为公司企业文化的基本信念为所有的员工所接受时,公司内部就形成了这样一个良性循环的服务链:管理人员照顾好员工,使员工心情愉快地投入生产;员工工作认真负责,生产出让市场满意的产品,为公司创造好的效益;公司加倍关心、照顾员工。员工得到精神与物质上的满足,更加自觉地遵守劳动纪律,搞好生产。

三、人性化的人力资源供应链管理

面对知识经济和全球化的挑战,摩托罗拉将"人才全球化"与"人才本土化"相结合,引入先进的人力资源供应链管理模式,发展和培养出一支优秀的人才队伍,有效地支持了企业的战略转型和持续发展。

(一)人力资源供应链管理体系解密

人力资源供应链是以企业的劳动力资源(包括体力和脑力劳动)作为主要对象,通过增值过程、信息管理和控制而形成的复杂网链结构。在人力资源供应链上,企业的人力资源部门作为桥梁,将企业外部的组织和个人与企业内部的用人部门和员工联系起来,帮助企业从集成化、系统化和整体利益的角度来看待和处理人力资源管理问题。

在摩托罗拉,企业人力资源部与外部的人力资源服务专业公司之间、与用人部门之间、与每个和企业相关的个人之间都建立了紧密的合作关系(见图9-2)。

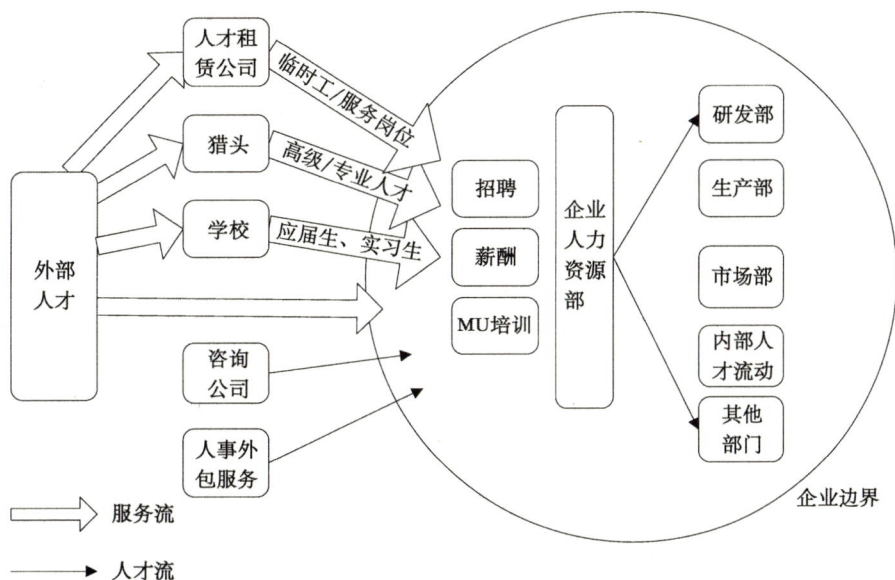

图9-2 摩托罗拉的人力资源供应链

在图9-2中,以摩托罗拉人力资源部为中心节点,描绘了摩托罗拉人力资源供应链的内部联系。除了图中箭头所表示的人才流向以及服务提供的方向外,在整个供应链节点之间,存在着四通八达的信息链。

人力资源供应链不仅是一条连接人才供应、培训、服务、使用的人才链,而且也是一条增值链。人才在供应链上因被培训、使用、轮换而增加其价值,从而给相关企业都带来收益。在摩托罗拉,人是人力资源供应链的主要对象,而最终产品实质上是人利用其所具有的知识、经验、能力为摩托罗拉所提供的服务和贡献。

(二)摩托罗拉供应链管理操作攻略

供应链管理有三个指导思想:需求拉动、全局最优、战略合作伙伴关系。这三个指导思想在摩托罗拉人力资源供应链管理中得到了充分的体现。

(1)在需求拉动方面,摩托罗拉人力资源部在组织结构和工作指导思想方面,都体现了以客户为导向的服务理念。每个业务部门都有固定的人力资源代表支持工作,人力资源代表不仅仅坐在办公室里,他们会和各自支持的部门保持紧密的联系,了解最新的用人需求、个人职业发展需求、培训需求等,提前协调各种资源,为客户及时提供合适的人才和服务。摩托罗拉人力资源部也会了解企业产品的最终用户需求,分析市场发展趋势对人才结构、新技术、新知识的要求以及对不同部门的影响,提早采取应对措施。

(2)摩托罗拉视企业内部的协调合作为人力资源供应链的基础。在内部人力资源配置决策中,始终将全局优化视为决策的重要标准。这种全局观力图打破地域、事业部、业务部门的界限,要求管理者从公司的全局和长远利益出发,结合个人职业发展的方向做出决策,从而在企业文化和协调机制上,竭力避免出现内部的攀比和恶意竞争;另一方面,全局最优也体现在投入和产出之间的平衡上,摩托罗拉的人力资源工作会分清主次,抓住重点,把好钢用在刀刃上。这主要体现在人力资源部与业务部门、各业务部门之间和人力资源部与员工之间的合作三方面。

人力资源部和业务部门形成伙伴关系,协调人力资源的流动与配置。为了让人力资源部门和业务部门增进了解,摩托罗拉为业务部门配置了专门的人力资源代表,提供人力资源一站式服务。人力资源代表定期参加业务部门的会议,与业务部门的管理者和员工共同完成项目。同时,业务部门的各级经理承担起与部门的人力资源管理工作,比如对下属进行考核、加薪等。在此过程中,人力资源代表提供咨询,与业务部门经理共同完成人力资源的管理。

各业务部门在人力资源方面密切合作。例如,不同的研发项目组在不同阶段的工作量波动很大,往往造成人力资源紧缺与闲置并存的现象。通过入驻各部门的人力资源代表及时沟通与协调，各个项目组之间可以适时调节人力资源的配置，及时缓解人才的紧缺现象。

摩托罗拉人力资源部和企业员工之间有着比较微妙的关系，人力资源部既是企业政策的执行者和推动者，又承担着员工代言人的角色。人力资源代表将特别关注考核成绩优秀的员工，通过沟通、考察等方式了解其特点，分析出该员工的需求和离职倾向，及时采取应对措施。

（3）摩托罗拉人力资源部与外部人力资源服务商建立了长期的战略伙伴关系。在一定层面上，与合作伙伴互通信息，互惠互利，共担风险。摩托罗拉人力资源部与企业外部建立了多种联系，除了业务外包的形式，人力资源部门还与企业外部众多的人才服务机构、咨询公司、学校开展合作，而这种合作关系有一对多和多对一的不同模式。

在招聘环节，采用一对多的供应链结构（见图 9-3）。公司的人才需求信息和标准会及早通知合作伙伴（如猎头），再由合作伙伴按摩托罗拉的要求对人才进行系统的测评和筛选，把合格的人才信息返回企业。由于长期合作并互通信息，合作伙伴对公司的人才需求可以做到比较准确的预测，在保证人才质量的前提下，提高了人才招聘的快速反应能力。

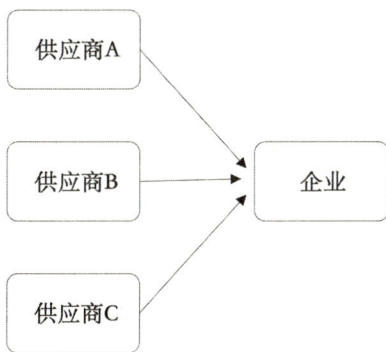

图 9-3　一对多的供应链模式

在薪酬方面，则采用了多对一（星形）（见图 9-4）的合作方式。摩托罗拉薪酬部门与某家国际著名咨询公司合作，为公司提供市场上和薪酬相关的信息和指数。在同一领域中互为竞争对手的公司，可以通过一家信誉优良的中介机构，汇总整个市场的人才价格行情，各公司再根据自己的薪酬战略制定和调整本公司的薪酬。这样可以使制定的薪酬战略在合理可接受的范围之内。

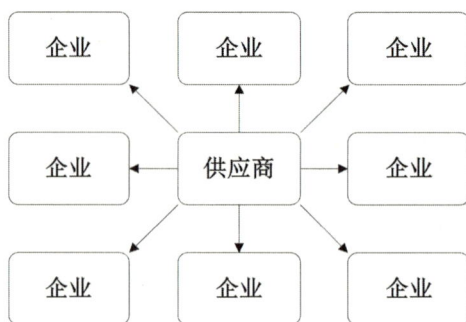

图 9-4　多对一(星形)的供应链模式

　　培训方面,主要由摩托罗拉大学承担。摩托罗拉大学成立于 1974 年,其服务对象已经涵盖摩托罗拉整个价值链,为企业内外的不同人群提供形式多样、方便及时的成人教育培训。它设立了领导力管理、营销、质量、供应链和工程五大学院,已成为摩托罗拉公司企业变革的推动者和企业文化的传播者。

　　此外,摩托罗拉为了应付突发性工作需要,在全球统一采购平台上增加了购买临时劳动力的选项,并与一家全球的人力资源服务公司签订合同,通过该公司提供的系统集成信息平台,统一处理人才采购订单,协调各种供应商资源,从而形成了二级供应链结构(见图 9-5)。

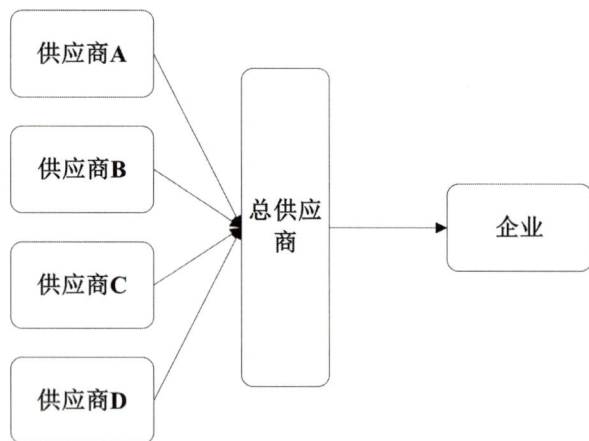

图 9-5　二级供应链结构

(三) 借力人力资源信息平台,发挥供应链管理优势

　　摩托罗拉的人力资源管理的各环节都与人力资源信息库密切相关:人力资

源信息库是摩托罗拉的人力资源供应链管理的信息基础，而人力资源供应链在招聘、测评、薪酬、培训等环节的活动又完善了人力资源信息库。

（1）摩托罗拉的招聘流程建立在人力资源信息库的平台上，任何职位的空缺和变迁，都是招聘流程的起点。在摩托罗拉人力资源的来源和发展中，就内部而言，人才池中相同等级的人员之间可以流动，相邻层级之间有自下而上的通道，内部招聘就是实现流动和上升的重要手段；对所有职位，都可以从外部人才池中吸纳人才，这是通过外部招聘来实现的。建立并及时更新内外部人才池，有利于招聘、选拔优秀人才。对不同岗位和层级的职位，可以侧重不同的方式。

（2）基于人力资源信息库的人才测评有效地保证人才的质量和可靠性。从外部人力资源信息库挑选人才，需要充分的、可用性高的外部资源，这要求企业和上游人才供应商和信息提供商建立战略合作的关系，通过合适的测评手段和筛选标准，选出具有一定规模的合适的候选人，使企业有效节省在搜寻人才方面的成本。

（3）动态人力资源信息库保证了薪酬标准的合理性。在摩托罗拉人力资源信息库的所有人才，都可以根据级别、业绩和市场价格的三维坐标找到自己的位置。级别是对新员工以及内部晋升到新职位员工确定薪酬的基本标准，而业绩与市场价格，决定了年底涨薪的标准。一般而言，业绩优秀的员工、所在职位的市场薪酬高于内部薪酬的员工，其薪酬涨幅比例较大。除这三个主要的常规因素外，摩托罗拉薪酬体系中，还提供了更灵活的保留人才和激励人才的工具。例如，"长期关键人才保留奖金"主要是针对业绩优秀、掌握着与企业战略发展密切联系的关键技术、知识或经验的员工。通过动态人力资源信息库，使企业能够有效地实施员工的薪酬激励。

（4）摩托罗拉通过人力资源信息库为员工提供个性化的培训。例如，在领导力培训方面，当员工达到一定级别时，人力资源信息系统会通过邮件形式提醒当事人和相关人力资源代表参加培训。

第三节 回顾小结与意义

20世纪90年代初，由于外资企业的大量涌入，为中国人力资源概念的发展则提供了主要的推动力量，在短短十几年内，中国的人力资源管理理念和管理管理水平已经得到了巨大的提升。但是中国社会经济发展的不均衡也导致了不同地域、不同性质的企业在人力资源管理理念上还存在着较大的差异：目前已经建立起人力资源经营管理体系的只有极少数优秀的企业,绝大部分企业仍然处在由人事管理向人力资源管理推进的阶段,并且还有相当一部分企业仍然固守传统的人事管理理念。帮助中国企业建立起有效的人力资源管理体系,在人力资源战略、策略、管理制度和人力资源技术等四个层次的建设上实现跨越式提升,是国内所有人力资源服务(咨询)机构面临的挑战与机会。前文分析过,对于现代企业,尤其是处于高速成长和发展中的企业,有效构建现代人力资源管理的体系非常重要。对于如何在现代企业中构建有效的人力资源管理体系,以下有两点建议：

第一,必须加强企业中高层领导对于人力资源管理理论知识的学习,树立正确人力资源管理理念,且要加强对企业内部员工的培训,提高员工的人力资源管理意识。

第二,企业要尊重人才的选择权和工作的自主权,并站在人才内在需求的角度,去为人才提供人力资源的产品与服务,以赢得人才的满意和忠诚①。

综上所述,我们可以从学习优秀公司的成长经验中,促进中国公司的发展,使中国的企业在全球市场上可以具有自己的竞争力。

课后思考

(1) 尊重个人,肯定个人尊严是摩托罗拉企业文化的最主要内容。随着世界经济发展水平的提高,企业管理也在发生着越来越多的变化,发展经济的目的是为了人。试总结企业管理理论发展过程中"人"的重要性的变化。

(2) 如何理解摩托罗拉公司的"人人都是顾客"的理念?

(3) 什么是人力资源供应链管理? 你从摩托罗拉人力资源供应链管理中得到什么启示?

---

① 尹志强.连锁企业人力资源风险管理研究[D].天津:天津大学,2005.

第十章 通用电气:永葆青春的奥秘

第一节 理论背景和意义

多元化战略又称多角化战略,是指企业同时经营两种以上基本经济用途不同的产品或服务的一种发展战略。多元化战略是相对企业专业化经营而言的,其内容包括:产品的多元化、市场的多元化、投资区域的多元化和资本的多元化。企业采用多元化战略,可以更多地占领市场和开拓新市场,也可以避免单一经营的风险。

产品的多元化,是指企业新生产的产品跨越了并不一定相关的多种行业,且生产多为系列化的产品。所谓市场的多元化,是指企业的产品在多个市场,包括国内市场和国际区域市场,甚至是全球市场销售。所谓投资区域的多元化,是指企业的投资不仅集中在一个区域,而且分散在多个区域甚至世界各国。所谓资本的多元化,是指企业资本来源及构成的多种形式,包括有形资本和无形资本,诸如证券、股票、知识产权、商标和企业声誉等。

一般意义上的多元化经营,多是指产品生产的多元化。多元化与产品差异是不同的概念。所谓产品差异是指同一市场的细分化,但在本质上是同一产品。而多元化经营则是同一企业的产品进入了异质市场,是增加新产品的种类和进入新市场两者同时发生的。所以多元化经营是属于经营战略中的产品—市场战略范畴,而产品差异属于同一产品的细分化。同时,对企业多元化经营战略的界定,必须是企业异质的主导产品低于企业产品销售总额的70%。

专业化战略是指集中公司所有资源和能力于自己所擅长的核心业务,通过专注于某一点带动公司的成长。核心业务是指在公司从事的所有经营领域中占据主导地位的业务,核心业务构成了公司的基本骨架。专业化战略是指集中公司所有资源和能力于自己所擅长的核心业务,通过专注于某一点带动公司的成长。核心业务是指在公司从事的所有经营领域中占据主导地位的业务,核心业务构成了公司的基本骨架。我们这里所说的专业化包括两方面的意思:一是行业专业化,即公司专注于某一个行业内经营;二是业务专业化,即公司专注于行业价值链中某一环节的业务。专注于核心业务求发展,是公司成长最基本的战略,也是公司成长的必由之路。与通过扩大业务范围来获得公司增长的方式相比,专注于核心业务的做法更值得鼓励,这种成长方式更助于增强公司的核心竞争力,建立稳固的竞争优势,因而它所驰动的增长也会更加健康、更加稳定、更加长久。管理大师彼得·德鲁克(Peter Drucker)对此指出:系统地把注意力集中在生产率上的公司,几乎肯定可以取得竞争优势,并且会很快获取市场优势。

信息技术的发展以及技术、业务标准的逐步开放使公司间的信息交换效率大大提高,交易成本大大降低,不同公司间的资源共享性与业务、技术兼容性大大增强。在这种情况下,公司"通吃"价值链各个环节的经营模式已经不能再适应现代的公司经营环境。现代公司更多地讲求协作,一批"专吃"的公司通过协作完全可以形成高效的价值链,获得比"通吃"公司更高的资源利用效率和运作效率。

与现代的公司经营环境相适应,一家公司应该只做自己最擅长、最赚钱、最有价值的核心业务,而把那些谁都能做、低附加值、非核心的业务委托给外部的协作公司去做。作为公司领导者,你应该明白有些业务别人做会比你自己做得更好的道理,应该审慎地分析业务环境和自己的专业能力,主动放弃覆盖整个产业链的一体化运作模式,专注于你的核心业务。

无论你选择的是何种战略,都必须从企业现状出发。学习通用电气你将会发现它经营的独特之处。

第二节　案例分析

一、长盛不衰的巨人

通用电气(General Electric)公司的前身是由世界伟大的发明家爱迪生创办的美国爱迪生电气公司。后于 1892 年 4 月 15 日与汤姆逊——休斯敦国际电气公司合并成立通用电气公司,简称 GE。通用电气不仅有"高贵"的出身,同时还是美国道·琼斯指数 1896 年设立以来,唯一至今仍然榜上有名的公司。就如同我们的生活早已不能离开电灯一样,世界也不能缺少通用电气。2010年,通用电气公司营业收入为 1 516.28 亿美元,2011 年度在《财富》评选的世界

500强企业中排名第16位。GE的成绩还远不止于此,1998年至2004年,GE连续七年在《金融时报》"全球最受尊敬的公司"评选中名列第一;1999年至2002年,GE连续四年在《财富》"全球最受推崇的公司"评选中名列第一;2004年,GE在《商务周刊》"全球股票市值最大1 000家公司"评选中名列第一;2004年,GE在"福布斯2000企业名录"中排名第二;2004年《商业周刊》举办的"全球最有价值品牌评选"中,GE排名第四。

GE公司为了实施多元化经营和全球化战略,先后进行了600多次企业并购,使企业越来越强大。GE公司以制造点灯起家至今,已成为世界上最大的电器和电子设备制造公司,产值约是全美电工行业的25%。其旗下30多个业务集团中,其中11个业务集团,包括飞机发动机、动力系统、金融服务、医疗设备等业务集团已经雄踞时代尖端。如果单独排名,GE有13个业务集团可名列《财富》杂志全球最大500家。GE公司是全球最大的一家集技术、制造和服务业为一体的多元化经营跨国公司。制造业产品从家电、照明设备到电机、工业及电力系统;技术产品从医疗设备到航天系统;服务业从广播电视到信息服务、金融服务。GE在全世界150多个国家开展业务,在全球拥有员工近315 000人。全球化不仅表明通过努力出售产品和在全球市场的服务增长收入,而且表明使公司的一切活动全球化,包括原料、组成部分和产品的发源。今天,全球化致力于在全世界搜寻知识资本,以知识驾驭那些有潜力的领域。在通用电气公司,全球化将提供高价值的产品和服务。

所谓"树大招风",对于GE公司这样实施多元化经营和全球化战略的公司来说,对手自然少不了。随着世界经济格局的变化,欧洲、日本的大企业加入了对世界市场的争夺,使GE在各方面都面临着激烈的竞争。照明、医疗器械、家用电器市场主要面临日本的松下(Panasonic)、东芝(Toshiba)、日立(Hitachi)、欧洲的飞利浦(Philips)、西门子(Siemens)等强有力的竞争。随着新科技革命和通信技术的发展,全球化运作更加便利。这种变化带来的竞争将更加激烈。

说到GE,就不能不说杰克·韦尔奇(Jack Welch)。他从1981—2001年担任GE董事长兼首席执行官,创造了一个令人难以置信的神话。1981年他上任伊始,即大刀阔斧地进行改革,提出了富有远见的"数一数二"战略。他对官僚式的层级制度进行整顿和改造,并重新塑造了企业的价值观,用"无边界"理念提高管理效率,调动员工的积极性。20年间,通用电气一直保持两位数的增长,市值从1981年的120亿美元增加到2001年的5 000多亿美元,增长了30多倍。排名从世界第十位提升到第二位,成为世界上最具竞争力的企业。

二、在变革中发展

由于通用电气公司经营多样化,品种规格繁杂,市场竞争激烈,它在企业组织管理方面积极进行了改革。20世纪50年代初,该公司就完全采用了"分权的事业部制"。当时,整个公司一共分为20个事业部。每个事业部各自独立经营,单独核算。以后随着时间的推移,以及企业经营的需要,该公司对组织机构不断进行调整。

在20世纪60年代末,通用电气公司在市场上遇到威斯汀豪斯电气公司的激烈竞争,公司财政一直在赤字上摇摆。公司的最高领导为力挽危机,于1971年在企业管理体制上采取了一种新的战略性措施,即在事业部内设立"战略事业单位"。这种"战略事业单位"是独立的组织部门,可以在事业部内有选择地对某些产品进行单独管理,以便事业部将人力物力能够机动有效地集中分配使用,对各种产品、销售、设备和组织编制出严密的有预见性的战略计划。

1972年接任为董事长的琼斯,担心到80年代通用电气公司可能会出现比较长期的经济不景气,到1977年底,他又进一步改组公司的管理体制,从1978年1月实行"执行部制",也就是"超事业部制"。这种体制就是在各个事业部上再建立一些"超事业部",来统辖和协调各事业部的活动,也就是在事业部的上面又多了一级管理。这样,一方面使最高领导机构可以减轻日常事务工作,便于集中力量掌握有关企业发展的决策性战略计划;另一方面也增强了企业的灵活性。在改组后的体制中,董事长琼斯和两名副董事长组成最高领导机构执行局,专管长期战略计划,负责和政府打交道,以及研究税制等问题。执行局下面设5个"执行部"、50个事业部和49个战略事业单位。

1981年,韦尔奇继任GE的CEO,这一阶段GE大幅度削减员工,从404 000人降至304 000人,韦尔奇因此获得了"中子弹杰克"的绰号。韦尔奇就任首席执行官伊始,便在信封的背面画了三个相互交叉的圆圈,从GE旗下所属的企业中,挑出属于该行业内第一、第二名的企业,放进圈子。他说:"圈外的那些企业要么整顿,要么卖掉,要么关掉。"GE还对125个企业进行了机构精简,被削去的部门包括GE过去一直引以为豪的家庭用品部门,同时也收购了一些全新的企业,如雇主再保险公司。

20世纪80年代,管理学界有一个著名的理论叫"企业再造"。至今仍在工商界广为流传并不断地运用于企业实践中,而在80年代初期,通用电气在韦尔奇的带领下,已率先进入了这一流程变革中,并取得了令人瞩目的成绩。韦尔奇执掌GE之初,就已敏锐地预感到世界经济将发生的巨大变化,大胆地对新事物进行了比工商业界其他任何人都更为迅速有力的变革。他所提出的组织改造与缩编的改革方法,是现代企业改造的先驱,他把经理们带进了这个我们仍生活在其中的新世界里,同时,也给各地的企业家展示了一种着手进行任何变革的方法。

对于一家庞大的企业而言,最大的困扰莫过于速度问题,即人们常说的"大企业病"。它的症状是官僚主义盛行,行动迟缓,应变能力弱。GE 公司也不能幸免。而要改变这一状况,小打小闹的变革只能是隔靴搔痒,必须进行全面而深入的变革。韦尔奇在 GE 变革过程中一开始采取的就是一种革命性的手法,而不是渐变。用韦尔奇自己的话说:如果你现在正在操纵一艘非常大的船,那么你如果对它的方向舵仅仅做很小的调整,整个船感受的变化不会很大。如果你采取的动作不够大的话,人们就不会对你发出的号召采取任何反应,而且会出现很多抵触、反对改革的声音。我们需要的正是大刀阔斧、非常革命性的变革,一举打败所有反对改革的人。把这些有抵触的人淹没在汪洋大海之中。

在 GE 彻底的改造中,一个最大阻力来自公司本身。通用电气公司有一套著名的公司指南,每一位经理都配备了这厚厚的五大册蓝皮书。这本由包括彼得·德鲁克在内的美国最优秀的企业思想家们撰写的书,确是一项令人敬畏的成就,它无疑解除了管理者思考的武器,但它遗留给通用的痼疾比其他任何公司都要明显。对于通用公司的经理人员而言,书中的要旨明白无误,令人沮丧:你不必思考,那些比你更精明的人已经为你思考好了。韦尔奇却果断地烧掉了这些公司指南,从开始改革的那一天起,他毫不含糊地给公司经理们下达指示:你拥有这些企业,要对它们负起责任,不要依赖公司总部,要与官僚作风作斗争,要讨厌它,踢开它,制服它。

如果说上述激烈的话语让公司员工们震惊,那么接下来的行动更让他们震惊。由于引起"大企业病"的一个重要原因是管理层次过多,员工思想僵化,创新不足。韦尔奇从大幅度裁员、压缩行政管理层入手,企图通过一系列新流程和新措施,把 GE 公司中的管理层次尽量减少,从而提高企业运作速度,让大公司具有小公司那样的灵活性和创造性。他先后将通用员工人数由 41.2 万人精简为 22.9 万人,撤销了整整几个经理层,包括当初琼斯设立的一个高级经理层,在韦尔奇初掌通用时,通用的每个事业部皆设有 9～11 个人事阶层,但时至今日,已降为 4～6 个。一时间,"中子弹杰克"的恶名一度浮出水面。韦尔奇大胆的做法遭到了很多的攻击,但 5 年之后,其他公司也纷纷意识到经济出现了十字关头的局面,像美国的电报电话公司(AT&T)、国际商用机器公司(IBM)等,它们随之也开始进行裁员调整的工作,然而此时 GE 早已提前了一步。

在企业改造中,韦尔奇赋予通用电气公司一个新使命:成为全球最有价值的公司。这个意义深远的宗旨转变,不仅在公司里新确定了方向,而且如此大胆(通用电气公司当时排名第十),以至于当时把人们给惊动了。作为新计划的核心,韦尔奇宣布通用电气公司的每一项业务必须在同行业中位居第一或第二,这是自我评估的另一个彻底变革,据说韦尔奇对公司任何一项业务位居第二都不热衷。他大刀阔斧般地对公司业务重组,在就任的头两年里购进118个新业务、合资企业或收购企业,同时出售了71项业务,其主旨是让通用电气退出没有竞争优势的业务领域。力求在全球性竞争中保持领先的市场地位。他出售的最大业务是犹他国际公司(Utah International),这家澳大利亚矿业设备公司曾是雷吉·琼斯收购的最大公司。

接下来,韦尔奇进行了企业再造中最艰苦、最复杂的工作,即企业文化和价值观再造。企业文化与价值是企业管理中最模糊的领域,也是迄今为止最具挑战性的一环。它关系到如何指导组织行为,有难以言传的价值和意义。正式的权力在这方面不太使得上力,团队合作才是关键所在。这项工作的艰巨,即使是革命性的领导者,通常也会将改革文化放在最后阶段。但是文化一日未变,改革转型便一日未完成。甚至当最剧烈的技术和政治改革已经被人遗忘时,企业文化可能还在指导组织行为模式。

三、实施六西格玛管理

在杰克·韦尔奇的领导下,GE 在 1996 年初开始把六西格玛作为一种管理战略,列在其三大公司战略举措之首(另外两个是全球化和服务业)。通用电气实施六西格玛管理的目标十分明确,就是通过和其他企业比较,发现自身公司存在的问题和差距,并认识到这些问题和差距将会给公司造成非常不利的影响,阻碍公司发展和前进的步伐,主动意识到公司必须实施六西格玛管理,且非常明确地设置六西格玛管理需要达到的公司战略目标。

六西格玛是摩托罗拉公司 1987 年创立的,韦尔奇认识到六西格玛能够给自己企业带来效益,而且对企业文化也会带来很多正面影响。采用六西格玛管理就如同重新训练劳动力,公司要求所有的人员,包括市场营销人员和勤杂工都采用像工程师那样的思维和行为方式。西格玛是统计测量学里的一个单位,表示与平均值的标准偏差。所有的工序,包括电话应答或装配飞机,都会由于人的行为误差或其他因素导致偏差,每经过一次六西格玛程序,误差就可缩小到 3.4% 以下。GE 在实施过程中,依据严格的数据采集和统计分析,找出误差的根源,并寻出消除这些误差的方法。质量管理项目不再是那种目标不清,只是笼统地说质量有所改善的活动,而是根据顾客要求来确定的管理活动。对顾客特别有帮助的项目就会受到高度重视。GE 实施六西格玛的另一特殊之处是训练和部署一支叫做"黑带"的队伍,他们时刻活跃于各种项目中,努力消除一切误差。训练"黑带"要花费四个月的时间,但要成为一名精通各种分析工具的"黑带大师",得花费两年的时间。要获得正式认可的资格,"黑带大师"还必须主持 20 个项目。在 GE 公司里,还有一支"绿带"队伍,他们业余时间参加质量控制项目,余下的时间做各自的本职工作。六西格玛培训的费用十分昂贵,1997 年 GE 在培训上将花费 4 亿美元,但通过实施六西格玛项目节约了 6 亿美元。

韦尔奇的创新之处在于他不仅把六西格玛理论用于生产领域,还把这一理论应用于商业领域,因而,测量就变得更为复杂。此外,他还把目光放到了 GE 金融服务集团上,那是 GE 收入中最大的一个部门。他希望六西格玛理论一年能创造出 40% 的节约率。这就意味着要将抵押贷款申请、信用卡交易、客户服务中心或卡车租赁中的失误除掉①。

对于拖沓行为,韦尔奇没有任何耐心。他总是向下属问一些很尖锐的问题:你训练出了几个黑带大师? 他们现在干什么项目? 结果如何? 你学到了什么? 你是如何领导他们的?

韦尔奇有一套屡试屡灵的办法来维持人们对六西格玛理论的热情。1997年 5 月,他和他的两位副董事长给全体 GE 高级管理人员下了一道命令:从1998 开始,任何人不论资历深浅,未受到"黑带"或"绿带"培训,一律不得提拔到管理岗位上。到 1998 年 7 月,要提拔的人必须完成培训科目。此外,在最高两层的管理人员年终奖金中,40% 将视六西格玛管理达标水平而定。韦尔奇说:"这种理论是我们从别的公司学来的,但是对这一理论的实践,以及追求这一学说的完美是 GE 独有的文化。"

1995 年六西格玛质量标准刚出现时,GE 的营业利润为 13.6%。营运资本周转次数为 5.8 左右。到 1998 年底,通过全面实施六西格玛质量标准,六西格玛项目数量翻倍,营业利润已上升为 16.7%,营运资本周转次数提高到了 9.2。

四、大力开拓服务业务

1994 年,韦尔奇发起了一项新的战略创新,旨在加强他最早的目标之一:减少通用电气对其传统工业产品的依赖。80 年代初,他曾通过收购雇主再保险公司和 Kidder、Peabody 等金融服务公司,掀起了向服务业倾斜的初步行动。1995 年,韦尔奇说:"现在,通用电气近 60% 的利润来自服务业,1980 年仅为16.4%。我希望是 80%。"

---

① 杨骅.通用电气有限公司六西格玛管理及对我国企业的启示[D].上海:华东理工大学,2013.

为了实现这个愿望,韦尔奇开始大力推动产品服务。韦尔奇与高级经理进行年度战略审查时,开始向他的经理们提出挑战,要"参与食物链中的更多环节"。虽然客户们始终需要高品质的硬件,韦尔奇却认为,通用电气未来面临的挑战将是以增值服务作为产品的补充,抵消产品日趋缓慢的发展状况。他说这是"通用电气历史上最大的发展机遇",为此,任命了一名很有前途的行政管理骨干集中处理这个问题。同时,他还要董事会副董事长帕奥罗·弗莱斯克组建一个服务委员会,以便最高层经理们可以交流意见。很快,通用电气的所有业务部门都在探索以服务为基础的新增长机遇。譬如,医疗业务发展了所谓的"原位"概念,主要是把诊断传感器和通信能力置入 CT 扫描仪、MRI 设备及其他通用电气的医疗设备。这套系统把设备与通用电气在线服务中心直接相连,实时监测其运行情况。很快,通用电气就为几乎所有的医疗设备(包括非通用电气产品)提供诊断技术及其他服务。

像公司内部其他的"最佳做法"服务事例一样,"原位"概念在服务委员会流传开来,很快在线诊断技术又传入了通用电气其他的业务部门。在飞机发动机集团,通用电气服务专家在发动机飞行时对通用电气飞机发动机的主要作业参数进行监控,使公司为客户提供了一项主要的增值效益。同样的实时诊断概念还被应用到通用电气电力系统业务中,其他业务部门也制定了计划来开发远程诊断能力。

十几年前,公司业务就像一个金字塔,产品是基础,其他要素,如服务、生产流程和信息都建立在此基础上。现在,公司要把这个金字塔倒过来。产品只会是整个画面的一小部分,相当于倒过来的金字塔的塔尖。最大的发展机会也许源自向客户提供的服务:向客户提供提高生产力的方法,以及非常有价值的信息,让客户愿意掏钱来买。到 1996 年,通用电气已经建起了 80 亿美元的设备服务业务,其发展速度比基础产品业务要快得多。同样重要的是,韦尔奇认为,这使公司内部的思维方式从销售产品转变为"帮助我们的客户取得胜利"。通用电气产品服务的目标是,提高客户现有资产——电厂、机车、飞机、工厂、医院设备等的生产力。但在通用电气协助其客户降低资本支出的同时,通用电气的经理们也让需求从低利润产品转移到高利润的新产品上,其利润几乎是公司平均水平的两倍。这项创新引起了新一轮收购。仅 1997 年一年,通用电气就进行了 20 起与服务有关的收购和合资项目,其中包括投资 15 亿美元收购一项飞机发动机服务业务和斥资 6 亿美元购买一家全球发电设备服务公司。通用电气 20 年间彻底的业务变革令韦尔奇不由地说道:"我们从本质上改变了我们的谋生之道。今天,服务占我们营业收入的 2/3。"

五、群策群力运动

"群策群力"的要旨在于以简单明了的方式打破官僚体制,并迅速解决组织问题。来自组织中不同级别和职能部门的众多员工与经理人齐聚一堂,一起讨论他们发现的问题,或是高层主管所关注的问题。大家要分成小组检讨"过去惯用做法"的普遍假设,并对于要如何大幅改善组织流程提出建议。"群策群力"小组会在"代表会议"(Town Meeting)中向高层主管提出建议,这位主管则要召集整组人讨论这些建议,然后当场做出可行与否的决定。改革组织的建议会被指派给各个自愿执行的"认领人"(owner),由他们一直做到有结果为止——这就是"群策群力"的要义。

据 GE 的顾问伦·斯勒辛格讲,韦尔奇的改革其目的是要改变人们的行为模式。从各个企业、各个层次来的 GE 的员工聚集在大会堂里,发泄他们的不满,提出各种建议,清除一个又一个不具有生产能力的工作,员工们不必担心因为发表意见而受到上司的批评。群策群力运动为实施六西格玛、服务业务的开拓打下了思想基础,清除了公司里的官僚主义,教会了员工规划操作过程的技巧。

1981 年,在杰克·韦尔奇接手通用电气公司后,他的一系列变革取得了积极的效果。但是数年后,当杰克·韦尔奇参观了通用电气的家用电器园,就产品质量参差不齐、生产效率低下等问题与一些一线工人谈话后,却听到了这样的声音:工人有想法却没有实施的权力,经理有权力却没有时间评价和批准这些想法。为了突破组织的瓶颈,通用电气推行了一种叫"群策群力"的做法。

实际上,"群策群力"是一个非常简单、直接的过程:几个跨职能或级别的经理和员工组成小组,提出企业中存在的严重问题,然后逐步提出建议,并在最后的决策会议上把这些建议交给高级主管。在开场白之后,主管当场对那些建议做出"行"或"不行"的决策,并授权给提出建议的人,让他们实施那些被批准的建议。之后,定期检查实施进度,以保证确实能够得到结果。然而,这样一个简单的过程是怎样节约数亿美元的资金、创造数亿美元的收入,改造了一个庞大的全球性组织的呢? 答案就是实行无边界管理。因为组织在严格的等级、职能划分中,形成了不同的边界。由于人们长期被限定在自己的边界范围内思考、行动,最终形成了固有的行为模式,而不会想到也没有勇气去跨越边界。而"群策群力"却试图在组织中建立一种全体成员平等的、无边界的、无障碍的沟通环境,并通过这样的环境来凝聚组织的智慧。

然而,在最初实行"群策群力"的时候,大多数管理者都不习惯于在下属面前就某个问题立即做出决定,这对他们来说是一个巨大的挑战。而基层人员都不敢相信,自己可以在平时看起来很威严、很遥远甚至有些吓人的高级长官面前提出自己的想法,并有权把这些建议付诸行动,只要自己愿意。在随后一次次带有强制性的实施过程中,所有人慢慢都接受了这种形式,并形成了习惯。

"群策群力"能够在通用电气管理中发挥巨大的威力,其关键在于,在"群策群力"的过程中,每次提出具体业务问题的同时,还能够从以下几个方面帮助组织进一步发展:①关注"延伸性"。当组织目标定得很高时,人们就不得不后退一步,从根本上重新想一想,工作应该如何进行。所以,"群策群力"的成功就在于,它能促使组织重新思考它要做什么。在这个过程中,所有人都能分享信息,进一步了解组织的目标。②开发"系统思想"。"群策群力"迫使人们采用系统的看法看待组织目标。没有哪个部门或企业单位能单靠自己的力量来实现它。改变一个计划可能会影响其他的计划,甚至可能有损于总的绩效。在这个过程中,人们不再局限于自己的范围内思考问题,而是能放开视野,站在组织的高度看待问题。③鼓励横向思考。一旦参与者有了变革的紧迫感,并开始看到当前的全局形势,他们就会乐于关注新的想法。除了产生想法,"群策群力"还促使人们对这些想法进行快速和至关重要的分析,以便选出那些值得继续探讨的点子。④赋予真正的权力和责任。通常,组织中很多人都有"如何用不同的方式工作"的想法,但从来没有实现过。通过"群策群力",拥有想法的人可以被赋予权力,创造一种使想法变为行动和成果的文化。⑤快速反应并迅速制定决策。由于"群策群力"要求每个主持会议的高级主管对于每一个建议,都要在会议中立即做出"行"或"不行"的决定,所以,这让组织做出决策的时间不再是几天、几周或几个月,而是几分钟,从而大大提高了对市场变化的反应速度。

第三节　回顾小结与意义

你知道世界海拔最高的山脉是喜马拉雅山,可是你知道接下来的第二吗?你知道世界最大的沙漠是撒哈拉沙漠,可是你知道接下来的第二吗?人们总是对第一倾注了很多关注,屈居第二和默默无闻没什么区别,通用采用了"数一数二"战略,成为今天的巨人,影响全球,所以在宏观环境一定的情况下,无论选择何种战略,都要最大限度地发挥自身的优势。

在企业改造中,韦尔奇赋予通用电气公司一个新使命:成为全球最有价值的公司。这个意义深远的宗旨转变,为公司新确定了方向,而且如此大胆(通用电气公司当时排名第十),以至于把当时的人们给震惊了。作为新计划的核心,韦尔奇宣布通用电气公司的每一项业务必须在同行业中位居第一或第二，这是自我评估的另一个彻底变革，据说韦尔奇对公司任何一项业务位居第二都不热衷。他大刀阔斧般地对公司业务重组，在就任的头两年里购进118个新业务、合资企业或收购企业，同时出售了71项业务，其主旨是让通用电气退出没有竞争优势的业务领域，力求在全球性竞争中保持领先的市场地位。他出售的最大业务是犹他国际公司（Utah International），这家澳大利亚矿业设备公司曾是雷吉·琼斯收购的最大公司。韦尔奇彻底改革后，再造企业文化和价值观，实施六西格玛管理，大力开拓服务业务和群策群力运动，最大限度地发挥了企业的价值，使企业跟着经济形势的变化而变化，相对竞争力增强。

课后思考

（1）为了能够适应新的世界竞争环境，企业有时必须摒弃已成惯例的运营模式和工作方法，重新设计企业的经营、管理及运营方式。韦尔奇带领GE进行了革命性变革，为GE注入了全新的活力。GE的"企业再造"中面临哪些阻力？又是如何克服这些阻力的？

（2）柯林斯在《基业长青》中说道："胆大包天的目标可以促使大家团结——这种目标光芒四射、动人心弦，是有形而高度集中的东西，能够激发所有人的力量，只需略加解释，或者根本不需要解释，大家就能立刻了解。"你是如何理解这句话的？

（3）韦尔奇说："六西格玛是GE公司历史上最重要、最有价值、最盈利的事业。我们的目标是成为一个六西格玛公司，这将意味着公司的产品、服务、交易零缺陷。"从GE的质量管理战略中，你学到了什么？

第十一章　强生公司：危机管理

第一节　理论背景和意义

危机管理是企业、政府部门或其他组织为应对各种危机情境所进行的规划决策、动态调整、化解处理及员工培训等活动过程,其目的在于消除或降低危机所带来的威胁和损失。通常可将危机管理分为两大部分:危机爆发前的预计,预防管理和危机爆发后的应急善后管理。危机管理是专门的管理科学,它是为了应对突发的危机事件,抗拒突发的灾难事变,尽量使损害降至最低点而事先建立的防范处理体系和应对的措施。对一个企业而言,可以称之为企业危机的事项是指当企业面临与社会大众或顾客有密切关系且后果严重的重大事故,而为了应付危机的出现,在企业内预先建立防范和处理这些重大事故的体制和措施,则称为企业的危机管理。根据美国《危机管理》一书的作者菲克普曾对《财富》杂志排名前 500 强的大企业董事长和 CEO 所做的专项调查表明,80%的被调查者认为,现代企业面对危机,就如同人们必然面对死亡一样,已成为不可避免的事情。其中有 14%的人承认,曾经受到严重危机的挑战。

普林斯顿大学的诺曼·R.奥古斯丁教授认为,每一次危机本身既包含导致失败的根源,也孕育着成功的种子。发现、培育种子,以便收获这个潜在的成功机会,就是危机管理的精髓。而习惯于错误地估计形势,并使事态进一步恶化,则是不良的危机管理的典型。简言之,如果处理得当,危机完全可以演变为"契机"。

危机管理则是指企业在面对危机时所采取的相关措施。具体是指企业为应对经营过程中的各种危机,而有组织、有计划地去学习并制定实施相关的管理措施和应对方法,从而消除或者降低危机所带来损失和威胁,危机管理的措施包括合理的规避危机、对危机进行有效的控制、危机的解决以及危机解决之后企业如何复兴等不断学习和调整的动态活动。

从某种程度上来看,所有防止危机发生的行动措施、任何消除危机产生的风险的努力,都可以称之为危机管理。但我们更强调危机管理中组织性、学习性、顺应性以及连续性。

所谓的危机管理就是要求管理者们能够在偶然中发现一些必然,能够在危机中善于寻找有利的因素,学会发现和掌握危机发生的内在规律性,准确把握处理危机的方法与艺术,并尽量规避危机所造成的危害和损失,并且能够缓解矛盾,变害为利,推动企业的健康发展。

根据危机的发展过程,可将危机管理分为三个阶段:危机防范阶段、危机处理阶段以及危机的最后总结阶段。

强生公司在世界 57 个国家设有 200 多家子公司,全球共有员工 11 万多名。长期以来,强生公司在各个领域获得一系列殊荣:自 1986 年至今,强生公司被评为全美最佳经营业绩的上市公司;2002 年度荣登全美 50 家表现最杰出公司榜首;2005 年第四次被"多样化商业"网站评为拥有多文化商业机会的 50 家最佳公司之一;2006 年被《财富》评为全球最受赞赏公司之第 5 位。我们一起学习一下强生对于危机的处理,然后分析中国存在的问题。

第二节 案例分析

一、背景资料

美国强生公司(Johnson & Johnson)成立于 1887 年,是世界上最大的综合性生产医疗保健产品的集团。强生公司为消费品市场、制药行业以及一些医疗器材和一些诊断产品市场提供有关的服务。美国强生公司是全美国最大企业的前 50 名之一,而且强生也被纳入全世界阵容最强大的药品制造商行列中,成为世界上提供产品最多元化的公司之一。

2010 年,强生公司在全球的销售总额为 615.87 亿美元,排名 2011 年度《财富》世界 500 强的第 123 位。

二、近年来强生公司的药品召回事件回顾

药品召回制度的实施能够为药品生产制造企业履行它们的社会责任以及为公众的健康安全得到保护提供一定的保障。药品召回制度在国外的药品监管中已十分成熟。在国外,药品召回事件也时有发生,不过在国外的召回事件中都是药品生产制造企业对问题药品进行主动的召回。而在我国,国家食品药

品监督管理局(以下简称SFDA)于2007年12月11日正式颁布并实施了《药品召回管理办法》(以下简称《办法》),至今已有8年多时间了。然而我国对药品召回制度的实施在这段时间内并不是很理想,这也反映出我国药品召回制度中存在着或多或少的不足和缺陷。由于强生产品在清洁方面和小标签方面存在一些不规则、不符合标准的问题,强生公司于2011年1月17日宣布将4 700万件的药品进行召回。强生公司在一年内对问题药品实行了连续7次的召回行动①,这充分体现了至少在美国企业中,对药品召回制度实施行为有众多是值得我国的药品生产企业学习借鉴之处。本书试图再次审视美国强生的召回事件,进一步分析我国对问题药品召回所设立的制度中存在的问题,为下一步确立和完善我国对药品召回制度提供一定的参考和指导。

在2010—2011年,一年时间内强生公司经历了7次问题药品的大规模召回行动。

在2010年1月,强生对近500批次的泰诺等非处方药进行了召回。一些消费者发现所购的泰诺等一些非处方药散发着一股怪异的味道,便到相关部门进行投诉,强生公司了解之后,便展开了相关的调查,发现消费者所说的怪异味道很可能是药物运输过程中所使用的包装材料导致的,该包装材料中含有微量的"2,4,6—三溴苯甲醚",从而产生一股发霉的味道。因此,强生公司主动宣布将所售的近500批次的非处方药进行召回。

2010年4月,FDA检查员发现了一家位于宾夕法尼亚州华盛顿堡的强生药厂公司,其企业内部对于药品质量的管理、生产和控制以及药品标签包装等方面存在着众多缺陷。强生公司经查核后,于2010年4月30日发出声明,由于所售产品因其质量没有完全国家达标,将对在美、加等12个国家和地区所销售的被广泛使用的婴幼儿以及儿童非处方药,包括泰诺林、仙特明、布洛芬等抗过敏及解热药物(约40批次)进行召回。药品召回的通告于2010年5月1日在FDA的官网发布。

2010年7月8日,强生旗下麦克尼尔公司宣布,对于该公司生产的在美国等市场销售的21批次的儿童及成人用泰诺、抗过敏药可他敏及镇痛药美林等非处方药进行主动召回。同一天,麦克尼尔公司在美国食品和药物管理局网站上发出公告说,这次的召回事件是今年1月份强生对泰诺等非处方药大规模召回的延续。因为强生公司经过内部审查评估之后,一致认为这21批次的药品中含有药物运输过程中所使用的包装材料中含有微量化学物质"2,4,6—三溴

---

① 梅笑风,孙利华.从强生公司药品召回事件看我国药品召回制度存在的问题[J].今日药学,2011(5):317-321.

苯甲醚"。

2010年10月,强生对泰诺药片等药品进行了召回。部分消费者在服用泰诺药片时,闻到一股奇怪的味道,向相关部分进行了投诉。在强生公司接到投诉后,便展开了排查,结果发现,消费者所说的异味是来自一种名为"2,4,6-三溴苯甲醚"的化学成分,在药品的运输过程中以及处理存贮包装的木托盘时有使用到该化学成分。强生随即发出公告,并将泰诺药片等药品进行了召回。

2010年11月,强生公司由于在制药过程中没有对药品进行充分开发,使得樱桃和葡萄口味的儿童抗过敏药可他敏约400万盒以及儿童止痛药美林约80万瓶出现了问题,强生公司对其进行了召回。强生公司发言人伯尼·杰克伯斯对于此次的召回事件称,此次召回的问题药品并不是由于其质量或者安全的原因,而是由于这些药物在制药过程中没有得到充分的开发。强生公司在批发商和零售商中展开了此次召回行动,并且无要求地对消费者或药品经销商进行召回。

2010年11月,强生畅销的感冒药——泰诺多症状感冒糖浆由于产品上所贴标签有误,强生公司对近930万瓶进行了召回。此次的召回涉及了强生品牌旗下3种泰诺咳嗽感冒口服液,而公司对药品进行召回的理由是没有将药品中含有的微量酒精成分注明在药瓶的正面标签上。强生公司发言人伯尼·杰克伯斯(Bonnie Jacobs)表示:"这些药的成分之一——食用香精中含有不到1%的酒精,但是这一信息并没有标注在药瓶的正面,而是在药瓶的背面进行了标注",由于这一疏忽,强生公司将批发商和零售商那里的数百万瓶感冒药进行了召回。

2011年1月17日,强生再次发生大规模召回药品事件,所涉及药品达4 700万件,此次召回的药品涉及儿童用泰诺(Tylenol)、8h泰诺、泰诺关节炎止痛片、抗过敏药可他敏、速达菲(Sudafed)、派德(Si-nutab)等产品,涉及地区有美国、巴西以及加勒比,这些召回的产品都是在麦克尼尔的宾夕法尼亚工厂生产的。产品的召回主要是由于药品中存在清洁问题以及标签不符要求等问题。强生公司表示,在经历过多次问题药品的召回事件之后,强生对公司的生产记录进行了彻底的排查,发现部分产品生产过程中的清洁环节出现问题,强生在与美国FDA进行协商之后,主动对前述问题产品进行召回。但是强生内部人员称,这些清洁问题对召回产品的质量问题所造成的影响的可能性很小。

从2009年开始,强生就接连不断地爆出大规模的药品召回事件。2010年三季度,强生在美国的总销售额从2009年的17亿美元跌至13亿美元,减少了近25%的销售额,非处方药和营养品是出问题最多的产品,这些产品的销售额则下降得更为严重,为40%,销售额为4.38亿美元。据相关预计,由于对药品的召回所造成的损失在 2009—2010 年一年内达到 6 亿美元,频频召回事件的发生使得强生的品牌形象严重受挫。

三、对强生药品召回事件的分析

(一)对 7 起药品召回事件的分析

强生公司连续 7 次问题药品召回事件给强生造成的经济损失超过 6 亿美元。审视分析强生公司的 7 次药品自愿召回可以看出,强生公司所发生的召回事件都是在一些细节上出了问题的小事件,而不是由于产品的严重质量问题或者对患者造成严重的不良反应才进行召回的。特别是 2010 年 11 月,由于强生公司只在畅销感冒药泰诺多症状感冒糖浆的药瓶背面标签上注明该药品中添加了酒精含量不足 1%的食用香精,而没在正面的标签上进行标注,使得强生将 930 万瓶药品进行了召回①。正是由于这个小小的失误,强生公司将数百万瓶感冒药从批发商和零售商处召回。类似于强生在生产销售过程中的失误情况,在我国的药品生产企业也有出现,但是在我国药品企业中却很少主动进行过药品召回。从这个角度可以看出美国对于药品召回制度比我国药品召回制度要严谨和完善,以及美国企业对待药品召回制度执行的态度要比我国认真得多。我国对药品召回制度的实施与国外相比存在着较大的差距与不足,我国企业对药品召回制度的重视程度需要进一步加强。

(二)强生召回事件的具体实例分析

为了对美国药品召回的实施过程有进一步的了解,现在针对强生公司 2010 年 4 月的药品召回事件进行回顾和深度剖析。2010 年 4 月 19 日—4 月 30 日,FDA 的检查员对一家设在宾夕法尼亚州华盛顿堡的强生公司附属公司麦克尼尔(McNEIL Consumer Healthcare)的药厂进行综合规范的检查,并按照药品生产质量管理规范出具相关的检查报告,在该份报告中有 20 条内容,其中有 483 条款存在与实际情况不相符,主要在企业对产品质量的管理、生产过程的控制、药品标签包装等方面的存在问题。4 月 30 日,FDA 检查完之后,向强生企业出具了详细的检查报告,随后强生公司便和 FDA 进行了协商,并决定立即将受影响的产品进行召回。强生公司和 FDA 具体做了以下几个方面的工作。

1. 强生公司立即启动召回程序

强生公司在 2010 年 4 月 30 日晚上向社会公众公开声明,其将主动召回问题产品,并且公司在公告中及时向社会公众公开了事情发生的真实状况以及公

---

① 曹丽君,吴晔,邵蓉.美国药品召回制度及对我国的借鉴意义[J].药物警戒,2006,3(3):160-163.

司正在采取积极的补救措施。

　　强生公司经商议公布了决定主动召回的药品品种、药品规格及批次以及药品销售所涉及的国家和地区。即将在该生产基地制造的部分婴幼儿和儿童用液体制剂进行召回,其中召回的产品有泰诺、布洛芬、苯海拉明和仙特4品牌3种液体剂型的44个品规,约1 500批次。上述的问题产品在美国、加拿大、科威特和关岛等12个国家和地区均有销售。

　　出现在产品召回清单上的产品由于其存在不符合产品质量标准的可能性,会有活性物质超标、非活性物质达不到企业标准或者药品中混有细微颗粒等情况出现。这次对产品进行主动召回并不是根据产品的不良反应分析评价才做出的行为,而是一种对提高产品质量进行预警的行为。虽然这些召回的产品并不能对社会公众造成严重不良影响,但是强生还是强烈建议患者暂停使用上述召回清单中所列的产品。

　　为方便社会公众配合问题药品的召回,强生公司向社会公众提供了产品召回的联系电话,而且还针对问题产品的召回新建了专门的网站,系统全面地向社会公众及媒体说明召回的进程以及对社会公众和媒体所关心的问题进行解答,从而为消费者了解召回产品的最新信息提供方便。公司告诫婴幼儿、儿童的父母和监护人立即停止使用上述清单中所列的问题药品。对婴幼儿、儿童服用药品后所产生的不良反应立即通过电话、传真和电子邮件等方式报告给FDA。同时,强生公司做出公开承诺:会对企业药品生产的操作过程进行全方位的质量检查评估,并且企业只有在找出药品出现问题的症结并找出解决问题的办法之后才会恢复组织生产。

　　2. FDA随即公布对事件的态度和采取的措施

　　2010年5月1日,FDA在其官网上发布信息,表示强生将对婴幼儿和儿童用药进行召回,FDA也提出为了强生公司问题药品召回行动的顺利实施,消费者应当给予全力的配合。同时表明了FDA对待该药品召回事件的态度以及正在采取的补救措施,并对该事件进行了详细说明。

　　FDA声明强生公司药品召回事件是因为药品在生产制造过程中存在的缺陷,而使得药品的质量、纯度以及治疗效果受到影响。但是,FDA局长玛格丽特博士亲自在新闻中声明,此次召回事件并不会导致严重公共卫生事件的发生,美国公众普遍使用的药品是安全、有效和高质量的,可以放心服用。

　　FDA采取问答的形式列举了一些社会公众可能关心的问题,主要有:此次的药品召回涉及哪些产品?为什么要对产品进行召回?召回产品是否存在替代品?婴幼儿以及儿童能否服用成人使用的同类产品?企业对召回产品将怎么处理?如果婴幼儿或儿童已经服用了召回清单中的产品,会对健康造成何种风险？父母或监护人可以采取怎样的措施？婴幼儿和儿童在服用药品后，若产生不良反应该怎样处理？对于上述问题的回答，除不良反应是向 FDA 监测系统报告外，其余回答直接链接到企业召回产品的网站。

FDA 在信息正文后附上了对产品的检查报告以及 FDA 关于药品生产企业质量管理规范（CGMP）的知识小贴士，以方便公众查阅和参考。

3. 后续处理

强生公司接到 FDA 检查报告后于 2010 年 5 月 4 日再次向社会公众声明企业自身存在的错误并主动承认及向社会公众予以诚挚的致歉，公司承诺会聘请相关专家一同对企业生产过程中的缺陷进行深入调查，并与 FDA 保持密切的联系和汇报，其次公司向消费者保证将在生产质量管理方面有所改进，力求向广大消费者提供高质量产品。FDA 局长、分管局长和药审中心主任等联合接受了社会公众以及美国 ABC 等媒体的电话采访，其中 FDA 局长玛格丽特博士再次向公众说明产品召回的原因，郑重请公众停止使用所列召回清单中的产品。强生公司的两位同事随后介绍了召回事件的前因后果以及当前的进展状况，如实地回答了公众和媒体所关心的问题。

通过此次强生药品召回事件，我们可以从中看出，强生公司对待药品召回的态度十分认真，召回工作也做得十分完善，强生在药品召回事件中真正担当起了主角，而 FDA 则只是在整个召回事件中起到了一个发布信息、陈述事件真相、安抚社会大众的"辅助角色"。由于强生公司和 FDA 配合默契，才能使得药品的召回平稳地进行，并成功召回问题药品。

四、我国药品召回制度存在的问题

药品召回制度在我国实施了 3 年多，这 3 年多的时间内，我国实施的对问题药品的召回现状并不理想。这样的状况从 SFDA 的网站公告通告栏内的"药品召回"栏目中就可以看出，从我国实施药品召回制度起，栏目里仅公告出 6 条召回信息，其中 1 条还是国外产品的召回信息，剩下 5 条国内产品召回中有 3 条是责令召回，只有 2 条是企业对问题产品的主动召回。然而美国仅在 2001—2005 年这 5 年中召回药品的信息就有 1 309 条，平均每年有 260 多条。2010 年的重庆太极集团对减肥药曲美（西布曲明）的召回事件应该是自我国药品召回制度实施以来规模较大的一次药品召回事件，重庆太极集团于 2010 年 10 月 25 日宣布召回所售出的曲美，SFDA 在 10 月 30 日发布出关于曲美的停产、停售通知，并明确规定已上市销售的药品由生产企业负责召回销毁①。但无论是太极

---

① 瞿玉杰.曲美召回岂能"静悄悄"[N].生活新报，2010-10-31.

公司还是 SFDA 对此次药品召回事件都处理得不够好,在 SFDA 网站"药品召回"栏目里并没有公示出任何关于"曲美"药品的召回信息。因此也有许多网友批评说"曲美召回岂能'静悄悄'"。我国对待问题药品的召回与美国强生公司的召回事件相比还存在众多不足。

(一)相关配套的制度和政策不完善

药品的召回主要根据药品不良反应监测局所反馈的信息。因此,若想完善药品召回制度,首先应当加强对药品不良反应的监测。目前,我国已经制定了一套比较完整的药品不良反应监测和报告制度,ADR 监测工作正在得到不断的强调与重视,但是仍旧存在一系列的问题。由于药品不良反应的监测报告率太低,而且监测报告数量及质量都不能很好地表明实际状况,使得报告无法作为是否需要将药品召回的评判依据,这也是阻碍企业对药品进行召回亟待解决的问题。

由于药品召回之后补偿制度没有建立,而且没有将药品召回过程中所花费的成本纳入药品定价范围机制中,同样对药品的召回也没有相关的保险机制,更没有成立关于药品召回之后的补偿基金,所以,企业一旦对售出药品进行大批量的召回,药品制造生产企业将会因此承担巨大的经济损失。

目前我国在产品召回方面没有制定相关的法律制度,从而使得企业在设计本企业的药品召回制度时缺乏一般性的法律依据。另一方面,在我国现有的药品管理法律法规中的一些具体规定和对实施药品的召回之间也存在一定的冲突。此外,设计制定药品召回制度还需要综合其他多个方面的法律机制,其中最重要的就是消费者权益保护等相关法律以及产品责任制度的划分等制度体系的健全。总之,药品召回制度的顺利实施依赖于各项配套制度和政策的完善,以及各项制度之间保持联动。

(二)药品召回制度的监管主体与责任主体缺乏良好的沟通与互动

我国的药品召回制度的制定只有在药品监督管理机关的监管下才能规范进行。药品监督管理部门是药品召回制度的监管主体。实现问题药品的顺利召回需要使得事件中监管主体和责任主体之间体现出监督与被监督的关系,并且能够具备良好的互动、信息反馈等合作关系,如此也更能促使企业主动召回问题产品,而不是由药监部门责令召回。然而我国的药品召回制度的监管主体与责任主体之间并没有得到充分的沟通和互动。2010 年 10 月 30 日,一篇名为《国家食品药品监督管理局要求停止西布曲明的生产、销售和使用》在 SFDA 网站的"最新动态"栏目刊出,该篇文章宣布:"停止西布曲明制剂和原料药在我国的生产、销售和使用,已上市销售的药品由生产企业负责召回销毁。"而实际上在刊登文章的五天前太极集团就已经自行通知了所有的药品销售公司将该产品进行召回。但是在 SFDA 的网站药品召回栏里却没能发现关于曲美召回的信息和资料。在该药品召回栏中仅有的几则药品召回公告（责令召回）也都只有简单的二三行共计一二百字应付了事，完全看不出监管主体与责任主体之间的沟通与互动。药品召回工作不能顺利开展与此也有密不可分的关系。

（三）强生药品召回的界定范围不易掌握

企业产品的召回是针对出厂有残缺的产品，而对药品进行召回是因为一些药品存在安全隐患。药品之所以存在安全隐患，是因为在研发和生产过程中，由于一些没有被发现的因素造成药品可能会对人体健康和生命安全造成威胁。因此我们可以将药品"召回"理解为药品本身是符合生产标准要求的合格安全产品，但只是由于在最初的设计、当时制造药品时的技术水平以及制造工艺的缺陷、对制造认知的不全面致使制成的药品在某些方面不科学、不完善，从而引发"设计、工艺或技术缺陷"以及"告知缺陷"。

药品存在某些缺陷是很容易被相关部门认定的，比如药品的成分没有达到国家相关含量的标准、药品说明书没有按照要求制定、生产药品的过程中私自改变规定工艺、药品生产没有依据 GMP 组织要求，或是生产操作人员没有按照规范的操作流程进行操作、在药品生产过程中没有注意清洁而导致的药品材料发生污染、掺杂等差错。但是药品还存在一些认定起来存在难度的缺陷，比如，服用药品后的患者出现的不良反应，这种情况需要在得到药品存在新的或者患者出现的严重不良反应时，该药品才有确定是否将其召回的可能。此外，在《办法》中有提到药品的召回是根据药品存在的安全隐患的严重程度划分为两个等级：一级召回是患者使用该药品之后，可能会对患者的健康造成更严重的伤害；二级召回是患者使用该药品所产生的伤害并不明显，只是暂时的或者可控的健康危害。因为对药品安全隐患的严重程度的界定并没有一个明确的划分，在我国的召回管理办法中也只是对其有一个大体的规定，因此对于划分一些问题药品的召回等级也存在困难。

（四）企业缺乏主动召回药品的责任感和动力

《办法》是企业顺利召回药品的动力基础，它鼓励并要求企业主动对问题药品进行召回，但由于诚信意识和社会责任感在我国药品生产企业中没有很好地体现，加之如果对出售的药品进行召回，则可能会给企业带来一定经济方面的损失以及负面新闻，尤其是企业所要召回的产品是该企业的主推产品时，对企业造成的负面影响会更大，尤其是一些中小企业，一次普通的产品召回就可能会使企业面临破产的危机。因此，企业一旦对产品进行召回，那么企业将会面临着问题药品所带来的巨大损失赔偿问题以及药品召回过程中所花费的各项费用。同时社会大众不能对产品召回事件有正确理解，加上网络媒体的"误导"，在消费者心中往往会将药品召回事件等同于整个企业的信誉有问题、产品质量不过关。对于大多数中小企业来讲，由于产品召回所带来的企业信誉降低等负面新闻，对于企业的长久发展无疑是致命的，因此为了企业自身的发展，其召回问题产品的主动性必然会受到影响。然而我国的药品召回事件多是由于出售的药品存在严重的质量问题，不得不将其召回。而对于那些只出现轻微不良反应的问题药品，企业则没有勇气将其召回，因为企业可能会被短期利益蒙蔽，忽视了消费者的健康。

因此，不论是大企业还是中小企业，就目前的情况来看，企业对于问题药品的召回都存在或多或少的抵触情绪。一位不愿透露身份的制药企业负责人曾这样说，"就我国目前药品行业的发展情况而言，让企业主动对问题药品进行召回，将会存在较大的困难和阻碍。"

五、完善药品召回制度的建议

问题药品顺利召回需要健全并完善企业的信用评价体系和机制，创造企业主动将问题药品召回的环境条件。将召回问题药品的主动性强度作为评价企业信用的重要依据，能够使得消费者根据药品召回的主动性程度来对企业信用等级进行判断、选择及评价；网络媒体等能够做出正确的引导，从而激发、唤醒企业的社会责任感，打造出主动召回残缺产品是企业诚实守信的体现，是能够提升企业品牌知名度，体现对消费者负责的社会责任环境。并正确引导消费者对产品召回的认识，以及加强消费者对企业品牌的认同感，从而使企业能够认识到对残缺产品进行主动召回虽然会给企业造成一定的经济损失，但同时也更为重要的是，能通过对产品主动性召回加强消费者对企业的信赖及认可，使企业认识到如果不采取主动召回，虽然能够避免暂时的危机，但最终会遭受更惨重的经济损失且会损坏消费者长久以来对企业信誉的信任。

积极开展对药品召回办法相关的研究工作，给企业制定并实施药品的召回提供一定的指导和参考。虽然我国颁布了《办法》，但是并没有具体的实施细则，所以企业的药品召回制度实施起来，会有很多地方不能得到很好的把握，比如上文中提到的"对药品召回范围的界定很难把握""对划分具体的药品召回等级也存在困难"等，另外在召回制度实施过程中新的问题也会层出不穷。因此为顺利实施企业药品的召回，我们有必要鼓励和支持高校、科研机构以及各级监管部门积极开展关于药品召回办法的相关研究工作，并制定相关的实施细则，给企业设计和实施药品召回制度提供一定的指导和参考。

对我国的相关法律制度进行完善，给企业的药品召回提供法律的保障。首先国家应当建立健全药品不良反应监测机制，收集第一手相关资料方便药品召回工作的进行。其次是关于药品召回之后的赔偿补偿机制,应当尽可能快地建立健全并完善,通过对药品召回设立召回险以及问题药品造成的人身伤害险等险种,以及对药品召回设立相关的补偿基金,来使药品的定价机制中囊括药品召回过程中的成本。同时对于《办法》在执行过程中存在的相关法律法规进行补充和完善,使得药品召回工作有完善的法律保护和法律支持。

在药品召回事件中的监管主体和责任主体之间的互动和沟通应该得到加强。如果药品召回工作中的监管主体和责任主体之间能够有效地沟通和配合,那么在很大程度上有利于药品召回工作的顺利进行。在这一点上,美国对药品的召回大多数是企业自主进行的,这样的做法是值得我国药品制造行业借鉴的。FDA 通过和药品生产企业进行全面的合作,使得企业能够对药品进行主动召回。FDA 强制实行药品召回时,是发现了企业如果不对问题药品进行召回的话,则会给广大患者的身体健康带来更为严重的危害。从上述介绍的 2010年 4 月 30 日强生公司召回仙特明等 40 多个批次药物的召回事件中可以看出,美国的药品召回制度的监管主体(FDA)与责任主体(强生公司)之间的沟通与互动是做得非常到位的。

第三节　回顾小结与意义

通过此次强生药品召回事件,我们可以从中看出,强生公司对待药品召回的态度十分认真,召回工作也做得十分完善,强生在药品召回事件中真正担当起了主角,而 FDA 则只是在整个召回事件中起到了一个发布信息、陈述事件真相、安抚社会大众的"辅助角色"。由于强生公司和 FDA 默契的配合,才能使得药品的召回平稳顺利地进行。

由此可以看出,美国的药品召回制度比我国药品召回制度更严谨、更完善,美国企业对待药品召回制度执行的态度要比我国认真得多。我国对药品召回制度的实施与国外相比存在着较大的差距与不足,我国企业对药品召回制度的重视程度需要进一步加强。通过上述的对比,我们意识到了我国存在的问题。存在问题不可怕,可怕的是明知故犯。完善药品召回制度能够为消费者用药安全提供必要的保障,该项制度的实施能够充分体现政府对广大患者用药安全和人身健康的高度重视。医药企业能够通过主动进行药品召回的行为,充分体现出企业的诚实守信以及企业对社会责任的履行,从而为公众的健康安全提供重要的保证。虽然在我国的药品召回制度实施过程中,存在或多或少的问题,但我们要充分相信药品召回制度一定能够在我国得到很好地落实,这项制度的实施也将会我国人民公众的用药安全起到至关重要的保障作用。

课后思考

(1) 结合案例并收集相关资料,谈谈组织能否从一开始就防止危机的发生?它们能做什么?公司的道德准则、价值观、企业文化又是如何发挥作用的?

(2) 结合案例谈谈企业的社会责任。

(3) 强生的危机管理机制给我国企业的危机管理带来何种启示?

第十二章　微软公司：知识管理

第一节　理论背景和意义

所谓知识管理，即在组织中建构一个量化与质化的知识系统，让组织中的资讯与知识，透过获得、创造、分享、整合、记录、存取、更新、创新等过程，不断地回馈到知识系统内，形成永不间断的累积个人与组织知识的组织智慧循环，在企业组织中成为管理与应用的智慧资本，有助于企业做出正确的决策，以适应市场的变迁[①]。

21世纪，企业所拥有的知识的质量可以说是企业成功的保障，对企业利用所拥有的知识为企业创造和维持竞争优势来说始终是一个挑战。

知识管理要遵循以下三条原则：①积累原则。实施知识的管理基础是知识积累。②共享原则。组织内部的信息和知识要尽可能公开，使每一个员工都能公平地接触和使用公司的知识和信息。③交流原则。在公司内部建立有利于交流的组织结构和文化气氛，使员工之间的交流毫无障碍是知识管理的核心。

知识积累是实施知识管理的基础；知识共享使得组织的每个成员都能接触和使用公司的知识和信息；知识交流则是使知识体现其价值的关键环节，它在知识管理的三个原则中处于最高层次[②]。

按照上述原则进行知识管理，首先就要明确知识管理涉及的组织所有层面和所有部门，一个组织要进行有效的知识管理，关键在于建立起系统的知识管理组织体系。这一体系所实现的功能主要包括以下几个方面：组织能够清楚地了解自己有什么样的知识和需要什么样的知识；组织知识一定要能够及时传递给那些日常工作中需要它们的人；组织知识一定要使那些需要它们的人能够获

---

① http://www.gci-corp.com/zsglzx.asp.
② 刘倩倩.面向知识服务的混合式学习系统构建及应用[D].太原：山西师范大学，2014.

取;不断产生新知识,并要使整个组织的人能够获取它们;对可靠的、有生命力的知识的引入进行控制;对组织知识进行定期的检测和合法化;通过企业文化的建立和激励措施使知识管理更容易进行①。

企业实施知识管理的原因在于:①竞争:越来越激烈的市场竞争,不断加快创新的速度,所以企业必须不断获得新知识,并利用知识为企业和社会创造价值;②顾客导向:为客户创造价值是企业所应该注重的;③工作流动:雇员的流动性较高,雇员倾向于提前退休,如果企业不能很好地管理其所掌握的知识,企业将会有失去其知识基础的风险;④不确定性:由于竞争而导致的不确定性和由于模糊性而带来的不确定性都会导致环境的不确定性,技术更新速度会在动态的不确定环境下不断加快,企业得以生存的根本保证就是学习,组织成员获取知识和使用知识的能力成为组织的核心技能,知识不仅是企业获取竞争优势的基础,也成为企业重要的稀缺资产;⑤影响:在全球化经营的影响下,企业必须具有交流沟通能力以及知识获取、知识创造与知识转换的能力。知识创造、知识获取和知识转换依赖于企业的学习能力,学习是企业加强竞争优势和核心竞争力的关键。

第二节　案例分析

一、背景资料

微软于1975年4月4日由比尔·盖茨和保罗·艾伦合伙成立,并且于1981年6月25日重组为公司。

公司最初以"Micro-soft"的名称(意思为"微型软件")发展和销售Basic解释器。最初的总部是新墨西哥州的阿尔伯克基。现总部设在华盛顿州的雷德蒙市(Redmond,大西雅图的市郊)。目前是全球最大的电脑软件提供商。

微软公司于1992年在中国北京设立了首个代表处,此后,微软在中国相继成立了微软中国研究开发中心、微软全球技术支持中心和微软亚洲研究院等科研、产品开发与技术支持服务机构。如今微软在华的员工总数有900多人,形成以北京为总部,在上海、广州、武汉设有分公司的架构,中国成为微软公司在美国总部以外功能最为完备的分公司。在由世界品牌实验室独家编制的2009

① 康学东.我国铁路工程咨询管理与创新研究[D].天津:天津大学,2013.

年度(第六届)《世界品牌 500 强》中,微软击败哈佛大学从上一年的第七名跃居第一,在 2008 年度《财富》全球最大 500 家公司排名中名列第 35 名,在美国最受赞赏公司排行榜居第 10 位。

微软公司目前在 78 个国家和地区开展业务,全球的员工总数为 8.9 万人。2010 年,微软公司的营业总收入为 624.84 亿美元,在 2011 年度《财富》世界 500 强中排行 120 位。

二、人才管理,夯实根基

大部分人都同意这样的观点,即企业的主要资产之一是知识和经验。这些知识和经验大部分存储于人脑之中,其他则存储在数据库中。知识管理(Knowledge Management,KM)就是在一个持续性的商务平台之上,把这些知识、经验、技术以及来自组织内部和外部的信息等资源资本化,使企业更加有效地满足消费者需求的过程。微软人用自己的智慧把这种过程流程化,从知识资本的引入到运用,形成了自己独特的流水线化的知识管理能力。以这种管理能力作为其核心竞争力,微软迅速地应对市场变化,持续不断地创新,最终成长为全球最大的软件制造商。

作为拥有知识、经验和技术的主体,人力资本在为企业提供收益的过程中发挥着越来越重要的作用。如图 12-1 所示。

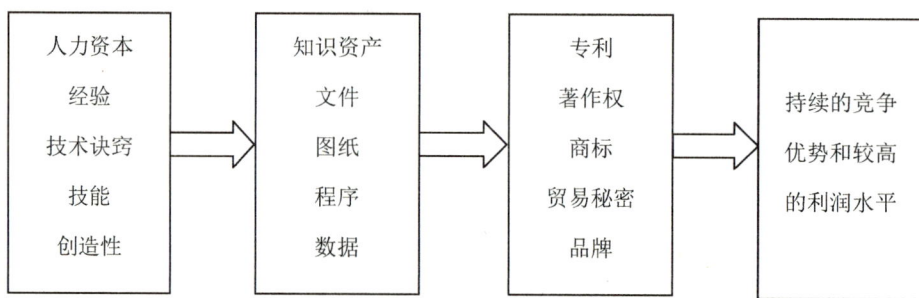

图 12-1　来自人力资本的收益

(一)雇用"聪明人"

作为世界上发展最快的公司之一,微软公司总是在寻找最优秀的人才。有一次,友人请求比尔·盖茨回顾上一年的重大事件,比尔·盖茨一再提起的一项成就,就是帮助他的管理人员雇用了一大堆的"聪明人"。

比尔·盖茨认为,"聪明"就是能迅速地有创见地理解并深入研究复杂的问题。具体地说就是:聪明人一定要反应敏捷,善于接受新事物;他能迅速地进入一个新领域，对之做出头头是道的解释；他提出的问题往往一针见血，正中要害；能及时掌握所学知识，并且博闻强记；他能把原来认为互不相干的领域联系在一起并使问题得到解决；他富有创新精神和合作精神①。

微软创立初期，比尔·盖茨是从自己熟悉的人中寻找聪明的人才，他招聘的那些出色的程序员，这些人他全都认识，他亲切地称他们为"聪明的朋友"。除此之外，比尔·盖茨也聘用聪明的陌生人。因为他认识的人毕竟有限，尤其是到后来，聪明的熟悉人变得越来越少，只能聘用陌生人。

比尔·盖茨说："我不雇用笨蛋。"在一些部门，他从来只招募最杰出的人物。从一开始，比尔·盖茨就坚持公司要雇用最出色的人才："无须否认，当从智商角度挑选人才时，你必须首先具有识别出谁能编写软件的能力。"必要时，比尔·盖茨亲自介入招聘过程。例如，当一个特别有才华的程序员犹豫着是否该加盟微软时，比尔·盖茨就亲自打电话做说服工作。

商业学教授蓝多·依·斯佐斯在《微软模式》中说："盖茨从来都是有意识地雇用那些有天资的人并给予他们丰厚的回报，这似乎已成为一种流行的成功模式。这是微软成功的最重要的原因。"

（二）给人才戴上"金手铐"

给人才戴一副"金手铐"，实质上是使人才有归属感，它可以让员工把公司当成自己的家，而不仅仅是打工挣钱的地方。让员工感到是在为自己工作，是为自己的"家"在添砖加瓦，愿意与企业共谋发展。

在微软公司流行的"认股权"制度，简单地说就是公司掏钱做本金来帮助员工购买自己公司的股票，赔了是公司的，赚了是员工的。作为微软的正式员工，任何人在进入微软之前都将与公司签订聘用合同。合同中规定了员工享有的种种权利，其中一项即为"认股权"。股权的数额根据员工的技术级别而定，少则数百股，多则数千股。高级技术人员和管理人员得到的股票期权可在数万甚至数百万股。

在通常情形中，从合同生效之日开始计算，一个月后公司股票的市场价格，也就是员工"认股权"的价格。每工作一年，"认股权"即获得一定数量的增加，也可以像股市上的投资者一样，享有"配股"的权益。员工只需记住自己的股权数额以及股权价格，而不必花任何钱来购买，一年之后，可以卖掉"认股权"当中的一部分，以后逐年卖出，在公司工作满四年半的时候，即可全部卖掉首批"股权"。原定"认股"价格与当时市场价格之间的差额，就是员工的收益。

---

① 孙志远.高技术企业隐性知识管理中的激励组合研究[D].青岛：中国海洋大学，2009.

如果股票升值,每年都可以通过出售股票来获得现金。如果股票贬值甚至低于你认股时的价格,员工也可以不要。当然员工如果并不急需用钱并且对公司有足够的信心,也可以把股票一直攥在手里不卖,但不能超过 7 年。

另外,每个人还可以用工资 10% 的部分,以市场价格的 85% 购买微软股票,另外 15% 由公司出资补偿。

在比尔·盖茨的坚持下,公司每年都会给员工分送新的"认股权"。同"老权"一样,"新权"也必须到一定期限方能认购。所以,员工无论在什么时候离开公司,手中都会有或多或少尚未到期的"认股权"作废。这样看来,一个微软员工,无论什么时候离职或者退休,都会造成直接损失。所以"认股权"又有"金手铐"之称。

(三)大胆地使用人才

在引进人才的同时还要大胆地放手使用人才,对人才多鼓励、少埋怨,多理解、少责备,充分调动人才的积极性、主动性,使"谋者尽其智、勇者竭其力、仁者播其惠"。放胆引进人才,放手使用人才,这是企业繁荣的不二法门。

在比尔·盖茨看来,对人才的运用,单网罗而不充分利用是很不够的,对人才重要的是不仅要善于识别其长处,而且要敢于大胆地使用,以让其充分展示自己的才能。

1981 年底,微软公司已经控制了 PC 机的操作系统,并决定进军应用软件领域。比尔·盖茨雄心勃勃,认定微软公司不仅能开发软件,还要成为一个具有零售营销能力的公司。微软公司在软件设计方面人才济济,可在市场营销方面的人才匮乏,成为软肋。盖茨虽然看到了光明的前途,却感到寸步难行。他四处打听,八方网罗,最后,锁定了肥皂大王尼多格拉公司的一个大人物——营销副总裁罗兰德·汉森。

尽管汉森对软件一窍不通,他对市场营销具有丰富的知识和经验,比尔·盖茨果断地将汉森挖来,委以营销副总裁这一重任,负责微软公司广告、公关和产品服务,以及产品的宣传与传销。汉森上任做的最重要的一件事就是给微软公司这群只知软件、不懂市场的精英们上了一堂统一商标的课。在汉森的力陈之下,微软公司决定,从这以后,所有的微软产品都要以"微软"为商标。于是,微软公司的不同类型产品,都打出"微软"品牌。为时不久,这个品牌在美国、欧洲,乃至全世界,都成为家喻户晓的名牌。

随着市场的日益扩大,尤其是海外市场的开发,微软公司的经营规模日益增大,公司第一任总裁吉姆斯·汤恩年岁已大,主动提出辞掉总裁的职务。于是盖茨费尽心机,又找到了坦迪电脑公司的副总裁谢利,直截了当地交予他总裁的位子。谢利一来,就对微软的人事来了大刀阔斧的改革。他把鲍莫尔提升为负责市场业务的副总裁,更换了事务用品供应商,削减了 20% 的日常费用,等等。谢利掌管下的微软在许多地方开始变得硬气。1984 年,微软开发的"视窗"项目没有如期完成,当外界一片哗然时,谢利发现开发"视窗"的组织和管理十分混乱。于是,更换"视窗"的产品经理,把程序设计高手康森调入研究小组;盖茨则集中精力考虑"视窗"的总体框架和发展方向。谢利的这一番部署切中要害,各项工作有条不紊,进展神速。

比尔·盖茨放胆引进人才,放手使用人才,汉森和谢利在微软向正规化公司发展的路上,为微软公司做出了功不可没的成就。

（四）根据人才的实际需求给予"特殊"待遇

不同类型的人才有不同的追求,因此留住他们的手段也不同。很久以来,争夺晋升、提升机会,向上攀升一直是员工所有考虑的因素中分量最重的一个。提升得当也可以产生积极的导向作用:培养向优秀员工看齐和积极向上的企业精神,激励全体员工的士气。不过,对于不同行业的人才来说,这并不都是金科玉律。优秀的技术人才未必也是优秀的管理人才,也未必都愿意承担领导的职责。硬要求其将角色转换为管理者并不适合,有时甚至适得其反,导致人心离散。因此,在决定提升员工时,要做最周详的考虑,运用恰当的提升方式,确保合适人选。

大多数不断发展的公司都会遇到一个典型的问题:如何让人才留在技术岗位上,使得他积累的专业知识和公司已付出的投资得到充分利用。同样,不断聘用新雇员并将之培育成优秀的技术人员的微软在不断发展壮大的同时,也遇到了同样的问题。微软公司在解决这一问题方面的一个独到之处就是把技术过硬的技术人员推到管理者的岗位。

盖茨与公司其他的早期领导一直都很注意提升技术过硬的员工担任经理职务。这一政策的结果也使微软获得了比其他众多软件公司别具一格的优越性——微软的管理者既是本行业技术的佼佼者,时刻把握本产业技术脉搏,同时又能把技术和如何用技术为公司获取最大利润相结合,形成了一支既懂技术又善经营的管理阶层。但是这一方法对于那些只想待在本专业部门里并且只想升到本专业最高位置,而又不必担负管理责任的技术人员来说是没有多大吸引力的[①]。

在职能部门里典型的晋升途径是从新雇员变成指导教师、组长,再成为整个产品单位里某个功能领域的经理。在这些经理之上就是跨产品单位的高级

---

① 孙志远.高技术企业隐性知识管理中的激励组合研究[D].青岛:中国海洋大学,2009.

职位,这包括职能领域的主管或者在 Office 产品单位中的某些职位,他们负责 Excel 和 Word 等产品组并且构造用于 Office 应用软件的共同特性[①]。

同时,微软既想让人们在部门内部升迁以产生激励作用,还想在不同的职能部门之间建立起某种可比性。微软通过在每个专业里设立技术级别来达到这个目的。这种级别用数字表示(按照不同职能部门,起始点是大学毕业生的 9 或 10 级,一直到 13、14、15 级)。不仅仅是人们在公司的表现和基本技能,而且人们的经验阅历都能通过这些级别充分反映出来。升迁不仅要经过高级管理层的审批,而且与报酬直接挂钩。这种制度能帮助经理们招收开发方面的员工并建立与其相匹配的工资方案。

在微软这一技术晋级制度中,最为重要的是确定开发人员的级别(指 SDE,即软件开发工程师的级别),这不仅是因为微软一直秉持整个行业中决定一个公司生存的关键是留住优秀的开发人员这种观念,还因为确定开发人员的级别能为其他专业提供晋级准则和相应的报酬标准。在开发部门,全体人员每年都要进行一次确定其级别的考察,由开发经理进行考核。开发主管也进行考察以确保全公司升迁的标准统一。10 级新雇员一般都是大学应届毕业生,6~18 个月是新开发人员通常升一级所需要的时间,有硕士学位的员工要么升得快一些,要么一进公司就是 11 级。一般的升迁要求和标准是:当你真正展现出你的实力,编写代码总是准确无误,并且你基本可以应付某个项目上的一切事情时,你就会升到 12 级,12 级人员通常对项目有重大影响。当你开始从事有跨商业单位性质的工作时,你就可以升到 13 级,当你的影响不仅仅局限在一个部门里时,你可以升到 14 级。当你在整个公司都具有一定的影响力的时候,你可以升到 15 级。在开发部门中,有 50%~60% 的开发员是 10 级和 11 级人员,大约 20% 属于 12 级,大约 15% 属于 13 级,而剩下的 5%~8% 属于 14 级和 15 级。由于级别是直接影响到报酬和待遇的,这样,微软就能确保及时合理地奖励优秀员工并能成功地留住优秀的人才。

但是,即使有才华的人的技术级别或管理职务上升得很快,特定的工作仍然容易使他们感到厌倦。微软允许合格人员到其他专业部门里寻求新的挑战以便有效地激发起员工的工作积极性,并挖掘这些天才们的潜在创造力。但是所有的人不停地流动这种做法并不是微软所提倡和鼓励,因为微软的大型产品,像 Office、Word、Excel、Windows 和 NT,需要花几年时间来积累经验,频繁地变换工作是不可取的。所以还规定人们只有在某一特定领域积累了几年经验之后才能换工作。通过合理的人员流动以避免使优秀的员工在同一工作中

---

① 邓凯.A 公司知识型员工激励机制研究[D].湘潭:湘潭大学,2011.

精疲力竭,同时,不同背景和视角的人员加入产品组和专业部门可以使其获得新的发展。

另外,一个日益普遍的激励员工的方法是送他们参加职业软件工程会议。微软还发起主办大量的室内研讨会和研习班,让微软人更多了解该行业其他地方和其他公司最新的观念、工具及其技术发展。

总之,微软公司的人员管理是成功的,特别是对于这样一个快速发展的公司而言,是极为难能可贵的。1991 年在应用部门进行的一次调查表明:大多数雇员认为微软公司是该行业的最佳工作场所之一。正是由于微软公司建立了一套让人才脱颖而出和优秀人才组成的组织和机制,才使微软公司在这个竞争激烈的行业中能始终保持领先地位。

三、微软公司的知识创新战略

(一)核心竞争力战略

在现代企业战略管理理论中,核心竞争力是指具有充分的用户价值,以及独特的、可扩展的企业竞争能力。它是特定企业个性化发展过程中的产物,渗透在企业各个部门之中。对于竞争者来说,核心竞争力既无法完全模仿,更无法完全交易,因此,它有助于整个企业保持长期稳定的竞争优势,获得稳定的超额利润。如夏普公司的液晶显示技术,使其可以在笔记本计算机、袖珍计算器、大屏幕电视显像技术等多个领域都比较容易获得一席之地。在 21 世纪,企业经营战略的关键在于培育和发展能使企业在未来市场中居于有利地位的核心竞争力。

微软公司组建于 1975 年,目前是全球计算机软件的领先供货商。微软公司在其发展过程中,努力培育和发展能使微软公司在未来市场中居于有利地位的核心竞争力。在公司董事长比尔·盖茨的领导下,微软把"不断地提高和改进软件技术,并使人们更加轻松、更经济有效而且更有趣味地使用计算机"作为公司的使命和长期发展战略。

微软十分注重技术与市场的紧密结合,努力把软件人员的创造才华聚焦到客户最愿意掏钱包的功能上,促使创新成果转化成能够大量推广的商品,把抢占市场作为首要任务。尽管美国计算机界常常批评微软没有"发明"什么新东西。但是微软总是能后来居上,其原因在于:充分利用了已有的市场优势;依靠很好的反馈网络使产品十分贴近用户;完善的研究开发管理体制,使小公司的游击队很难与微软正规军抗衡;成功的"技术跟随"战略。当一些新技术生存下来并被证实有巨大的潜在价值时,微软立即扑上来"跟随",并在很短的时间内开发出产品,或者干脆把原创者购买过来,并迅速占领市场。

（二）产品创新战略

微软公司的整个发展历程可以划分为三个阶段。第一阶段是从微软公司创立的 1975 年到 1995 年。在这一阶段，微软公司一直把软件产业作为公司经营领域，遵循软件产业这条路径，不断创新开发新产品，至 1995 年开发出 200 多种软件产品，包括霸占世界软件市场的 Windows95。第二阶段是从 1995 年 12 月到 1998 年 12 月，微软公司实施了 Internet 战略。1995 年 12 月 7 日，微软公司认为，正在发生的因特网革命，其影响不仅足以与工业革命相提并论，而且将更加深刻地改变国家之间的力量对比和企业的竞争优势，同时改变人们的工作、生活、学习和娱乐方式。为充分利用 Internet 所带来的新的商机，微软进行了战略调整，实施了"以网络为核心"的产品战略。第三阶段是从 1998 年直至现在，微软开始实施 DNS 战略，致力于建立一个渗透到企业、社会、生活各个层次和各个方面的"数字神经系统"（DNS）。微软提出"数字神经系统"的概念及战略，目的是要在一个企业建立一个数字化的神经系统，把整个企业的所有信息收集起来，实时整理、分析、决策，并将决策的结果下达到各个部门，使一个企业高效、协调、灵敏地面对市场的变化和挑战。

目前，微软除了 Windows 操作系统和 Office 办公软件两大主导产品外，还涉足个人财务软件、教育及游戏软件、网络操作系统、商用电子邮件、数据库及工具软件、内部网服务器软件、手持设备软件、网络浏览器、网络电视、上网服务以及近 20 个不同的互联网站。

（三）收购重组战略

知识经济具有融合与创新两大特点。企业只有建立与此相对应的收购与重组战略机制，不断进行技术、管理等方面的收购与重组，才能满足用户的需求，适应技术的发展和社会的进步，保持企业活力和增强企业的核心竞争力。收购与重组战略是微软公司的成功法宝。

微软公司在其飞速发展的 40 多年时间中，曾经实施过多次大规模的企业重组战略。在最近的一次重组中，为把微软公司由一个靠产品推动的公司变为最终消费者导向的公司，"微软"被分成四个以最终消费者为导向的部门，各自对应一个特定的客户群体：①针对普通消费者的部门；②针对企业的部门；③针对软件开发者的部门；④针对高知识阶层消费者的部门。这次重组后，四大部门各自对应一个特定的客户群体，每个部门将对自己的产品策划与开发负责，有助于微软公司在本质上从一个由产品推动的公司变为最终消费者导向的公司，因而这次重组意义深远。

同时，微软公司也是实施公司收购战略方面的行家里手。微软紧盯着市场上冒出的新的技术动向，密切观察新技术对市场的潜在影响力，分析新技术与微软现有产品技术结合可能产生的制高控制力,然后有针对性地实施收购战略。2011年,微软宣布以85亿美元现金收购Skype。该收购能增强微软实时影音通信方面的能力,使消费者和企业用户同时获益,创造显著的新商业和营收机遇。这一整合将扩大Skype这一世界级品牌的影响力,并扩充其网络平台覆盖范围,增强微软业已存在的实时通信产品和服务。

(四)知识产权营销战略

在工业时代,有形资产的产权居于最重要的地位,企业是有形资产的集合。像专利等无形资产只是在工业经济后期显现出其重要性。而知识经济时代,企业则主要是知识的集合,知识的所有权,即知识产权成为企业竞争的基础和决定胜负的关键。一个企业最重要的是拥有知识产权,才能持续发展。在知识经济时代,知识产权问题势必会越来越受到人们重视。

微软公司能够成为全球企业界发展知识经济致富的典范,主要得益于微软公司在计算机软件开发中取得了大批知识产权,并向使用其软件的世界各国用户收取了令人惊叹的知识产权费。微软知识产权产品的营销渠道有两个:一是OEM;二是二级分销零售系统。OEM就是向微机制造厂商销售预装Windows操作系统权限①。由此微软公司掌握了全世界大部分微机操作系统市场;另一个渠道是二级分销零售系统,各地区分公司直接管理几家分销商,再通过分销商间接管理零售商,零售部分Windows操作系统、Office软件(主要是升级版本)和其他产品。两种渠道相加构成100%的渠道营销模式,可以最有效地影响、管理乃至控制最广大的市场,而微软却最大限度地节省了直接营销资源。

(五)企业文化创新战略

微软公司的成功,在很大程度上与微软公司善于根据知识经济的特点,重组、改造传统的企业文化,建立一种鼓励员工知识创新与知识共享的新型企业文化有密切的关系。在知识经济时代,对知识创新与知识共享持消极、敌对态度的企业文化,是企业发展的最大障碍。如果抱着传统的企业文化不放,将企业文化重心置于降低风险、尊重指挥链、支持上司及编列合理的预算的位置,那必将对企业的发展构成巨大挑战。微软公司企业文化的核心倡导团队合作、顾客至上、公平对待员工、积极进取及创新表现。微软公司充分承认员工的价值,在微软于1986年股票上市后的十年中,依靠认股权吸引、激励及留住了一批优秀人才,造就了3 000名百万美元的富翁。同时提出,微软"最好的员工"所具有的特质应当具备:①对产品、技术有强烈的兴趣,甚至是布道者般的虔信和激情;②与公司一致的长期目标和思维,能自我激励和不断自我完善;③具有特别

---

① 胡永铨.美国微软公司的知识创新战略探析[J].科技管理研究,2000(3):20-21.

的知识和技能,有快速学习的能力;④专注于竞争对手,从竞争对手那里学会更聪明的做法,避免他们的错误;⑤会思考,更会行动;能够迅速决断,承担结果。

第三节　回顾小结与意义

知识管理是适应知识经济时代发展需求而产生的,是管理学科的思想与理念向纵深发展的结果,是随着人们对资源认识的不断深化和企业管理能力的不断提高而发展起来的。知识管理是以知识为中心的管理,旨在通过知识的共享、获取和利用,来提升企业的竞争力和反应能力,以迎接经济全球化竞争的挑战。

因此,知识管理是企业在知识经济时代构造新的管理机制的指导思想和理念,是企业赢取竞争优势的重要手段与工具。企业知识管理的实质就是对知识链进行管理,使企业的知识在运动中不断增值。一个企业要进行有效的知识管理,关键在于建立起一个适合的知识管理体系。企业实施知识管理的原因在于:①竞争。因为越来越激烈的市场竞争,不断加快创新的速度,所以企业必须不断获得新知识,并利用知识为企业和社会创造价值。②顾客导向。为客户创造价值是企业所应该注重的。③工作流动。雇员的流动性较高,雇员倾向于提前退休,如果企业不能很好地管理其所掌握的知识,企业将会有失去其知识基础的风险。④不确定性。由于竞争而导致的不确定性和由于模糊性而带来的不确定性都会导致环境的不确定性,技术更新速度会在动态的不确定环境下不断加快,企业得以生存的根本保证就是学习,组织成员获取知识和使用知识的能力成为组织的核心技能,知识不仅是企业获取竞争优势的基础,也成为企业重要的稀缺资产。⑤影响。在全球化经营的影响下,企业必须具有交流沟通能力以及知识获取、知识创造与知识转换的能力。知识创造、知识获取和知识转换依赖于企业的学习能力,学习是企业加强竞争优势和核心竞争力的关键。

人才管理、夯实基础,微软公司的知识创新战略都是其知识管理的具体体现。知识管理作为一种管理理念,是需要长期坚持并且努力形成文化的活动。企业需要知识管理,作为个人也需要知识管理,能将个人拥有的各种资料和信息变成具有价值的知识,最终利于自己的工作、学习和生活。通过对个人知识的管理,人们可以养成良好的学习习惯,增强信息素养能力,完善自己的专业知识体系,提高自己的能力和竞争力,为实现个人价值和可持续发展打下坚实的基础。

课后思考

（1）微软是如何利用知识管理迅速地应对市场变化，并持续不断地创新的？

（2）微软的知识创新战略对中国中小企业的发展有何启示作用？

（3）结合案例试论现代企业是如何选人、用人、育人和留人的。

第十三章 可口可乐：品牌学说

第一节 理论背景和意义

根据现代营销学之父科特勒在《市场营销学》中的定义，品牌是销售者向购买者长期提供的一组特定的特点、利益和服务。

品牌是给拥有者带来溢价、产生增值的一种无形资产，它的载体是用于和其他竞争者的产品或劳务相区分的名称、术语、象征、记号或者设计及其组合，增值的源泉来自消费者心智中形成的关于其载体的印象。

品牌更多的承载是一部分人对某一产品以及服务的认可，是一种品牌商与顾客购买行为间相互磨合衍生出的产物。

品牌的价值包括用户价值和自我价值两部分。品牌的功能、质量和价值是品牌的用户价值要素，即品牌的内在三要素；品牌的知名度、美誉度和普及度是品牌的自我价值要素，即品牌的外在三要素。品牌的用户价值大小取决于内在三要素，品牌的自我价值大小取决于外在三要素。由于品牌拥有者可以凭借品牌的优势不断获取利益，可以利用品牌的市场开拓力、形象扩张力和资本内蓄力不断发展，因此我们可以看到品牌的价值。这种价值我们并不能像物质资产那样用实物的形式表述，但它能使企业的无形资产迅速增大，并且可以作为商品在市场上进行交易。

1994 年世界品牌排名第一的是美国的可口可乐，其品牌价值为 359.5 亿美元，相当于其销售额的 4 倍。到 1995 年可口可乐的品牌价值上升到 390.50 亿美元，1996 年又上升为 434.27 亿美元。到 2013 年达到 700 亿美元。让我们一起来了解一下可口可乐的发展之路，以及品牌建立之旅。

第二节 案例分析

一、背景资料

可口可乐作为全球软饮料的第一品牌，在消费者心目中的地位不可动摇，其产品遍布世界各地，占据了全球软饮料市场 50% 的份额，使其他任何竞争对手都无法望其项背。可口可乐公司成立至今已有 120 多年的历史，被《金融世界》杂志评为全球最有价值的品牌，在中国也被评为最知名的外国品牌。2011年，可口可乐以 718.6 亿美元的品牌价值再次获得《商业周刊》全球 100 品牌排名第一位，并且，这一位置已经保持了十多年。

1886 年，世界上第一杯可口可乐在亚特兰大城一家药品店的后厨里被创制出来。自那时开始，世界历史的发展历程中便再也离不开这瓶小汽水的身影。两次世界大战可口可乐都参与其中，并扮演了重要的角色。第二次世界大战期间，可口可乐当时的总裁罗伯特·伍德鲁夫下令以 5 美分一瓶的价格向服役军人兜售可乐。可口可乐公司不但抓住时机获得很大利润，而且还被誉为爱国企业。可口可乐激发了美国士兵的士气，同时也紧紧抓住了每一位士兵的心。

"民主、可口可乐、火腿、汉堡包……"可口可乐已经成为美国历史的一部分，这么说一点也不夸张。可口可乐作为一支重要的社会力量，在每一个时代都产生了不可磨灭的影响。可以说，可口可乐部分代表了美国的昨天。

二、时间是最好的见证

《华尔街日报》将可口可乐称为"魔水"，这种说法毫不夸张。在当今世界饮料市场上，可口可乐占有 48% 的份额。在世界五大饮料产品中，可口可乐一家公司就占有四个品种：可口可乐、健怡可口可乐、芬达和雪碧。全球可口可乐产品的每日饮用量达 17 亿杯。据 IDC（Internet Data Center，即互联网数据中心）数据表明，可口可乐是世界上最知名的产品，其品牌价值在 2011 年为 718.6 亿美元。

（一）全球最有价值的品牌

据世界著名品牌顾问公司"国际品牌"2011 年度全球最有价值品牌调查表明，在 75 个全球知名品牌中，可口可乐名列第一，其中前 10 位分别是可口可乐、IBM、微软、Google、通用电器、麦当劳、英特尔、苹果、迪士尼、惠普。在前五个最有价值的品牌中，有四个属于高科技公司，这表明可口可乐公司也像其他高科技公司和新经济公司部门一样,具有强有力的品牌营造能力。

根据《商业周刊》全球 100 品牌排名,可口可乐排名第一已经超过十年,价值为 718.6 亿美元。美国公司主宰了排名,前十位公司都来自美国。可口可乐、IBM 和微软蝉联三甲,谷歌和通用电气稳坐第四和第五位。苹果从 2010 年第 17 位升至第 8 位,品牌价值猛增了 58%。惠普牢守第 10 位,诺基亚从 2010 年第 8 位滑至第 14 位,品牌价值缩水 15%。百强中中国仅有台湾地区的 HTC 入选,HTC 为 2011 年新入榜,排名第 98 位。

美国公司拥有大部分全球最有价值品牌,可口可乐就是其中之一。全球最有价值品牌仍然是财富的主要创造者,像可口可乐这样的最有价值的品牌公司,未来仍将成为创造财富的领头羊。可口可乐作为最有价值的品牌,表明一个品牌的缔造靠的是自身的魅力,而非其他。《商业周刊》2011 年全球 100 品牌前十大排名如表 13-1 所示。

表 13-1 《商业周刊》2011 年全球 100 品牌前十大排名

排名	公司	价值(十亿美元)
1	可口可乐	71.86
2	IBM	69.90
3	微软	59.08
4	Google	55.31
5	通用电气	42.80
6	麦当劳	35.59
7	英特尔	35.21
8	苹果	33.49
9	迪士尼	29.01
10	惠普	28.49

(二)神秘配方

1886 年,在美国亚特兰大市,药剂师约翰·彭伯顿(John S. Pemberton)在自家后院东弄西搞,将碳酸水、糖及其他原料混合在一个三脚壶里,人类历史上最成功的软饮料传奇般地出现了。弗兰克·梅森·罗宾逊从该种新糖浆的两种原料成分,即古柯(coca)和可乐(kola)果的名称上得到启发,想出了可口可乐这一名字,成了世界上最负盛名的商标。

100多年以来,可口可乐公司对可口可乐配方不断地改进,但这些改变始终秘而不宣,谨慎地戒备并保护着配方的神话地位及其神秘色彩。原始的配方只有单本留存于世,它被锁存在佐治亚信托公司的地下保险库中,除了公司董事会正式投票同意,任何人不得以任何理由接近该配方。虽然后来由于各种原因,可口可乐曾公开过其大部分配方,但对其中最关键的不足1%的部分却始终守口如瓶。可口可乐的众多竞争对手曾高薪聘请高级化验师对其公开配方"7X100"进行破译,但从来没有成功过。

正是可口可乐的神秘配方使得可口可乐能够对全球各地的分公司采取授权生产方式,使世界上各地调配的可口可乐都可以在口味上永远保持一致,给消费者忠诚、忠心的感觉。

可口可乐公司CEO道格拉斯·达夫特向媒体透露:"秘密配方对他们来说没有多大意义,成功的真正秘诀在于这个产品的品牌在100多年里所产生的影响。但配方的秘密,那出名的七种味道是吸引顾客的重要原因,它把一瓶用糖和水制成的饮料变成了全球崇拜的对象。"

(三)神奇的品牌传播模式

对于可口可乐,实在是一言难尽,它太富有传奇色彩了。据IDC调查显示,全球最流行的三个词分别是上帝(God)、她(Her)和可口可乐(Coca Cola)。

据IDC调查显示,可口可乐已连续七年在市场占有率、最佳品牌认同比例和品牌知名度上名列第一,世界现有90%的消费者认识可口可乐。可口可乐作为世界第一品牌,长期保持在本土软饮料市场的霸主地位,长远的战略眼光必不可少。其中一个集中体现是广告策略的本土化。放弃美国式的思维、融入本土观念使得可口可乐受到了每一位消费者的欢迎。可口可乐成功的广告本土化策略启发了其他想进入本土市场的外国品牌,比如,联合利华的力士香皂的广告代言人常是国际女明星。

在可口可乐的品牌传播的过程中,广告宣传的重要性就不言而喻了。因为产品或品牌存在于多种传播渠道中,广告无疑是一种非常重要的品牌传播之道。19世纪零售巨头约翰·沃纳梅克有句对广告界著名的讽刺之语:"我花在广告上的钱有一半被浪费掉了,糟糕的是,我从不清楚是哪一半。"而对"哪一半",即便使用统计、监督、分析工具,广告界也没有找到真正的答案,而可口可乐却很清楚地认识到了。

1. 互动传播、双向沟通

把品牌传播与接力比赛作个类比,接力比赛是棒的传递,上一位运动员A把棒递出的时候,意味着下一位运动员B就要接过棒冲出去,我们把A喻作品牌传播媒介,把棒喻作广告,把B喻作消费者,把冲的动作喻为购买欲望,在接力比赛中能实现这一过程。但在品牌传播与实现销售的过程中同接力比赛完全不一样,作为消费者的 B,完全可以是赛事的参观者,激情者会助威,捣乱者会喝倒彩。品牌的单向传播,无疑是厂家强加于消费者的,实施的是不公平交易,也是厂家百无聊赖的选择。要让消费者长期产生购买欲望,无疑需要长期的品牌推广,同时过度的品牌传播将透支品牌生命,而网络游戏媒介则恰恰相反,品牌时时刻刻都与目标群体进行互动,这恰恰迎合了整合营销传播的核心思想。

2. 品牌传播方式上的突破

在传统媒介中,品牌形象集中在图像、声音、文字上,图像、声音、文字的处理技巧成为传播的核心。图像、声音、文字组合的内容与传统媒介本身的内容泾渭分明,受众有明显的抵触情绪。网络游戏除了这三方面之外,最重要的传播表现手段是:产品和品牌构成了网络游戏的部分,成为媒介娱乐要素的一员,受众在游戏的体验过程中自然地接受了产品和品牌,能在传播中最大限度地实施、体验营销策略。

3. 媒介传播触点的突破

不同的品牌有不同的目标消费群体,相同的产品有不同的细分市场,可口可乐公司一直用差异化营销策略占领各自的市场。但明天的市场在哪里?要争取到明天的市场,就要不断循环地付出品牌传播代价。可口可乐公司的战略眼光:品牌传播从娃娃抓起。达夫特在接受采访时说道:"我们公司所销售的并不是儿童产品,但广告中总以童音、儿童画面出现。因为我们意识到,今日儿童是我们明天品牌的购买者。"这似乎接近一个笑话,但说明了可口可乐公司做成"百年基业"所具有的独特的战略眼光。随着人们生活个性化色彩的增浓,传统三大媒介对青少年的影响日益式微是不争的事实,网络游戏成为青少年最乐意接受的媒介,并且通过游戏传播品牌可以做到精确、长效传播,只要游戏存在,其传播价值就存在。

4. 投资回报更大

传统媒介的广告价格几乎一年一涨,广告主面临较大的投资风险,而网络游戏的周边开发尚处于初级阶段,广告主在与游戏商的谈判中更容易掌握话语权,能以较低的投入赢得最大化的广告回报价值。

正是由于这些深刻的认识,再加上可口可乐公司切实的行动,成就了可口可乐公司的知名品牌,也成就了一个神话,使得可口可乐有了不同的反响。

可口可乐是世界上最令人景仰的营销与广告组织之一,每年约有 70% 的销售收入来自美国以外的市场。有人认为,可口可乐是不多的属于全球消费文化的几个品牌之一,按照可口可乐战略家的观点来看,文化间存在的同质性足可以使可口可乐的产品和广告在外表和感觉上大幅度地做到标准化,只需作一些非常小的调整。例如:在法律禁止使用"节食"(diet)这个字眼的国家,可口可乐公司为了适应当地的情况,用 Coke Light 这个品牌代替了 Diet Coke。为了适应中东国家的口味,可口可乐还为果子露采用了偏甜的配方,甚至还在印度努力推广一种名为 Thums UP 的品牌,这在可口可乐公司的历史上是最打破国际化常规的一件事。在印度,价格便宜的可口可乐从来没有像在其他国家那样普及过。

重要的是,可口可乐具有国际化思维,它把整个世界视为一个市场,根据这个前提处理自己的产品和广告。也许,凭着自己比世界上其他任何品牌拥有的忠诚消费者都多,可口可乐将成为一个不可超越的全球性品牌。

三、借力还赢

特许经营,即以经营权的转让为核心的连锁经营,最初起源于 19 世纪 80 年代。从胜家缝纫机公司建立起第一个特许经营网络以来,许多公司取得相当良好的成绩,美国已成为特许经营最发达的国家:21 世纪初,在全美约有 3 000 家零售特许商,25 万加盟经营者在美国经营着约 60 万个特许经营店。另外,目前在可口可乐中国公司已经在国内近 400 个城镇销售其碳酸饮料。特许经营对可口可乐的品牌价值增长同样是功不可没的。

(一)品牌培育、拓展、延伸

在 20 世纪对一些地方性公司授予装瓶和销售经营权的试探和摸索中,可口可乐的生产销售网络逐渐完善、成熟;第二次世界大战,销售网向全球各地区扩张,规范的特许经营网络使可口可乐系列品牌在当地茁壮成长,让品牌飞速发展和扩张。

特许经营对品牌的扩张往往是"四两拨千斤",与非常规的品牌培育、拓展、延伸式的"慢工出细活"过程相比,特许经营统一运作、统一管理,各方自行筹集资源,往往更能满足最大范围的消费者需求,这一运作方式被麦当劳、迪士尼等国际知名品牌采用,效果显著。可口可乐公司运用特许装瓶系统将工厂开在世界各地,别出心裁地营造出了一个世界级的可口可乐"红色世界",让可口可乐迅速地成长,使可口可乐成为世界第一品牌成为可能,成就了该品牌的巨大市场价值。

在实施特许经营策略前夕,可口可乐公司虽经过很长一段时间的发展,但受资金、信息等因素的影响,一直未能跨上国际化的征途。

1. 品牌生长缺乏土壤

因未实施独特的特许瓶装厂网络,可口可乐仅仅是一个地方性的软饮料产品品牌。可口可乐公司自有资金有限,经销商和消费者的要求得不到及时的满足,品牌生长缺乏土壤。

1904 年,可口可乐公司已经在 379 个城镇销售其碳酸饮料。当时工厂固定,产品采用配送的方式送到城镇中进行出售,期间产生的运输费用不低,成为公司的一项负担。于是在产品销售地设置工厂的想法出现了,公司决策层与小城镇的经销商一拍即合。经销商拥有自己的灌装公司,与可口可乐公司合作,双方联合设厂,共同承担生产基地建设费用。于是,在美国特许装瓶系统的雏形出现了。

第二次世界大战前,可口可乐已经成功发展成一种可以代表美国文化以及美国生活的饮料。战争爆发,对于美国大兵来说,喝上一口可口可乐带给他们的是一种美国式安逸家庭的感觉。在战场上回不了家的士兵对这一饮料的需求居高不下,为了更好地鼓舞士气,联军指挥官艾森豪威尔向可口可乐公司写信,希望他们可以每月提供 600 万瓶可口可乐到国外前线,这一举动无意中帮助可口可乐完成了向海外的扩张。试验工厂于 1942 年在前线建成,受到了广大消费者的热烈欢迎。但可口可乐品牌还只是在参战士兵和部分盟军战士中传播和传颂,品牌全球化尚未形成。

世界大战带来的全球视野以及大量的产品需求使让公司管理层幡然醒悟,决定利用此机会拓展海外市场、进军全球,而已经初见雏形的特许装瓶模式正式进入管理层的视线。

2. 品牌信息来源不足

由于品牌信息来源不足,不能透彻地了解当地情况,分析问题脱离实际,决策准确性不强,因此品牌发展受到局限。

可口可乐是一种比较单一的商品,但是顾客是多种多样的,需求也是多种多样的。二战后,营销理论与战略提出了市场细分化的概念,向细分市场提供最合适、最佳的服务。但一家公司的资源毕竟有限,只能向几个最大的细分市场提供最佳服务。可口可乐在当时缺乏入驻市场的各类信息,所做出的策划以及其实施都不算成功,成为可口可乐全球化发展的主要障碍。

一度碰到问题的可口可乐公司的创立者、产品的开发者、品牌的最初拥有人——彭伯顿先生最终决定将公司交给其他人经营。虽然研制出了畅销的产品,但显然这一领导者在扩大销售、带可口可乐走出瓶颈上无计可施。公司出售后,新的领导者抓住了品牌发展的机遇,带可口可乐走向了世界。

(二)品牌营造

由于可口可乐公司在描绘公司发展蓝图时能进行充分的研究分析,同时抓住机遇,在公司发展上打破传统模式,乐于创新,寻找自己的发展道路,适时地推行特许装瓶厂经营系统,从而使公司出现超常规发展,品牌营造更是登上了一个国际性的舞台。

1. 本土化原则使特许装瓶厂系统成为可能

对确立本土化理念功劳最大的当属提出者"可口可乐之父"——可口可乐第二任 CEO 罗伯特·W.伍德鲁夫,其提出的理论精髓是:在当地设立公司,由当地筹措资金,总公司的原则是不出钱,除了可口可乐秘密配方的浓缩液外,其他一切设备材料运输销售等,均由当地人自制自办。

二战期间,受到军方来信的可口可乐公司抓住机遇,以每瓶五美分的价格向美国三军提供可口可乐,借此向海外扩张。借助特许装瓶系统,可口可乐公司自 1942 年起在世界各地的建造瓶装工厂。战争尚未结束,世界各地的可口可乐装瓶厂已经增加到了 64 家①。而可口可乐饮料的生产量则破了世界饮料生产的纪录。从太平洋东岸到易北河边,可口可乐就像蒲公英种子似地飞到了亚欧许多国家。

2. 主要运作方式使可口可乐稳中求胜

特许装瓶厂系统的主要运作方式:通过合作伙伴与当地优秀饮料公司合资,签订一定年限的特许生产经营合同,合同中约定该厂生产销售的产品种类以及其产品的销售范围,共同保护品牌,协同发展,同时还保证各合作饮料公司的利益不冲突。

一件好的产品要做到的就是满足消费者的需求,如果一件产品能满足大多数消费者的需求,那就是一件成功的产品,可以在消费者中塑造一个良好的品牌形象。然而消费者各不相同,细分市场也何其多,一个大公司要做到最大限度上满足这些需求,目前为止最有效的方法就是采用特许经营模式,它同样也是公司快速拓展的首选模式。这是可口可乐公司与合作者的双赢。

通过大小相结合的方式,公司设在各地的办事处提供从全球化大局出发的观点,当地装瓶厂提供本土出发、有针对性的观点,两者相结合,保证决策的正确性,采取最有利的市场措施,为品牌发展寻找一条正确的道路。两者共同协作,收集系统、全面的最新市场信息,包括全球潮流变化、本地特殊变动等,进行品牌发展研究,进行针对性地分析;联合开展品牌宣传推广活动,扩大品牌影响力;进行新产品的开发和推广,延伸品牌价值;共同对品牌进行监控,通过专业调查公司、可口可乐公司市场调查系统和装瓶厂调查系统等多方面对品牌发展进行推进、监督。通过以上这一系列的品牌运作,可口可乐品牌达到了稳中求胜的目标。

---

① 龙文元.卖水的哲学[M].合肥:安徽人民出版社,2012:37.

3. 取得全球化策略的成功

几十年来,可口可乐从本土发家,借特许装瓶厂系统在许多国家和地区取得了成功,至今仅中国就建厂43家,其全球化策略不可谓不成功。

可口可乐公司在欧洲实施的特许装瓶系统就是一个成功的典范。自进入欧洲市场以来,可口可乐公司已投资十几亿美元与它的三个主要的装瓶集团合作建立了数十个装配厂,覆盖了欧洲绝大部分的城市。现在可口可乐公司已成为欧洲最大的饮料合资公司。二十几年来,在欧洲许多地区,"可口可乐"已成为"可乐"饮料的代名词。

4. 系列品牌价值升值

可口可乐现在所有的一切都得益于装瓶特许网络,它使得可口可乐这个帝国可以井然有序地运作。每个工厂致力于本地区的销售运作,更加有针对性、更易进行本土化营销,同时财务控制能力大大加强,使得海外市场的扩张异常顺利。随着市场的变迁,可口可乐的行营销从"3A"转变为"3P",实现了一种分销价值理念的提升,追求消费者的品牌忠诚。可口可乐在市场营销上创建的3P原则,即 Pervasive(无处不在)——使可口可乐产品随手可得;Price Relative To Value(物有所值)——可口可乐产品必须物有所值;Preferred(情有独钟)——使可口可乐产品成为消费者的心中首选。在这种理念的指导下,消费者获得满意的服务,品牌价值也随之提升。具体还表现为:

第一,通过特许装瓶系统,不但积累了大量的当地资金,还省掉了大量的自建生产基地和销售网络的费用。第二,可口可乐公司由于出售产品浓缩液给各地装瓶厂,浓缩液的销售所得有利于进行品牌的再投入。第三,作为一个统一品牌企业,可口可乐这一品牌的形象将会影响整个公司。第四,每四年一度的奥运会,作为奥运会的"TOP"合作伙伴,可口可乐公司均要在此时大做文章——在全世界的观众面前做品牌推广。第五,通过与合作伙伴和当地装瓶厂合作,推出适合当地消费者的品牌,使品牌线延长。第六,由于有装瓶系统进行具体的市场执行,可口可乐公司可从最繁杂的销售事务中脱离出来,有利于专心进行品牌运作,对品牌进行悉心的呵护和实施更长远的品牌规划。第七,要启动新市场和开发空白市场。

可以看出,特许经营是借力出海,将好的东西尽快传播,尽快让最大面积的区域和最大量的消费者享受到优质的产品和服务,它使可口可乐公司脱离了传统简单的生产型发展方式,将公司最重要和最核心的价值——品牌价值独立、脱离出来,尽快延伸和发展。毫无疑问,这些都极大地促进了最美好事物的发展。

特许经营已经成就了可口可乐,它给可口可乐公司提供了良好的发展机会。当然，随着社会的发展，更多新兴有效的合作方式将会出现，但特许经营还将在很长的一段时期内，发挥其独特的作用，促进可口可乐公司的发展和壮大，使可口可乐公司的生产和经营取得更大的发展和进步。

（三）多品牌战略

以可口可乐品牌为母体，众多附属品牌为补充，可口可乐品牌家族组建了一个攻无不克的航母编队。

通过前面所列举的全球知名品牌的排名，我们可以看出，在全球最有价值的品牌排名中，可口可乐以718.6亿美元名列榜首。著名的全球消费者行为与市场资讯调查机构AC尼尔森曾发布过一项研究报告《迈向10亿——当今全球品牌回顾》。该报告显示，在国际市场上只有43个消费品品牌每年销售额超过10亿美元，同时达到真正的全球化。其中，可口可乐全球销售额超过了200亿美元，可以说是10亿品牌中的巨无霸。而它旗下的可口可乐和健怡可乐品牌本身也均达到10亿美元。

可口可乐旗下数百个品牌，生产各类饮料，其产品类型可以粗分为四类：以可口可乐为商标的主打产品、咖啡因和维他命的功能饮料以及有益于健康的果汁和牛奶。在各种饮料市场，可口可乐都占有一席之地，拥有一定知名度，这么多的品牌成就了可口可乐的价值。

除了可口可乐，我们在日常生活中会发现，一些饮料瓶身上标明"可口可乐公司荣誉出品"字样，这些是其他三个国际品牌和众多本土品牌的产品。这种多品牌战略，可以概括为以可口可乐这一强势品牌为核心，以雪碧、健怡可乐、芬达为两翼，其他本土品牌为补充。由于可口可乐出色的表现，消费者对同一厂家生产的产品往往会带有对其品质、口味的信任。在这模式下，可口可乐这一商品继续保持其龙头地位，创造品牌声誉，其他品牌则可以从中获得消费者的信任，开拓自己的市场，形成一种"母品牌带动子品牌，子品牌托高母品牌"的模式。

可口可乐公司正在向一个全面型饮料公司的方向发展，而不仅仅是碳酸饮料的提供者。可口可乐公司的战略是在有效盈利的前提下，在全世界范围内扩大它的饮料系列，因此，它持续不断地开发新的饮料产品。

可口可乐的多品牌战略已经初见成效，由IDC公司进行的、遍布35个主要城市、以1.54万个家庭为样本的最新调查显示，2003年可口可乐在饮料市场的占有率领先于同类产品，连续七年稳居碳酸饮料榜首。其碳酸饮料系列中的其他三个品牌雪碧、芬达、醒目也名列前茅。可口可乐的品牌市场占有率为48%，品牌知名度为78.8%，最佳品牌认同度为39.2%，品牌偏好度为4.2。而在可口可乐涉足的非碳酸类饮料品类中，可口可乐则保持着强有力的挑战者位置。到

2011 年,可口可乐品牌市场占有率超过 48%,更加坚固了可口可乐帝国。

(四)培养"吃人兄弟"

可口可乐在和老对手百事可乐多年的角逐中,其第二品牌雪碧发挥了极为重要的作用。据 AC 尼尔森最新的统计数据显示,在亚太市场上雪碧的销售额已经和百事可乐持平。雪碧早在十多年前就已进入市场,但并不畅销。在经过再定位的调整后,雪碧成为实际上成长最快的软饮料,销售额四年翻了三番。雪碧和同一阵营的可口可乐摆在竞争的位置上,它必然会侵蚀可口可乐的市场份额,但它侵蚀得更多的是百事可乐和七喜的份额。可口可乐管这一招叫做培养"吃人兄弟"。

除了雪碧之外,近年来可口可乐在其他非碳酸饮料产品的拓展方面也非常引人注目。首先,当市场总容量扩张的时候,消费者往往会偏爱市场领先者,认为其产品更加正宗,让人信赖;其次,相对于其他盈利,碳酸饮料 2015 年的发展缓慢。综合这两点,可口可乐开发新产品刺激市场的行为都势在必行。

于是,可口可乐公司正在向一个全面型饮料公司的方向发展,而不仅仅是碳酸饮料的提供者。可口可乐公司的战略是在有效盈利的前提下,在全世界范围内扩大它的饮料系列,因此,它持续不断地开发新的饮料产品。20 世纪末,可口可乐又在 45 个国家推出了 15 种新饮料品种。

在新产品的推广过程中,由于可口可乐内部实现了充分的"资源共享",世界各地开发成功的产品都可以互相引进,并根据当地市场需求和消费者的习惯进行调整,从而使系统内成功的好产品与全世界的消费者共同分享,公司把这种做法叫做"本土品牌国际化"。

可口可乐已经在很多国家推广自己的非碳酸饮料品牌,比如,从日本可口可乐公司引进的酷儿。目前,酷儿在非碳酸饮料市场上的份额已经达到 17%,仅次于统一的鲜橙多。可口可乐公司以 0.25 亿美元的代价收购了太古公司运营的非碳酸饮料生产基地。此举更是显示了可口可乐在非碳酸饮料领域大干一场的决心。21 世纪初,《哈佛商业评论》透露:"目前非碳酸饮料已经为可口可乐贡献了近 10%的销售额。"

(五)"围魏救赵"战略

可口可乐系列产品在饮料市场上成为最受欢迎的软饮料,然而,一向以忧患意识著称的可口可乐公司,嗅到了饮料市场上潜伏着的日益浓厚的危机气息,它感到自己作为碳酸饮料龙头的地位受到了前所未有的威胁。威胁并非来自直接竞争领域——碳酸饮料,而是来自替代竞争产品——近几年在饮料市场上异军突起的茶饮料。

根据 AC 尼尔森市场研究公司的调查表明,21 世纪初期,茶饮料市场发展速度超过 300%，茶饮料已成为仅次于碳酸饮料的第二大饮品，涨势突飞猛进。而且亚洲国家已有几千年的饮茶文化，消费者一般的直观感觉是：茶饮料是天然、健康饮品，且能减肥、提神。因此，茶饮料发展的可能趋势是：茶饮料将取代碳酸饮料成为市场的第一大饮品。无疑，这一市场变化将对碳酸饮料制造商提出挑战，而首当其冲的则是目前碳酸饮料市场的最大获益者可口可乐。

由此看来，价格战似乎是可口可乐可以采取的一个战略。但这一战略的弊端不少，降价也会打破原有的价格平衡体系，引发茶饮料品牌的竞相降价行动，尤其还会引起其他碳酸饮料品牌的强烈反击。此外，从消费者行为学上看，降价活动会增加消费者对价格的敏感度，降低消费者对品牌的忠诚度，这将极大损害可口可乐作为世界级强势品牌的形象。

于是，可口可乐公司制订了以下竞争新战略：通过推出同类茶饮料品牌围攻其他的茶饮料品牌，增加消费者心目中可选择的茶饮料品牌数，挤占一部分消费者心理份额，弱化竞争品牌在消费者心目中的影响力，最终达到保护可口可乐核心品牌的目的。此战略主要有以下两个优势：一是推出新的茶饮料产品，可以在迅速发展的茶饮料市场上分一杯羹，在一定程度上增大公司的利润空间；二是在不影响可口可乐核心品牌既定的营销战略市场及品牌形象的前提下，狙击其他茶饮料品牌的进攻，抑制茶饮料市场的快速膨胀，确保碳酸饮料始终是软饮料市场的主流。

于是，可口可乐公司果断实施了"围魏救赵"战略，可口可乐的"岚风"蜂蜜绿茶、"阳光"茶饮料入市，并配合"醒目"果味饮料系列产品和"天"与"地"非碳酸系列，对亚洲地区的茶饮料品牌展开了一场对可口可乐公司来说具有重大战略意义的阻击战。可口可乐公司将"围魏救赵"之计灵活运用到营销战略中，确实有其独到之处，值得很多跨国公司学习。

第三节　回顾小结与意义

未来属于品牌，尤其是属于全球性的品牌。世界上最富有的国家的经济是建立在品牌之上的，而非建立在商品之上。可口可乐作为全球软饮料的第一品牌，在消费者心目中的地位不可动摇，其产品遍布世界各地，占据了全球软饮料市场 50% 的份额，使其他任何竞争对手都无法望其项背。可口可乐公司成立至今已有 130 年的历史，被《金融世界》杂志评为全球最有价值的品牌，在中国也被评为最知名的外国品牌。2011 年，可口可乐以 718.6 亿美元的品牌价值再次获得《商业周刊》全球 100 品牌排名第一位,并且这一位置已经保持了十多年。

中国必须建立自己的品牌,才能在全球市场有一席之地。品牌价值是品牌管理要素中最为核心的部分,也是品牌区别于同类竞争品牌的重要标志。迈克尔·波特在其品牌竞争优势中曾提到:品牌的资产主要体现在品牌的核心价值上,或者说品牌核心价值也是品牌精髓所在。所以中国企业需要审时度势地赋予自己的产品品牌价值,使自己的产品具有市场竞争力。

课后思考

(1) 如何将可口可乐的品牌传播模式运用到本国国内企业?

(2) 可口可乐公司如何在逆境中找到生路并获得成功,这能否帮助国内企业渡过类似难关?

(3) 举例说明多品牌在创造竞争优势中的作用。

(4) 通过可口可乐与百事可乐竞争的例子,举例说明类似品牌如何获得竞争优势。

(5) 可口可乐如何与茶饮料展开竞争,国内哪个企业也运用过这一策略与其竞争对手抗衡?

第十四章　联邦快递：发展策略

第一节　理论背景和意义

现今社会已不再像早期那样单纯依靠科技、生产及真正创新就能改变消费者需要的时代了。即使有真正的新产品上市，也会很快地被模仿，联邦快递深谙此道。联邦快递一直以来，都是以自己的服务为重，联邦快递的发展是建立在为客户提供高品质服务的基础上的，联邦快递所追求的最终目标就是客户满意。就像联邦快递那句著名的广告语说的那样："联邦快递，使命必达。"联邦快递之所以能在当今激烈的竞争环境中脱颖而出正是得益于成功的差异化策略。

差异化(Differentiation)是指企业在顾客重视的某些方面，力求在本产业中独树一帜。差异化的领域主要分为有形和无形两个方面。有形的方面通常是围绕着产品的内容来进行的，如产品的设计与生产、交货系统及其促销活动等一系列内容；无形的方面主要是指服务的内在附加值，如顾客的服务感受方面，等等①。

在全球前500强企业的发展史中，成立于1973年的美国联邦快递集团公司(FedEx)是最大的由风险投资创办的企业之一。它的成功无疑是一种创业的奇迹，但绝不可能是一个偶然的结果。其企业创始人费雷德·史密斯(Frederick W. Smith)提出的符合经济发展趋势的创新"门到门"服务以及其后坚持创新的经营管理模式，使联邦快递成功跨入了全球前五百强企业的行列当中。

从1973年创业至今，联邦快递能够在短短的40多年时间内，从一个民营小企业一跃成为全球最大的快递物流企业霸主，其独树一帜、持续创新的经营管理理念和企业文化恰好就是以上创新理论的最佳实践和例证。

让我们一起学习联邦快递的差异化策略和创新策略分析，从而来总结成功

---

① 陈德欣.联邦快递的差异化服务创新案例研究[D].广州：华南理工大学，2011.

经验,以及对中国的借鉴意义。

第二节　案例分析

一、联邦快递的差异化策略分析

(一)联邦快递服务的有形差异化

2009 年 10 月 21 日,联邦快递与波音公司在美国华盛顿州 Everett 举行仪式,庆祝联邦快递首架波音 777 货机交付使用。波音 777 货机是世界上最大也是拥有最远航程的双引擎货机,它的航程约为 6 675 英里,几乎相当于美国东西海岸之间距离的三倍,载货量达到 21.5 万磅(合 98 吨)。凭借该货机的航程优势,联邦快递可以在各主要市场和位于亚洲、欧洲和美国的转运中心之间实现直飞。与之前相比,波音 777 货机运输的货物更多,花费的时间更短,因此客户可以享受比市场上更晚的截止收件时间;2010 年 1 月,联邦快递亚太区的首架波音 777 货机正式在上海投入使用,其后陆续在深圳、广州等地部署运营。

(二)联邦快递服务的无形差异化

为了使客户得到最佳的服务体验,联邦快递懂得首先从员工开始入手,其享誉业界的"PSP"企业文化即"员工(People)、服务(Service)、利润(Profit)"就是一个最佳例证。联邦快递创始人弗雷德·史密斯不止一次宣称:"正是联邦快递人——联邦快递的全体员工造就了公司的辉煌业绩。"联邦快递常自豪于它的"紫色血液",因为公司的管理者 91% 都是内部提升,配合"内部提升"实施的是公司在员工成长上的不断投入,其内涵是:公司关心自己的员工,为员工创造良好的工作环境,在工作中给予员工最大的支持与帮助,激发他们工作的积极性,让他们在工作中取得成绩;这样员工就能为客户提供高品质的服务①,而满意度高的客户就能带给公司更多的业务,从而给公司带来效益。这份效益又惠及员工,形成一个良性的循环。

(三)联邦快递服务的差异化实施途径

具体而言,企业获得产品差异化的主要途径通常有以下三种:

1. 功能创新

这种创新具有能满足从未出现过的需求的能力。比如 Edwin Land 发明了

---

① 孙立.联邦快递的紫色文化[J].企业改革与管理,2008(1):58-59.

一种即时摄影成像技术，它满足了人们在拍照后能马上看到相片的需求，于是出现了宝丽来（Polaroid）。功能创新所获得的差异化竞争优势，有赖于通过专利权或商业秘密这种保护措施得以维持，否则很快会被复制，市场产品由差异化走向非差异化。宝丽来公司就是不断发明、发展即时成像技术，不断申请专利保护，以求维持合法的技术垄断，保持差异化优势。

事实上，联邦快递并没有因为取得巨大的商业成功就停止其业务发展，联邦快递时刻会致力于用心"想客户所想，思客户所思"。自从 2002 年联邦快递在上海研发出了全新的电子清关处理系统（EDI）之后，这项系统不但大大提高了货物过海关的效率，而且再一次地提升了货物的递送时间，并且，联邦快递的客户还可以随时上网查询自己包裹的情况。在联邦快递所运送的所有货物中，有 80%使用电子清关系统。每天都有成千上万件货物由上海出发抵达美国的孟菲斯和安克雷奇以及法国巴黎，而这些货物中有绝大部分的清关都是需要在同一天内完成的。由彼及此，近期联邦快递成功研发一套创新的发票清关系统，帮助客户在实现货物电子清关之余，发票文档也可以同时实现电子清关，大大减少了客户的发票文档寄送手续，可谓非常贴心。

2. 改善性能

同功能创新相比，第二条途径是产品性能或服务的改良。联邦快递深谙日新月异的科技能够为客户提供增值服务，一直以发展尖端科技提高服务质量而在业内被广泛称赞。每年，联邦快递都要拿出 13 亿美元来加强高科技信息功能建设，从而运用高科技来提高国际间的物流效率，减少物流成本。联邦快递从成立之初起，就运用高科技的全自动操作来保证高效率、多功能的服务。为了能够为客户带来更多的便利，联邦快递表示，将国内普通到达邮件的收件时间由原来的下午 6 点延长到晚上 8 点，同时将次晨到达邮件的派送时间由原来的中午 12 点前送达缩短到早上 10 点[①]；除正常工作日外，客户周六也可以致电联邦快递限时业务客服热线，要求寄送国内包裹。同时，派送证明及签单返还业务也在受理范围之内。另外，单票货物的最高申明价值将提高到 25 万元，而且"准时送达"服务也扩展到"隔日达"业务。

3. 度身订造

这是产品走向差异化的最高形式。产品生产针对每个群体甚至每个人的不同需求而量体裁衣、度身订造，顾客的需求得到了最大满足。目前世界营销舞台上，对"度身订造"已有了更高的发展形式，真正差异化的来源有两处：一是

---

① 赵月月.DXX 国际快递公司北京地区市场营销战略研究[D].北京：北京交通大学，2013.

通过市场调查,发现顾客的需求,生产出相应的产品来满足它,即需求决定论;二是发明崭新的产品,在市场创造出新的需求并满足它,即创造决定论。两者都能产生差异化优势,但不同的决定论会导致不同的决策。要清晰理解上述两派观点,必须纳入风险和报酬的概念。联邦快递在创造决定论中,一个新的产品可以完全不做市场调查而发明创造出来。根据历史经验及数据统计,新产品成功率不到10%,风险较大。但一旦成功,它会创造出一个巨大的新需求市场,并成为领导者。因需求而设计出的产品,因为是基于市场调查发展出来的产品较能被市场接受①,力推的"服务、技术、与顾客一起拓展市场"营销理念,其卖点就建立在智能化服务体系上,深度介入客户的物资调运业务中,提供能与之协同运作的"整体解决方案",在当今快速、竞争、全球一体化市场上,成为唯一能向顾客提供他们所需要的"综合性物资调运解决方案"的企业。它在 Internet上构建的智能化运输管理系统就是联邦快递竞争力的体现,其核心是对企业用户和对个体用户的吸引力。FedEx 的智能系统能与用户企业网无缝对接,或通过 Web 页面直接介入到用户物资运输当中。这样,任何公司在逻辑上都可直接把 FedEx 庞大的空运阵容和陆地车队当作自己的运输资源;而且 FedEx 智能系统还告诉他们最明智的运输方案。联邦快递深知智能化运输管理系统的独特吸引力,于是主推"整体大于部分之和"的协作化、智能化货运解决方案,深受企业欢迎。对个人用户,FedEx 网站的规范化作业,能使他们方便地进行自我服务,可以接发订单、提交运输业务、跟踪包裹、收集信息和开账单等。

二、联邦快递的创新策略分析

(一)联邦快递的市场创新

市场创新:它指企业从微观的角度促进市场构成的变动和市场机制的创造以及伴随新产品的开发对新市场的开拓、占领,从而满足新需求的行为。

从联邦快递的发展史中我们不难看出,由一开始的创业到目前成为全球性的跨国企业,公司的经营管理由始至终贯穿着"创新"二字。

事实上,联邦快递目前所缔造的全球货物转运的模式,其雏形最早来源于其创始人费雷德·史密斯的一篇学期论文。1962 年,弗雷德·史密斯考入耶鲁大学。在大学里,他凭着一名优秀企业家的潜在素质和特有的直觉就预见到美国工业革命第三次浪潮将靠电脑、微处理机及电子装备来维系,而这些装备的维修则要靠量少价昂的组件和零件及时供应,而有关信件、包裹、存货清单也需

---

① 安勇.个人移动通讯产品的差异化设计研究——移动电话的差异化设计方法分析[D].上海:东华大学,2008.

要在短时间内获得,因此,传统物流运输将无法胜任计算机化的商业社会。弗雷德·史密斯把他的想法写成了论文,他认为创立一种隔夜传递服务公司是十分必要的,于是,在论文中他构想以航空中心为基础的空运配送模式,这样通过缩短时间差创造了时间价值。这是来自拓扑学的灵感——如果将网络中的所有点通过一个中心连起来,就像数据交换那样,效率会非常高。而他的教授却认为,论文中的许多观点虽然有某些可取之处,但这些观点是行不通的。首先,联邦政府对空运航线的管制将妨碍这种服务;其次,已经利用客运航线运送包裹的老牌航空公司的竞争也会使这样的服务得不到成功;再次,提供这种服务所需要的巨大资金是任何新创办的公司难以承受的。然而,弗雷德·史密斯创办隔夜快递公司的初衷始终没有动摇过。

基于以上创新的服务模式理念,弗雷德·史密斯对快递服务市场精辟独到的分析以及他的努力、自信、非凡的领导能力,以及他不可多得的胆识,特别是他破釜沉舟地把全部家产投到联邦快递公司的勇气和冒险精神,征服了无数精明而狡猾的风险投资人[1]。弗雷德·史密斯非凡的创业壮举最终打动了风险投资家们,9 600万美元的风险性创业资金的注入,使他有可能向自己的目标迈进。随后,通过不断建立超级转运中心作为物流网络支点来开拓全球市场,如今,联邦快递已经在全球的许多地方设立了地区转运中心,并以转运中心为支点,不断向周围进行业务辐射,从而构成了庞大的物流网络。

（二）联邦快递的资源创新

资源创新:它指企业创新需要有各种投入,包括人力、物力、财力各方面的投入要素,我们应该积极有效地运用这些重要资源。

创新不是某人或某家公司能一蹴而就的事。为保持竞争优势,企业就必须创造一个鼓励创新的环境。不错,弗雷德·史密斯通过他独特的创新理念创建了联邦快递公司,然而联邦快递之所以能在后来不断取得成功,也是因为其能不断适应商业环境的变化。如果没有不断地创新,联邦快递就不可能发展壮大,也不可能获得成功,可见,创建并维持创新文化是企业发展的必经之路。

1. 高级管理层对创新所起的作用

在具有丰富创新想法的联邦快递公司内部,总是洋溢着创新的文化气息,这使得各个层次的领导者都围绕"引导创新"这个主题开展工作,因此这种氛围是产生和分享新想法的关键。联邦快递公司的另一个特质就是具有保证创新的三个步骤:产生、接受与实施顺利进行的既定流程。和其他任何流程一样,这样流程的效果完全取决于是否得到公司领导层的支持。当然,领导者自己必须

---

① 罗辉.横行全球的联邦快递[J].宁波经济:财经视点,2004(5):43-45.

参与到推动这些步骤的过程中来。联邦快递在公司层次和各部门层次都有明确的流程来实现产生、接受与实施这三个步骤。

2. 让所有人都参与进来

每一次变革都会对整个公司产生巨大的冲击。因此，必须确保受到创新想法影响的各领域的人员都要参与到对这些想法的评估与完善之中来。为确保这一点，联邦快递公司每月都要进行不同阶层的会议，每次会议之前都会进行完善的规划，以便让公司的各级人员都能够参与进来。会议的主角首先是经理和员工，然后是经理和主管，接着是主管和副主席，接下来是 CEO、高管和规划主管。联邦快递公司里每个人都很清楚这些会议的重要性。

弗雷德·史密斯和他的高管团队是一支在战略上能够高瞻远瞩的团队，一旦他们明白了某个战略对联邦快递公司运营所具有的重要意义，他们就会就此提出一个又一个新的想法。他们会对这些新想法保持足够的兴趣，并提供积极的支持，持续跟进以保证新想法的成功实施。这个流程可以确保所有的创新方案都能够获得被提出、分享和评估的机会。

（三）联邦快递的组织管理创新

组织管理创新：它指组织形成创造性思想并将其转换为有用的产品、服务或作业方法的过程。也即富有创造力的组织能够不断地将创造性思想转变为某种有用的结果。

在联邦快递被人津津乐道的企业文化里面，最常被人们关注的就是他们所谓的 PSP 文化。费雷德·史密斯有句名言："想称霸市场，首先要让客户的心跟着你走，然后让客户的腰包跟着你走。"怎样让客户的心跟着你走？答案是优质的服务，但谁能提供优质的服务？答案是优秀的员工。正因为认识到这一点，联邦快递实行 PSP 的管理，即员工（people）——服务（service）——利润（profit）的循环体系。简单地说，PSP 文化就是指公司在做任何事情时要把人（员工）放在第一位。而这样做的结果是，公司员工在做任何事情时都会把客户放在第一位。

1. 员工（People）

联邦快递深信，员工是公司最重要的资产。作为联邦快递的员工，就是快递业内最优秀的专业人员中的一份子。"员工·服务·利润"哲学是基于这样一个信念，即积极主动和认真负责的员工，能够向顾客提供专业的服务，确保公司盈利和业务的持续发展。

2. 服务（Service）

联邦快递公司最主要的目标之一，就是为顾客提供完全可靠的服务。顾客对服务的满意是公司成功的关键。而要使顾客满意，就必须实现一切服务承诺,并最大限度地以诚恳尊重的态度和专业的工作精神对待顾客。员工必须认识到,顾客托付给公司的每件包裹和文件,对他们来说都是至关重要的。公司的生计取决于员工的服务质量。为了提供专业的服务,并达到精益求精的标准,员工必须牢记:不要做出公司能力以外的承诺,但必须努力超越公司的承诺①。

3. 利润(Profit)

联邦快递公司的盈利有赖于其全体员工全心全意地工作,以及提供高质量的专业服务。任何公司都必须保证股东的投资得到足够的回报,才能够继续生存。这是放之四海而皆准的经济定律,联邦快递也不例外。任何事情都是金钱和时间的结合体,因此公司承诺,员工为公司所付出的时间和努力,都会得到适当的回报。确保联邦快递公司业务和员工未来的持续发展而持续赚取利润的能力,任何时候都是联邦快递公司首要的任务之一。

联邦快递自1973年3月12日成立以来,秉承"员工·服务·利润"的企业经营哲学,将员工视为公司最重要的资产。满意的员工提供杰出的服务,好的服务给公司带来发展和利润,这就是联邦快递取得成功的最重要因素之一。

（四）联邦快递的技术创新

技术创新:它指生产技术的创新,包括开发新技术,或者将已有的技术进行应用创新。新的产品构想往往需要新的技术才能实现。

在过去的二三十多年间,联邦快递非常重视先进科技的应用并持续强化信息化建设,以满足日益增长的业务需要。联邦快递先后引入了多种先进的机型以提升航运能力,并综合使用了多种ERP、CRM系统乃至专业航线管理软件以对整个物流货运系统进行全程监控。联邦快递每年在高新科技研发方面投入16亿美元,在我国,这无疑是业内的创举。不断积极、创新地引进高科技,体现出联邦快递不断提高的服务水平。

以下列举的这些创新举措正是联邦快递赖以成功的秘诀:

(1)首家拥有并运营自己的飞机、首家拥有包裹分拣设施以及专用运送车辆的快递公司(1973)。

(2)首家使用电视广告进行业务宣传的航空货运公司(1975)。

(3)启用客户、运营和服务控制联网系统(COSMOS系统)(1979)。

(4)首家在运件车上安装电子通信系统的快递公司(DADS系统)(1980)。

(5)首家使用电脑自动化运输系统的公司(1984)。

(6)引进超级追踪仪——一种手提条码扫描系统(1986)。

---

① 高放.服务制胜的联邦快递[J].企业改革与管理,2004(6):54-55.

(7) 打造整合的、无国界的国际国内网络(1989)。

(8) 首家提供在线查询服务的快递公司(1994)。

(9) 开设首班环球货运航班(1997)。

(10) 升级使用 MD11 机型,成为首家也是唯一一家向中国客户提供准时送达保证的国际快递商(2002)。

(11) 全面升级使用 GPRS 技术追踪包裹信息(2004)。

(12) 测试使用主动型 RFID 技术追踪包裹、监控包裹的实时状态情况(2008)。

(13) 美国首家使用波音 777 机型的全货运航空公司(2009)。

(14) 首家在中国使用波音 777 货机运送国际快递的航空公司(2010)。

(五) 联邦快递的产品创新

产品创新:它指改变原产品或创造产品,以期进一步满足顾客需求或开辟新的市场。

如今,联邦快递这个词已不仅仅是一家公司的名字,也是人们在需要快速而及时收到包裹时用的一个动词。"把东西联邦快递给我"(Please FedEx the parcel to me)这种用法在世界上的 200 多个国家和地区中的几十种语言中流行着,也许不久就会出现在朗文、牛津字典的新词当中。正是以市场和客户的需求为原动力的创新,使联邦快递由默默无闻成长为世界上最受欢迎和信任的品牌之一。

联邦快递集团为遍及全球的顾客和企业提供涵盖运输、电子商务和商业运作等一系列的全面服务。通过相互竞争和协调管理的运营模式,联邦快递集团提供了一套综合的商务应用解决方案,使其年收入高达 320 亿美元[1]。以下是其中的一些典型的应用。

联邦快递在 1994 年就建立了自己的主页——FedEx.com,网站在刚开通时只有两页,一页是输入跟踪号码的方框,另一页显示的是包裹所在的地点。而今天,这个网站已经有 8 000 多页,每天有 30 多万个送往 215 个国家和地区的包裹接受跟踪。

联邦快递于 2000 年 7 月开展了为中小企业客户提供网站建设解决方案的业务,帮助 B2C 客户建立和管理在线商店(包括广告促销、支付和客户管理),同时这种前端服务同 FedEx 的后端服务相连接,提供集成的物流服务。

联邦快递计划扩充国际海关应用系统。这些应用使海关能够在实际运载货物的飞机到达之前,就能看到进入其报关港的货物的单据。许多包裹在实际

---

[1] 孙义.联邦快递(中国)有限公司经营战略研究[D].天津:南开大学,2007.

到达之前就可以被清关,节省了手工清关的费用,使包裹能够更快地到达目的地。例如联邦快递承接的戴尔公司(Dell)设在马来西亚的工厂生产的电脑的配送工作(包括办理海关手续和产品核查等),成绩显著,使其向日本的发货时间由过去的10多天减少到1周左右。

联邦快递公司电子商务战略所拥有的重要功能之一,是能够完全代理企业的物流系统。举例来说,美国国家半导体公司就把它在亚洲的3家分厂的物流工作全部委托给联邦快递。具体来说,就是由各家分厂及下属单位加工的所有产品,均运到联邦快递设在新加坡的物流中心,联邦快递根据美国国家半导体公司每天的订货情况,制定送货计划,并向亚洲各国的顾客实施配送。据美国国家半导体公司统计,交由联邦快递代理物流以后,交货周期由过去的4周缩短到了1周,运送费用由过去的占销售额的2.9%下降到了1.2%。

第三节　回顾小结与意义

通过以上对联邦快递创新行为的具体分析,我们不难看出,联邦快递之所以能够取得成功,依赖其持续有效的创新,从而最终体现为给用户提供优质的服务,其中,差异化竞争使该企业获得了核心竞争力,从而在激烈的市场竞争中保持不败,赢得商机;而同时现代管理学认为,一旦企业的这种创新文化被建立起来后,就会成为塑造内部员工行为的规范,成为企业内部所有人共同遵循的价值观,对增强企业的凝聚力起到很大的作用。

一、成功启示

从联邦快递的案例中我们可以总结出以下的成功经验。

第一,定位要专业化。联邦快递从一开始就定位非常明确。在成立初始,就给自己定性了。作为专门从事快递业务的公司,联邦快递致力于为客户提供更快、更准时、更能符合客户要求的快递服务。史密斯先生运用差异化战略,使得联邦快递开创了一片全新的市场。相对其他国际性的快递企业来说,联邦快递是起步比较晚的。但是正是因为史密斯先生对快递市场的敏锐嗅觉,使得联邦快递避开了其他几项竞争比较激烈的业务。当时UPS全面垄断了全美国的小包裹业务,联邦快递如果以后进入者的身份进入美国包裹递送业务,就算能勉强生存,也绝对不可能达到现在的发展高度。

第二,管理要人性化。联邦快递从一开始就把员工视为企业最宝贵的资产。史密斯先生不止一次在公开场合提到,联邦快递之所以能如此迅速地发展壮大,员工是其中关键的因素,联邦快递的员工是联邦最宝贵的资产。事实上,史密斯先生也是这样对自己的员工的。在美国第一次经济危机爆发的时候,联邦快递也受到很大的影响,然而史密斯先生没有像别人那样采取裁员的措施,而是通过减薪或减少工作时间来降低成本。而联邦的员工也都非常感激史密斯先生,自动降低薪水,有的甚至都不领薪水,以帮助联邦快递渡过难关。在2009年世界经济危机再一次袭来的时候,联邦快递依然保证没有一个员工被裁员。并且平时联邦快递的员工都能享受到很多公司福利。每一个员工都以联邦快递为骄傲。每一天的工作都保持很高积极性。正因为联邦快递全体员工努力的付出,所以联邦快递才能为客户提供"使命必达"的服务。客户满意度高了,联邦快递的利润当然也就高了,这就是著名的 PSP 理论。联邦快递的价值就体现在员工、服务、创新、忠诚以及责任上。

第三,创新要持续化。必须随着自身的不断发展而不断变革和持续创新,必须跟着市场走,与时俱进,永不满足。凡是与企业自身发展和生存有关的信息及时掌握,例如公司在当地乃至全球的影响力、客户信息的反馈、竞争对手的经验教训和发展动向、企业自身的财务状况等,都要在短时间内掌握,凡是有利于自己企业的一切东西不仅要懂得,而且要择优引进和及时使用。

第四,服务要差异化。联邦快递从一开始就以为客户提供更好的服务为目标而坚持不懈。一说到"使命必达",人们很自然地就会想到联邦快递。联邦快递的服务就是承诺,联邦快递要做的事情就是准时把货物送到客户的手上。为了能更好地为客户提供服务,联邦快递每年用于提升公司信息建设的费用高达10亿美元,所以联邦快递的信息网络才会如此健全,客户能随时随地在任何地方追踪自己货物的情况。不但如此,联邦快递还免费为客户提供专业的包装箱。为了能更好地服务客户,联邦快递还推出周六送达服务;运用最先进的运输工具,缩短货物在递送过程中所花费的时间。总而言之,只要客户能想到的,联邦快递都能做到。其实联邦快递的生存之道很简单,找对自己的位置,对员工好,对客户负责以及永不停歇的创新。就这么简单的四点,却能使联邦快递立于不败之地。

二、借鉴意义

另外从联邦快递的身上,中国物流企业可以借鉴的有如下几点。

第一,持之以恒的精神和适当的紧迫感。中国人素有"一招鲜,吃遍天"的说法,意思是必须拿出潜力巨大、与众不同的产品到市场上,不为眼前得失而困惑,更不能因一时的挫折而迷失方向。总而言之,只要不是胡思乱想,而是"突发奇想,与众不同",获得成功的机遇和挑战是同时存在的,而成功往往属于那些百折不挠的人和企业。

第二,发达、完善的网络管理方式。完善的网络是快递企业高速运转的基础,只有建立了完善的网络系统,快递才能实现真正的高速运转。联邦快递有着巨大的信息网络优势和卓越的网络管理方式,还有支撑其运营的庞大的运营网络。公司通过孟菲斯全球控制中心控制,以转运中心模式,配以分布在全球几百个国家的操作站,保证货物的高效运转①。而国内的快递公司网络覆盖率低,导致了快递服务质量不稳定。许多企业采用加盟、承包的模式,虽然可以扩大网络覆盖率,但是结果松散,组织也比较混乱,难以保证服务质量。

第三,全新的经营理念。联邦快递正是因其全新的、符合市场要求的经营理念,才取得了如此成功。快递企业要以客户为中心,主动去调整业务范围。准确地接受客户信息,实现货物的全程跟踪,保证随时可以解答客户的咨询需求,为客户提供最方便快捷的服务。另外,还要注意努力提高从业者的素质,强调团队精神和工作积极性,加强员工的服务意识,以便提供高质量的快递服务。

第四,先进科学技术的应用。可以说,先进的科学技术撑起了半个联邦快递。巨大的技术优势是保证联邦快递快速、准时、优质服务的关键所在。庞大的信息化网络使得联邦快递货物能及时迅速地被跟踪、调配和反馈。整个递送过程透明可见。在很大程度上增加了客户对联邦快递的信任度。而国内很多快递企业连最基本的网络和通信设备都不健全。货物信息无处查询,延误、丢失都不知原因,使得客户没有一点安全感和信赖感。

第五,个性化的服务方式。在越来越激烈的竞争市场,高质量的服务有时并不能满足客户的需要。联邦快递进入中国后,立刻受到广大客户的青睐。不仅仅是联邦快递高质量的快递服务,还有其超前的服务观念,让客户体验到了前所未有的享受。精确的运送时间、多种付款方式以及门到门的优质服务。再加上完善的信息化网络,让客户可以随时获得货物的信息。联邦快递的服务呈现多样化、个性化的发展趋势。而国内的快递企业普遍缺少这种多样化、个性化的服务。一定要勇于创新,向全方位服务发展。在竞争日趋激烈的中国市场,国内快递企业想要生存发展,就一定要抵挡住来自国际快递巨头们的猛烈冲击,虽然差距巨大,但是凭借自身小而专的优势,只要持之以恒,稳健发展,一定可以找到适合的发展策略,与国际快递企业并驾齐驱。

第六,以人为本、真心诚意。联邦快递的经营哲学是真心诚意地关心和爱护员工,从而令员工竭诚为客户提供良好的专业服务,以确保联邦快递公司利

---

① 李晓超.国际快递公司在华发展特点及启示[J].物流技术,2007,26(8):51-53.

润及业务得以持续发展。联邦快递公司内部所有活动都以此经营哲学为基础。联邦快递领导层基于以人为本的哲学,为员工建立和提供公开的内部沟通渠道及雇员发展政策。联邦快递公司一向重视寻求有才能、有潜质的员工。这些人才应是诚信、热心、富于创造性及能尊重同事和顾客的。作为一家国际性的跨国公司,联邦快递的文化是尊重多元化及鼓励员工发挥他们的专长。联邦快递的管理层深信,任用工作认真的员工是公司成功之道,这正是其员工—服务—利润的核心信念①。

课后思考

(1) 调查显示,员工不快乐的企业,多数止步不前甚至倒退,而环境宽松的企业常常蓬勃发展。联邦快递关心员工,为员工创造良好的工作环境,在工作中给予员工最大的支持与帮助,激发他们的工作积极性,这样员工就能为客户提供高品质的服务,而满意度高的客户就能带给我们更多的业务,从而给公司带来效益。这已经成为联邦快递的无形资产。"以人为本,以员工为本"的口号很多公司都会喊,但真正做到的不多。有了口号和理念并不等于就有了有效的行动。到底如何实践"以人为本"才是组织在新经济条件下生存乃至实现可持续发展的关键所在?

(2) 公司层战略主要有哪三种? 差异化战略的优缺点是什么? 联邦快递是如何实施它的差异化战略的?

(3) 联邦快递的差异化竞争策略带给我们哪些启示?

---

① 惠良.美国联邦快递的成功奥秘(下)[J].中国远洋航务,2004(7):70-71.

第十五章　波音：以客户满意为核心的客户关系管理

第一节　理论背景和意义

客户关系管理的定义是：企业为提高核心竞争力，利用相应的信息技术以及互联网技术来协调企业与顾客间在销售、营销和服务上的交互，从而提升其管理方式，向客户提供创新式的个性化的客户交互和服务的过程。其最终目标是吸引新客户、留住老客户以及将已有客户转为忠实客户，增加市场份额。

核心竞争力（Core Competence）是 1990 年由美国著名管理学家普拉哈拉德（C.K. Prahalad）与哈默尔（Gary Hamel）提出的。核心竞争力一经提出，就在管理学界引起了巨大轰动，这是对传统战略理论的重大发展——将战略研究的目光从企业外部转向了企业内部。然而，尽管核心竞争力已为人们所熟知，但关于核心竞争力的内涵还存在争议。沃纳菲尔特和彭罗斯认为核心竞争力来源于企业所控制的资源。中国学者李悠诚将资源进一步细化，认为核心竞争力是由无形资产所构成的。客户关系对于企业而言，也是一种资源，一种能创造超额附加值的智力资本；客户关系管理不仅是一种管理方法，还能形成竞争对手无法超越的核心竞争力。波音以客户满意作为其文化的核心，依靠客户关系管理塑造了竞争对手难以模仿的核心竞争力。

波音公司的企业文化是以客户满意为核心的。它把追求客户全面满意作为其文化的中心部分，并以此为凝聚力来吸引和引导其他的价值观，从而产生一种"聚合效应"，使其他文化因子围绕在客户满意这一中心。波音近百年的发展历程也是其文化塑造的过程。由于波音公司从事的是飞机制造业，这种行业的特殊性要求非常过硬的产品质量和高度的客户满意。

第二节　案例分析

一、波音的成长历程

波音公司的创始人威廉·爱德华·波音是一位对飞机有着浓厚兴趣的飞行爱好者。他早年曾经在耶鲁工程学院工作,为了实现自己的空中旅行梦毅然离开了条件优越的科研机构,开始了飞行实践的探索。在华盛顿州靠经营木材积累了原始资本后,威廉·波音于1908年来到了西雅图,并在1910年购买了位于Duwamish河畔的造船厂,拥有了第一个飞机制造厂。

1916年7月1日,威廉·波音在美国西雅图创立了波音公司。波音公司原名是波音飞机公司(The Boeing Airplane Company),1961年改名为波音公司(The Boeing Company)。1919年,波音设计的第一架商用飞机——B-1邮件飞机完成了首次试飞任务,引起了很大的轰动。1935年,B-17的样机—299型(XB-17)在波音试飞场试飞成功,被当时的报纸称为"飞行中的堡垒"。1943年,波音开始将研究重点转向速度更快、性能更优的喷气式飞机,终于在20世纪40年代将喷气式飞机送上了蓝天。1951年,波音宣布了一项在航空史上具有划时代意义的决定:在华盛顿州Everett的新制造厂研制装有490个席位的波音747客机。与此同时,波音公司还与美国国防部签订了设计、研制和测试短程攻击导弹(SRAM)的合同。1970年,波音747客机从纽约至伦敦的泛美洲试航成功。同年,波音公司还有幸成为国防部机载预警和控制系统(AWACS)的主承包商。1974年,美国宇航局与波音签订了生产哈勃太空望远镜零部件的合同。1988年,受美国航空公司的委托,波音生产了第一架波音767-300ER(加长型)客机,还向美国陆军交付了第一个Avenger防空系统。1993年,波音再次成为美国航空公司指定的国际空间站项目的主承包商;同年,波音又推出了波音747-400货运飞机。

1997年是波音史上具有重大意义的一年,它以166亿美元兼并了麦克唐纳·道格拉斯公司。波音和麦道公司在美国航空制造业分别排名第一和第二,在世界航空制造业中排名第一和第三。这样,在干线客机市场上,合并后的波音不仅成为全球最大的制造商,而且是美国市场唯一的供应商,几乎占美国国内市场份额的100%。同年,F-22"猛禽"也试飞成功,它可以在3分钟内爬升到15 000英尺的高空。

波音公司的顾客遍布 145 个国家和地区，业务部门分布于美国的 26 个州和全球 60 多个国家和地区，共有雇员 19.8 万人，华盛顿州的南加州、西雅图、堪萨斯州的威奇托、密苏里州的圣路易斯等地是主要业务基地。波音公司下辖 6 个主要业务集团：航天与通信集团、波音民用飞机集团、军机与导弹集团、波音联接公司、空中交通管理公司和波音金融公司，以及一个共用服务集团。

现在，全世界每 24 小时就有 300 万名乘客乘坐 42 300 架次波音客机，飞往地球上的各个国家和地区。全球现役的波音民用飞机接近 1.3 万架。"波音"这个名字在全世界闻名遐迩，很多人甚至将其作为民用飞机的代名词。

波音公司 2010 年营业总收入为 643.06 亿美元，排名 2011 年度《财富》世界 500 强第 114 位[①]。

二、塑造以客户满意为中心的文化

波音在发展过程中以客户的需求作为自身产品设计和生产的出发点，用客户的标准来衡量所生产的产品品质，以求赢得客户的忠诚，实现其领先世界的战略目标。当然，要实现这一目标，需要一个相互兼容的文化体系做支撑，招聘一支多元化且积极参与的员工队伍，做一个好的法人以树立良好的社会形象，增强对社会的责任感，提高股东价值等。各个文化因子之间的关系如 15 - 1 所示。

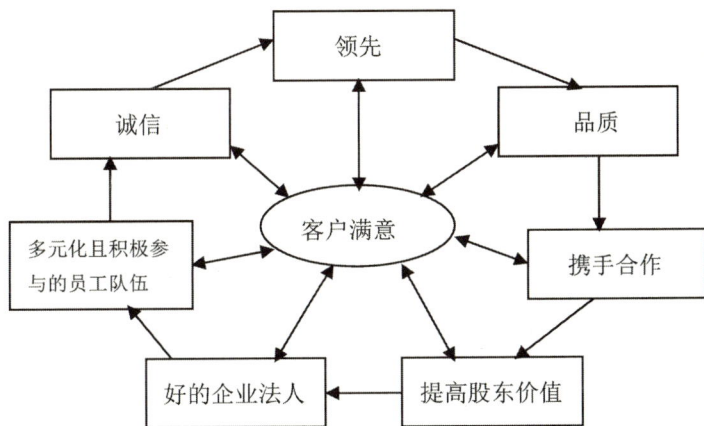

图 15 - 1　波音公司的文化构架图

---

① 方华明.世界 500 强管理绝招[M].北京：中国经济出版社，2012(3)：307.

从图 15-1 可以看出,在波音的文化体系中,客户满意是所有价值观的核心,公司的一切经营活动都是围绕着客户满意这一宗旨而展开的,一切经营绩效的评价标准最终是以客户是否满意来进行的。

(1) 客户满意:波音公司将深入了解客户需求,充分满足客户需要,令客户全面满意。

(2) 领先:波音公司将在发展各级集体领导艺术、产品设计、管理成效、制造和支持手段以及财务业绩等经营的各个方面占据世界领先地位。

(3) 诚信:波音公司对自己的行为负责,待人公平、诚信和尊重,以最高道德为准则,以承担义务为荣耀。

(4) 品质:波音公司不断努力改进产品和服务质量,令客户、雇员和社会满意,从而保持世界领先地位。

(5) 携手合作:波音公司不断学习和分享新知识、新思想,鼓励公司各阶层的员工和管理者全方位携手合作。

(6) 多元化且积极参与的员工队伍:波音公司培养一种人人参与的工作氛围,使每位员工参与决策,共同推进企业目标的实现。

(7) 好的企业法人:波音公司提供安全的工作条件并保护环境,与社区合作,促进员工和家庭的健康和福利,以志愿方式参与并从经济上支持教育等公益事业。

(8) 提高股东价值:波音公司要想保持世界领先地位,必须不断创造利润,为股东带来丰厚的回报,而这一切的实现必须以客户满意为前提。

上述文化架构图是一个相互影响、相互支持的系统,各种价值观共同起作用,这需要一个核心的价值观,其他价值观都要以它作为最终的指导方向。波音以客户满意作为自己的文化核心,充分发挥了其他文化的凝聚、约束作用,实现了文化的经济价值。企业文化是企业在长期的发展过程中,企业的创业者和员工经过长时间对其价值观和行为方式进行反思、总结所形成的。企事业文化的形成有其特定的土壤,并且得到企业各个员工真正的认同,指导着公司的发展战略和员工的行为规范。

三、波音公司的用户服务历程

用户服务有人称之为售后服务或产品支援。它在一个企业中与产品设计、产品制造和产品销售之间的关系谁轻谁重?产品制造商对这个问题在市场经济和计划经济的不同环境下所产生的感受是不一样的。制造商如果不从计划经济的用户服务观念迅速转变到市场经济的用户服务观念,这个制造商在市场竞争中肯定要败下阵来,这是毫无异议的。

有人说海尔集团的成功不仅是产品质量好,更重要的是满意的售后服务。甚至有人说,海尔集团的产品之所以能受到人们的青睐不是因为它的产品质量是上乘的,而是它的售后服务是上乘的。由此可见在市场竞争中,一个企业的经营者不把用户服务提到与产品设计、产品生产、产品销售同样重要的地位,那就是计划经济的经营观念还未转到市场经济的经营观念,就是一种失策。价格昂贵、技术复杂的航空产品,用户对其售后服务的期望值肯定比其他产品更高,因此航空产品的制造商要取得成功,必须把用户服务放到适当的地位。

波音公司是世界上最成功的飞机公司,成立至今已有近 100 年的历史。在这近 100 年里与波音公司同时诞生,或者是历史上曾大有名气的飞机公司,有些被兼并、破产、倒闭而销声匿迹,其中荷兰的福克公司就是一家有 77 年历史而破产的公司。波音公司时至今日却仍傲然挺立,如日中天。波音公司的成功是产品设计、产品生产、产品销售的成功,也是用户服务的成功。从波音公司的用户服务工作的变化和发展,我们可以看到用户服务如何支持一个制造商获得成功,用户服务在企业经营管理中的作用和地位。

(一) 20 世纪 20 年代:波音本人亲自感受用户服务的重要性

1915 年,波音公司的创办人威廉·爱得华·波音(William E.Boeing)和海军军官威斯特维尔特开始制造飞机,第一架飞机是由威斯特维尔特设计,波音负责制造的。它参照马丁飞机进行的设计,型号为波威(B&W),是以波音和威斯特维尔特两人姓氏的第一个字母命名的,是一种水上飞机。波威小型水上飞机一共制造了两架,都被新西兰政府买去,作为训练飞机驾驶员和试办航空邮政业务之用。

1918 年,波音为销售这两架飞机,亲自到新西兰飞行俱乐部。为了促进交易,波音增加了培训和交付备件的内容。这两架飞机不仅标志着波音公司国际销售工作的开始,而且也播下了波音公司和用户之间建立永恒友谊的种子,也使波音本人亲自感悟到了用户对服务的需要。1934 年波音退出了亲手创造并运作了 18 年的公司。至今有近 100 年历史的波音公司,先后推出了 7 任董事会主席,只有 18 年是在波音的领导下进行运作,有 67 年是没有波音的波音公司。波音给波音公司留下的不是资产,而是他初创时确立起来的传统,这是波音公司的一笔巨大财富。

**(二) 20 世纪 30 年代:波音公司成立了用户服务机构,派出了第一个场地
        服务代表**

1934 年 9 月 26 日,作为纯制造公司的波音飞机公司成立。同年夏末,威尔伍德·比尔作为远东销售代表启程到中国,策划一项对广东空军的销售活动。此人后来成为波音公司用户服务单位的首任领导。他的这项活动非常成功。

1935 年 7 月,他与中国缔结了一个出售 11 架 281 型飞机给中国的合同。当这些飞机从西雅图的生产线上下来,然后拆卸装箱向中国发送时,比尔觉得派一个场地服务代表到中国去是必要的。这个场地服务代表不仅要负责拆箱和组装这些飞机,而且还要训练中国飞行员去驾驶这些飞机,训练中国机械师为这些飞机服务。幸运的是比尔在上海旅行期间,碰到了尼莫·庞塞蒂,此人有深厚的工程背景,而且爱好飞机。比尔立刻向他提出了这项工作,比尔的判断是正确的,庞塞蒂确实是理想的现场代表,他接受这项工作后立即就去西雅图了解这种飞机。1935 年,庞塞蒂受完训练之后返回到中国,并在中国表演让飞机飞行的方法。从此,这种方法成为现场服务代表素质的标志。庞塞蒂能利用中国飞行员在运转自己飞机的时间,装配好另一架完整的飞机。尽管今天人们很难找到庞塞蒂当年进行场地服务的记录,但我们很清楚:不管怎样设法完成任务,都是在完成再次使飞机上天飞行。

庞塞蒂在中国服务时,早期的两架水上飞机交付第 18 年时,即 1936 年 9 月 1 日,波音公司第一个致力于用户服务的组织机构诞生了。这个机构设在当时的工程部内。它是由工程师比尔领导,负责交付工程的合同和波音公司与用户之间的联系。

服务单位的创立对军机和民用飞机用户利用波音飞机的规格和综合性能进行竞争很有帮助。服务单位成立后,庞塞蒂正式被任命为波音公司第一个派出的场地服务代表。他接受的第一个任务就是在中国拆开飞机的包装箱,把飞机装配起来并进行飞行训练和维护训练。

新机构的诞生反映出波音公司的后期工程开始从低谷转向健康成长。泛美航空公司随之在这时订购 6 架 314 型飞箭式客机,这是一种远程的水上飞机,客舱布置豪华,当时的售价是 51.2 万美元。泛美航空公司当时也因此成为能为旅客提供快捷、奢侈旅行的航空公司。

20 世纪 30 年代末期,波音公司还推出了 307 型同温层客机。它是最早具有压力座舱的客机,也是第一架有空勤机械师作为机组人员的飞机,服务单位也因此增加了它的培训课程。

20 世纪 30 年代,波音公司的最大用户是美国政府。B - 17 型飞行堡垒飞机一推出,美国空军和波音公司立即签订了制造 13 架飞机的合同。这种飞机前后波音公司自己共生产了 6 900 架,其他制造商生产了 5 500 架。西雅图飞行堡垒飞机学校培训了数以千计的飞行员和机械师,告诉他们如何驾驶和维护这些飞机。正式成立的服务单位也把现场服务代表随 B - 17 飞机派到空军部队的基地,以训练飞行员和机械师。尽管 30 年代美国客机迅速发展,由于第二次世界大战的爆发,波音公司还是把制造军用飞机作为自己的主要业务,用户服务也以军机为主。

20 世纪 30 年代,波音公司除生产 B－17 轰炸机外,P－26 驱逐机的生产也非常成功。前后生产了 148 架,其中有 11 架卖到了中国。庞塞蒂就是因为这 11 架 P－26 飞机而被波音公司作为第一个现场代表指派到中国,一直待到返回西雅图为止。他在中国服务以后的战争年代和其他日子里,忙于北非和意大利的工作。1960 年他从飞机工作转向导弹,参与了鲍马克地对空导弹和民兵洲际导弹的工作,直到 1969 年退休为止。庞塞蒂说:"我喜欢我工作过的分分秒秒。喜欢早期的飞机工作胜过做过的其他工作。"

(三) 20 世纪 40 年代:二战不是飞机、坦克和军舰的战争,是备件的战争

第二次世界大战在欧洲爆发时,不列颠皇家空军成为最早把 B－17 轰炸机投入战斗的军事部门。当时生产的 38 架 B－17C 飞机有 20 架放到了不列颠皇家空军。为了支援这些飞机,波音公司派出了罗伯特·克劳福德和理查德·罗日两名场地服务代表去英国。他俩是二战期间几百名战地服务代表的先锋。这几百名场地服务代表在整个美国和主要同盟国战区进行场地服务。当时在各个战区常常可以看到这些代表戴着钢盔,挂着身份牌子,有时还带着武器在忙碌工作。由于他们这些非战斗人员的工作在战争中有不可或缺的作用,这些服务代表常常因战争被延误在现场工作。

那时场地服务代表的主要工作是两大部分:一部分是保证这些轰炸机的飞行;另一部分是把飞行堡垒飞机需要改进设计的信息返回给西雅图的工程师们。一个波音公司的场地服务代表在家信中谈到对这场战争的感受时说:"这不是一场打飞机、坦克和军舰的战争,这是一场打备件的战争。"此说虽有偏颇,但反映出了备件的重要性。

1943 年春,波音公司用户服务单位改编为由四个主要的小组组成:资料室、场地服务科、备件室和培训科。53 年后的 1996 年,服务单位的名称有微小的变化,但作为波音公司用户单位主要功能的这四个部分仍然还存在。

1945 年场地服务的人数在登记册上是 134 名。其中有 100 多名场地服务代表是在国内基地工作,其余的是在国外工作,以大力支援 B－17 和 B－29 轰炸机为主。

培训科有双重的使命:对新的场地服务代表进行分配前的培训,为不断改进的系统和新飞机提供有经验的场地服务代表;除此之外,还为军机飞行人员和机械师提供训练。在西雅图有名的波音飞行堡垒飞机学校,对年轻飞行员还常常进行 B－17 翻筋斗的操纵训练,他们中一些人往往在有了很有限的飞行和维修经验后就被应征入伍。波音公司的流动培训单位还把学校的科目带到对沿途的波音用户进行培训。

第二次世界大战末期,波音公司迅速召回在世界各地的场地服务代表。由于战争的结束,飞机的销售量随之减少,场地服务等工作人员也要随之减少,他们采取了相应的措施把富余的人员安排到了其他的工作岗位,同时把生产的重点转移到民机的生产。这时新的压力座舱的客机 377 出现了,它是从 C-9 军用同温层货机派生出来的。培训学校也转为同温层客机学校,军事基地代表也转到民航基地。

(四) 20 世纪 50 年代:按照用户的观点进行服务是用户服务的宗旨

1952 年波音公司决定研制 707 型喷气式客机,它的原型机称为"先锋-80"。第一架波音 707 在 1954 年 5 月 15 日出厂。波音 707 飞机的出现标志着波音公司进入喷气运输机的新时代。波音公司的用户服务也随之进入良好时期。军用飞机和民用飞机分成两个部分,两个部门都保留了原有的组织机构。新的民用飞机部由理查德·摩根领导,他最早创立了民用飞机用户服务的广泛项目,而且开创了波音公司用户服务在行业中的领导地位。

波音 707 飞机的推出使波音公司的飞机服务工作产生了新的精神面貌:服务部门的工程师和设计部门的工程师一起工作,确保新机能满足用户的需要。从此,倾听用户的意见,按照用户的观点进行服务,满足用户的理念初步形成,并成为公司以后用户服务的宗旨。

波音 707 飞机按照预定计划进入航线营运后,服务部门和用户航空公司并肩工作,使用户服务和备件支援程序有了显著的改进。为了使活塞式飞机和喷气式飞机之间有很好的过渡,服务单位组建了一个操作支援组,把同温层飞机学校的课程集中于喷气式飞机上,使这个学校成为众所周知的喷气式飞机学院。

1958 年 7 月波音公司出版了《客机》杂志。

(五) 20 世纪 60 年代:用户服务进入计算机和飞行模拟器时代

20 世纪 60 年代是波音公司商用飞机的兴旺时期,用户服务也随着飞机产量的增加而不断提升。不断改进的喷气式飞机增加了飞机的复杂性,除了备件需要量的增加外,维护手册和操作手册的内容也随之大大增加。在备件业务和飞机机队成正比例增长的情况下,为了缩短反馈时间,备件工作装备了神奇的计算机。

1960 年,波音公司派出了第一支趴窝(停飞)飞机修理队,他们被派到法属西印度群岛的戈迪鲁朴修理一架不幸在跑道上损坏的飞机。这架飞机原本认为已全部报废,但这个趴窝飞机小组仅用了 29 天的时间就修复好了这架飞机。

1961 年波音飞机公司更名为波音公司。

1963 年随着高性能的波音 727 三发喷气式客机的试飞,新的飞行技术增加了训练课程；早期喷气式军机的专业课程作为民机教科书补入民机训练中。同时波音公司把培训学校升级，并搬到一个新地址。

20 世纪 60 年代培训手段有了显著的改进，伴随波音 737 飞机的出现，第一台全尺寸的飞行模拟器诞生了。这台模拟器虽然后来没有出现在视觉系统中，但它为远离飞机教学创造了条件，而且还为用户减少了培训成本，同时提高了安全性。

（六）20 世纪 70 年代：从用户的投诉和一片抗议声中醒悟到用户服务的重要性

1970 年，波音 747 飞机投入航线使用。随着波音系列飞机越来越多的交付，机队越来越大，使用地域也越来越广，过去那种用户服务人员和用户服务分散在各个部门的形式远远不能适应用户的需要。波音 747 飞机刚服役不久，波音公司总裁威尔逊带着一批高级管理人员走访欧洲的德航、法航和意航三家大客户，每到一处都遇到发人深省的不愉快经历。在德航，一位技师口若悬河地把波音 747 飞机的发动机数落了半个小时。在巴黎法航，其总裁也长篇大论诉说发动机性能不好和售后服务差。在意航，他们听到的反应和法航一模一样。波音公司的这行人员感到无地自容，连夜返回西雅图。他们意识到事态的严重性，除非改善售后服务，否则今后不想再卖一架飞机了。威尔逊总裁下决心进行一项重要的重组。波音公司在用户的抗议声中，在收到用户很多投诉之后，终于认识到售后服务和技术支援的重要性。

在重组中，把分散的支援小组组成一个单一的、能独立作业的工程实体，扩大服务范围和服务内容。以前零碎的服务小组在副总裁乔治·尼布尔的组织下成为用户服务部，并由他领导。在波音 747 飞机出现初期的困难之后，尼布尔决定要赢得用户的满意，他责成新的组织进行专职的工程支援和连续不断地进行技术服务，甚至许诺紧急件在 4 小时内就可完成装箱，并随之发出。

场地服务按地理行政区重新组织，归纳成为一个用户需要的更直接的图案。1970 年组织的用户服务部有雇员有 1 600 人，支持 105 家航空公司的 1 800 架飞机的机队。

在以上发展的同时，备件业务也取得同步发展，备件库存部分移入了西雅图南部的巨大仓库，而且引入了新的松立克（SONIC）计算机备件目录和订货系统。

在飞行训练方面，首次把全色的视觉系统安装在飞行模拟器上。20 世纪 70 年代共有 10 台模拟器用于飞行训练。

1978 年波音公司推出了波音 757 和波音 767 飞机，用户服务部创造了 6 个月内完成两种飞机的配套手册的纪录，完满地完成这个前所未有的挑战。

20 世纪 70 年代尼布尔和他的同事布鲁为波音公司的用户服务工作付出了极大的努力。有人说他们像两把新扫帚,清除了堆积已久的陈年老垢。布鲁上任的头三年,平均每年有 195 天待在国外。

(七) 20 世纪 80 年代:"我们的产品不仅是世界级的飞机,而且还有世界级的服务"

20 世纪 80 年代,波音公司在新加坡营建了一个远东备件库,同时在北京重建了场地服务基地。在美国国内给人留下深刻印象的是:在新的飞行训练和维修训练中心,计算机先驱者勇敢地进行基于计算机的训练。

在副总裁戈登·贝求恩的领导下,用户服务部门在完成波音系列飞机的合同承兑,在产品销售和用户服务方面出色地扮演了重要角色,成为波音公司获得用户满意的焦点。贝求恩声称:我们的产品不仅有世界级的飞机,而且还有世界级的服务。

(八) 20 世纪 90 年代:从课堂到机场以无可比拟的支援获得用户的信赖

经过几十年的努力,如今波音民用飞机集团已形成一个完整的用户服务部。在与麦道公司合并之前,这个服务部已拥有 400 多名工程师,为波音系列各型号的飞机,包括生产型号以外的飞机提供技术支援;有 3 000 多名雇员支撑着 600 余家用户的 7 000 余架飞机的机队;有 200 多名场地服务代表驻扎在全球 60 多个国家,作为波音公司的耳目,负责协助客户保持飞机安全营运。驻场代表在遇到难题时,可向西雅图总部求助。对已经停产和老龄飞机还可提供特别的服务。

随着备件运转重要性的增强,1993 年在西雅图的塔科马国际机场北面,建立了一个 6.5 万平方米的备件中心。这个中心拥有 40 多万个零件号的 5 000 多万个零件的贮存量,而且在另外的三个大洲设有 3 个备件分发中心。

在培训方面,1994 年波音公司在西雅图塔科马国际机场的东面开放了一个 5.5 万平方米的训练中心。这是一个世界级的训练中心,有 600 多名教职员工,基于训练的第三代计算机、行业内最好的真实飞行模拟器的飞行队,有 18 台培训维护人员的固定式模拟器和 10 台培训飞行人员的全动式模拟器,以及 41 间教室。

波音公司用户服务部的维护工程组,可为用户提供印刷的、缩微胶卷和电子出版物的各种使用和维护飞机的手册和服务通报。

20 世纪 90 年代,波音公司推出了波音 777 型。在研制波音 777 型新飞机时,用户和用户服务部门的人员参与了有关的研制小组,从用户的角度出发为新机研制提供宝贵的意见,确保了这种飞机在交付时就可马上投入营运。

经过 70 多年的努力,波音公司的用户服务已确立了良好的地位,能对用户做出迅速的反应。派出的场地服务人员能适应新技术的需要，最大限度地提高用户的满意度。产品支援和用户服务已成为波音公司有效的经营手段。

波音公司的信念是从课堂到机场，航空公司可以信赖波音公司无可比拟的支援，这是波音公司每天履行的承诺；服务和产品同样的重要，这是波音公司开拓和巩固市场的法宝。

四、服务促销带来巨大的企业效益

1992 年，波音公司被全球客户评为民用飞机制造业中服务最优秀的航空公司。波音公司董事长威尔逊说："不能让人说，波音只是在推销飞机时才对我们感兴趣。"在波音，客户的确是"上帝"。波音公司的售前售后服务无微不至，无与伦比。

一位华尔街日报分析专家提到波音公司时说："几乎每一位波音的技术人员都可以告诉你一个有关波音如何在临危受命时，为顾客解决难题的故事。"例如当阿拉斯加航空公司急需特殊降落装置，好让飞机降落在泥泞的临时跑道时，波音毫不迟疑地立刻送去该装置。加拿大航空公司飞机的排气管因结冰阻塞发生故障时，波音工程师立刻乘机赶到温哥华，不分昼夜地从事修理工作，减少航空班机误点时间，波音这种服务顾客的敬业精神，获得了丰厚的回报。波音公司经常想着用户的需要，急用户之所急，为用户排忧解难非常及时。1978年 2 月，意大利航空公司的一架客机在地中海坠毁，该公司急需一架飞机替代。于是意航总裁诺狄奥立即打电话给波音公司董事长威尔逊，提出一项特别要求：迅速送来一架波音 727 客机①。此事颇令威尔逊先生费神。波音 727 客机属中型飞机，在国际市场上很受欢迎，按常规订购一架该型号飞机至少需要等两年，"迅速"交货实非易事。是灵活处理，满足客户要求，还是一口回绝，少担风险？威尔逊立即召集公司高级职员研究此事。他们对波音公司供货表又作了一番审查，将客户的要求按轻重缓急重新做出安排。于是，在不损坏其他客户利益的前提下，做出了同意意航的要求：一个月内交货。意大利航空公司很快得到了新的飞机，使业务运营正常起来。

转眼间春去夏至。波音公司办公楼内，一份新的订货报告送到了董事长的办公桌。报告称，意大利航空公司为回报波音公司临危解难的义举，取消了同道格拉斯公司订购 DC10 飞机的原计划，转向波音公司订购 9 架波音 747 大型客机，成交额高达 5.8 亿美元。

这份巨额订货单，既没有经过激烈的讨价还价和艰苦的谈判，也没有花费

---

① 龚治中.波音公司的用户服务[J].江苏航空,2001(2):31-34.

任何促销支出。是公司遵循"顾客至上"原则,为顾客临危解难提供服务的硕果。

第三节 回顾小结与意义

用户服务有人称之为售后服务或产品支援。它在一个企业中与产品设计、产品制造和产品销售之间的关系应该怎样？产品制造商对这个问题在市场经济和计划经济的不同环境下所产生的感受是不一样的。制造商如果不从计划经济的用户服务观念迅速转变到市场经济的用户服务观念,这个制造商在市场竞争中肯定要败下阵来,这是毫无异议的。

有人说海尔集团的成功不仅是产品质量的信誉好,更重要的是满意的售后服务。甚至有人说,海尔集团的产品之所以能受到人们的青睐不是因为它的产品质量是上乘的,而是它的售后服务是上乘的。由此可见在市场竞争中,一个企业的经营者不把用户服务提到与产品设计、产品生产、产品销售同样重要的地位,就是一项失策。价格昂贵、技术复杂的航空产品,用户对其售后服务的期望值肯定比其他产品更高,因此航空产品的制造商要取得成功,必须把用户服务放到适当的地位。波音公司成功的最主要因素就在于它为顾客提供的服务。提高客户满意度,培养、维持客户忠诚度,在今天这个电子商务时代显得日益重要。通过波音公司一步一步的发展,我们可以看出,以客户满意为中心的客户关系管理在公司发展中的重要地位。中国公司应该"取其精华,弃其糟粕",逐步构建自己的客户关系管理,形成科学的、合理的管理系统。

课后思考

(1) 啤酒加尿布的故事:通过一年的数据挖掘,沃尔玛得出的结果显示,在居民区中的店面里尿布和啤酒总是同时热销。其中的原因其实很简单,一般太太让先生下楼买尿布的时候,先生们一般都买两听啤酒来犒劳自己。因此啤酒和尿布一起购买的机会是最多的。这个故事是客户关系管理(CRM)很有趣的一个例子,你是如何看待这个故事的？

(2) 计划经济的用户服务观念与市场经济的用户服务观念有何不同？为什么在市场经济时期,我们更强调要把用户服务提到与产品设计、生产、销售同样重要的地位？

(3) 从波音公司的用户服务历程中,你可以得到什么启示？

第十六章　柯达：治理决策

第一节　理论背景和意义

企业治理就像一条轨道,引领并规范着列车向目标前进,当没有轨道或轨道出了问题时,列车就会出现问题,无法到达设定的目的地。良好的企业管理能够使企业的运作效率大大增强;让企业有明确的发展方向;使每个员工都充分发挥他们的潜能;使企业财务清晰,资本结构合理,投融资恰当;向顾客提供满意的产品和服务;树立企业形象,为社会多做实际贡献。管理是一个系统工程,管理的触角涉及每个岗位、每件事、每个动作。

在柯达这艘巨舰的百年航行史上,企业管理起着重要作用。乔治·伊士曼时代的家长式治理模式,在当时缺乏外部竞争且决策者创造力强的背景下非常适用,而在以后的发展过程中效率却逐渐降低,最终阻碍了柯达的发展。

成功的企业必有其辉煌的时刻,失败的企业也有其走向衰落的原因,反面例证更能激发我们的思考。让我们一起来了解一下这个黄色巨人——柯达的兴衰史。

第二节　案例分析

一、背景资料

柯达公司由发明家乔治·伊士曼始创立于 1880 年,总部位于美国纽约州罗切斯特市。柯达公司是世界上最大的影像产品及相关服务的生产和供应商,在影像拍摄、分享、输出和显示领域一直处于世界领先地位,帮助无数的人们留住美好回忆、交流重要信息以及享受娱乐时光。

柯达公司长期引领着影像市场的发展，提供的产品及服务包括 OLED、专业影像、业务解决方案、商业印刷、商业影像、娱乐影像、消费产品、零售商与冲印、电影艺术等，公司业务遍布全球 150 多个国家和地区，员工约 8 万多人。

伊士曼柯达公司 2003 年全球营业额为 133 亿美元。柯达不仅在美国，同时在加拿大、墨西哥、巴西、英国、法国、德国、澳大利亚和中国都设有生产基地，全球员工总数约为 7 万人。柯达向全世界几乎每一个国家销售种类众多的影像产品。然而直至 2012 年，其员工人数锐减到仅有 1 万多人[①]。

二、柯达的企业内部管理

企业管理机制上的缺陷在一定程度上导致了其战略决策的失误，从一开始便注定了柯达曲折的命运。企业管理的改变伴随着战略的转型，在柯达公司命运拐点出现以后，管理层在改革企业治理结构上做出过许多努力，通过裁员和进行内部培训来缓解业绩下滑所产生的问题。虽最终未能扭转大局，但还是产生了一定的积极效果。

（一）沟通是企业生存的重要因素

首先，创业容易守业难。创业需要的是坚韧不拔、高效有力的领导者，而守业则需要与时俱进的公司治理模式。柯达公司在伊士曼之后延续了决策者独大的体制，不可避免地发展成为官僚体制，阻断了决策者和基层、部门与部门间的沟通。其次，企业是一个整体，要协调和平衡各个部门各个岗位的所有工作。研发部门推出新产品的速度要满足客户需求，生产环节要满足消费者订货的需求，采购环节要满足生产的需求，他们之间要平衡。各单位、部门的计划必须进行统筹和平衡，形成企业综合的计划。恰当的沟通可以提高企业成员的工作效率，可以增强凝聚力，还可以提高企业成员的满意度。

乔治·伊士曼所打造的"黄色父亲"在一百年的发展中威信日益膨胀，到了20 世纪 80 年代的韦特摩尔时期，官僚主义严重，柯达公司的管理层高高在上，忽略对市场的潜心研究并缺乏与业务部门的充分沟通。管理层疏于与基层工作者的交流，他们极少离开办公室，几乎从未到过公司的基层部门进行实地调研。例如，总裁视察时该从哪里走，该在哪里停，该谈些什么等都是事先定好的，连总裁经过的走廊和楼梯都被认真地装饰一新。

沟通障碍还在于管理层、市场策略部门和研究部门的步调常常有些不一致。研究部门与业务部门对产品价值认知的巨大差异，对管理决策与公司业务

---

① 秋叶.从成功迈向成功——访伊士曼柯达公司亚太区主席兼总裁柯思敏女士和Encad 亚洲区总经理罗德哈里森先生[J].广告人，2004(10)：164 - 165.

运行都产生了负面影响。有的时候在管理层还未决定具体的市场策略,以及还未确定未来是否要将某个产品推向市场的时候,研究人员往往已经在研究项目上耗费了过多时间,而业务部门却对此毫无兴趣。缺乏及时有效的战略沟通,造成大量人力物力的浪费。

20世纪90年代,从摩托罗拉来的新总裁费舍尔进行了大刀阔斧的改革,除了令柯达公司的财务和经营状况短暂地起死回生之外,还令公司的管理层形象得到了转变,由曾经高高在上的贵族形象逐渐变得亲民起来。而自从费舍尔上任以后,他把大量时间放在观察员工和联系客户上,并想方设法了解和熟悉将与他共事的人们。

在加强与公司内部交流方面,费舍尔经常亲自下到所属工厂,与广大员工一起探讨贸易问题,甚至对一些内部人士说希望公司不要再禁锢于罗彻斯特市中心的办公大楼,因为那座大楼像孤岛一样把管理人员与实际生产隔离了。过去的老板们都躲在有木格隔开的行政人员餐厅享受美味,新的管理者却早午两餐都在员工自助餐厅邀请普通员工一道就餐,共同交流一些简单的话题。费舍尔每天都会收到在职的或退休的员工寄来的信、打来的电话以及发送的电子信函,他通常都尽量在当天全部予以回复。每天晚上他都带回家一大摞信件或者电子信函打印件。假如要出差,他就事先联系好联邦快递服务,以便自己能够在旅行过程中及时收到所有邮件。

同时,为了更加密切地了解工人们的想法,更加细致地体会工人们的感受,公司的新制度于每个季度在分布于世界各地的柯达员工中抽出25%的人进行调查。更重要的是,调查结果会更加广泛地传达给各位员工,而不只局限在管理层。新的调查制度得到了良好的反馈,员工常常在调查报告中充分抒发自己的情绪、表达自己的想法,甚至有时会附上六页纸的内容。

在过去的各种内部正式会议上,柯达有着过多的繁文缛节,在曾经官僚主义盛行的氛围中,正经的礼节使管理人员难以说出自己的真心话。而在第一次改革中,费舍尔积极建设一种开诚布公、畅所欲言的民主氛围。希望在各种会议中,人们不要虚伪地相互吹嘘,而是热烈地相互争吵,但同时希望他们在处理不同意见时忘记相互之间的上下级关系。

曾经太过重叠的管理系统是阻碍柯达进行内部交流的另一桎梏。某些机构甚至自上而下层层叠叠地设了11个管理层级。管理链条过长会严重降低政策的传递效率。在第一次改革期间,公司制定、实施了管理机构精简方案,例如通过人力资源部减掉了27%的冗员,并废除了一些工作量极大但几乎毫无意义的项目。

改革政策得到了很好的执行,并一直延续下来。亲民政策也得到了管理层的效仿。光盘部门总经理兼交易副主管戴夫·斯威夫特把所在的部门重新划分成五个部门,压缩层级,减少浪费,并更加突出以客户为本的原则,并且把自己的办公室从柯达办公大楼搬到生产厂内,以便密切与自己与集体之间的联系。

(二)利益主体分散,决策效率低下

企业的转型并不是有勇气和方向感就可以实现的,还需要协调多方利益,否则可能使转型半路夭折,改革者被迫下课。而且,改革时机难以把握,因为不到危急情势,难达成共识,但真到危急时刻,又可能已经错失良机。

在欧美上市公司的体制里,股东利益是非常复杂分散的,而且凌驾于一切之上。任何一项重大的决定,都需要说服股东一致同意才能生效。而在资本市场中,股东往往过分关注股价红利等短期利益,而忽视对公司业务的监督。在柯达几次巨大的裁员风波中,股东们也起到了推波助澜的作用,他们的眼睛只盯在利润报表上,不断要求削减公司人员,以求得短期成本控制。裁员的消息确实使柯达原本疲软的股票价值一度飞速上扬,使华尔街要求提高季度产值的沸沸扬扬的吵闹声归于沉寂。但事实上这些措施只不过是掌权者借以掩盖几十年经营不善的事实的手段,效果短暂而且产生了极大的副作用。

柯达股东们短浅而狭隘的关注力一路阻碍着公司的变革,使得柯达没有把精力集中在追求真正的改革和进步上,而是过多关注于股票升值以追求短期利益。2003年初,感觉形势不对的邓凯达做出了柯达全面向数码转型的决定。然而这意味着要削减72%的红利派发额度并向新兴的数码技术投资30亿美元,于是遭到了部分股东的强烈反对,计划最终搁浅。

柯达的董事会很少履行监督职能,薪酬却非常丰厚,进一步减少了他们对公司监管的激励。在柯达内部会议上,董事会甚至懒得听取关于公司具体问题的汇报。据某位经理称:"在我当高级职员的五年里,与董事会讨论实质性的问题所占用的时间总共不到38分钟。有人对我施加很大的压力让我只考虑好的一面。"

在外国公司开始严重影响柯达的支柱项目即胶卷生产时,柯达公司的第三任总裁钱德勒下令削减10%的人员和5%的预算,董事会却又一次投票为自己再争取到每年1 000美元的加薪和更高的参会费,毫无与公司同甘共苦的态度。董事会成员每天都可以在俱乐部里消耗掉许多时光。假如空出一个成员的位置,董事会的成员们会从公司里选一个朋友上来补缺。

同时,柯达的董事会结构也带来诸多的利益冲突与决策的低效率。柯达的董事会成员都只拥有极少的公司股份,这使得他们与公司效益之间没有形成真正的利害关系。在1984年,整个董事会不过持有84 669股股票。一些董事十

分依赖于岗位补贴,因一份津贴而受缚于公司,变得唯唯诺诺,丧失了董事应该具有的完全独立性,阻碍了董事会对公司治理的监管以及对总裁行为的有效干预。而且董事会里来自公司内部的成员过多,董事长和总裁一直由同一人担任,不利于权力的制衡与多样性的公司文化建设。在1984年的董事会里,15名成员中有8名来自柯达的管理部门。钱德勒离职后,仍然作为董事会一员参与决策,使得许多决策复杂化。

柯达的官僚文化传统和股份政策同样给被柯达寄予创新厚望的子公司们以层层束缚。这些在母公司的革新道路上冲锋陷阵的小公司被纳入柯达的大系统里,问题就会接踵而至。作为母公司,柯达坚持要求这些刚刚奋斗出来的小企业遵循柯达的股份政策,而这样就会给这些羽翼未丰的小公司增加财政负担。尽管子公司的企业家们一直在争取一个不受柯达官僚主义传统束缚的、独立性更强的企业氛围,但他们很快就明白了要违抗母公司的文化传统实属不易。各小公司"都被柯达分派了无底洞式的支出项目,还远未强大起来的小公司里每个人都觉得自己似乎被一个财大气粗的大公司压得喘不过气来"。显然母公司的管理者缺乏长远与全盘的考虑。

即使在两次改革当中,董事会也仍然没有进行足够的反省与改革。在公司对工人的工资体制进行改革的时候,并没有从公司最高层自上而下地实行。董事会高高在上、对错误不愿反省的态度引来不少员工的不满。

因此,董事会对短期利益的过度关注,对企业长远发展战略的忽略,使其自身利益与柯达公司整体利益发生分离,导致柯达难以割舍当下为其带来巨大利润的胶片产业,错过了战略转型的最佳时机。

相比之下,脱离柯达后的伊士曼化学公司为了统一多方利益,唤起公司各阶层人士的责任感,要求公司包括董事会成员在内的每个人都要认购伊士曼公司的股票,投资额要占到个人年收入的4倍之多。这样,每个人的利益都与公司的财政收入联系在一起,人人都承担一定程度的风险,大家的工资单就是公司业绩好坏的晴雨表。特别地,公司要求董事会成员必须持有价值是其全年津贴3倍的公司股份,也就是大约10万美元的股票,以加强董事会与公司业绩的利益关联。

日本的富士胶片株式会社,曾是世界三大胶片巨头之一,成立也近百年。但相比柯达,富士的转型要成功得多。这是由于富士乃日式家族企业,执行力相对较强,只要企业领袖下定决心,相对更容易做出重大改革的决定。

2001年,在"98协议"的打击下,富士在中国胶卷市场的占有率从70%迅速滑落到20%。在近乎走投无路的情况下,富士确立了向数码转型的基本思路,并从此在这条道路上心无旁骛。之后,在数码业务得到巩固后,富士开始了声势浩大的"二次创业"。

富士在传统胶片领域,停止了部分生产线,同时裁减相关员工5 000人,已经减少了大量的投入;对于数码相机领域,则继续强化产品研发,适当削减经费并对库存管理进行强化。与此同时,在全球展开了近30亿美元非消费业务的大范围投资,投资领域涉及液晶屏材料、医疗、印刷等。

2006年,甚至推出了护肤品与保健品。通过长达七年的结构性调整,富士的业务领域早已不再局限于胶卷,已扩大到影像、信息、文件处理三大板块,传统感光材料的销售额比例则在本已不多的6%的基础上下降至一半①。富士灵活地将胶片时代的技术优势延续并运用到化学、医疗、高性能材料等领域,为日后打下基础。

富士胶片株式会社社长古森对富士的成功转型和未来"新富士"的构想充满了自信:"今后的富士既不是胶片企业,也不是数码相机企业,而应该把它理解成一家'综合信息技术公司'。"

(三)激励与绩效脱节

激励机制是让员工满意并更加高效地工作,齐心协力推进公司发展壮大的制度。柯达做到了让员工满意,在"黄色父亲"的关怀下,在柯达前一百年的历史中甚至都没有出现工会。但柯达却没有做到高效,初期对高福利的感激之情迅速转变为理所应当,工作效率也随之发生巨大转变。

绩效管理是战略实施的有效工具,战略能否落地最终体现在目标能否层层分解落实到每位员工身上,促使员工都为实现企业战略目标承担责任。绩效管理的过程通常被看作一个循环,这个循环分为四个环节,即绩效计划、绩效辅导、绩效考核与绩效反馈。其中,绩效考核评价是核心环节,而绩效结果的应用是绩效管理取得成效的关键。薪酬不挂钩的绩效考核是没有意义的,考核必须与利益、薪酬挂钩,才能够引起企业由上至下的重视和认真对待。当然,绩效管理的目的不是为了发绩效工资和奖金,这都是手段,绩效管理的目的是持续提升组织和个人的绩效,保证企业发展目标的实现。

最初,柯达创始人伊士曼建立了大家长式的管理文化与制度,与雇员们一起分享企业的盈余。他为工人们设立了意外事件和养老基金,建立了分红制度,给每一位员工发放年度奖金。1993年的一份关于福利待遇的调查报告表明,柯达在美国大公司里的综合指标排在第三位——20多年来它一直稳居此位。薪水奖金率比实行分红制公司的平均分值高出72个百分点,为退休计划所投入的财力比平均分高出33%,人身保险额也比平均值高出53%。柯达为

---

① 柯达和富士的危机突围[J].经济管理文摘,2010(9).

它的员工们提供的与业绩不相关的慷慨的福利打消了员工加入工会的念头,同时也降低了员工们努力工作的动力,使柯达逐渐背上了沉重的财政负担。

在缺乏竞争的年代里,这套家长式的企业管理思想十分奏效。企业所有人拥有绝对的控制权,不必担心其他股东的意见。在这样慷慨的公司文化指导下,柯达的工作业绩体制十分不健全。首先,雇员工作评估和个人事业发展都是无关紧要的事情,因为在柯达的大环境里,你必须等到你的上司得到提升或死去以后才有机会接任他的职位。每年三月,不管公司财政状况如何,员工们都能够得到一份十分有保障的分红(年度奖金)。其次,员工业绩评估方法非常混乱。有些部门的员工自己撰写业绩评估报告,然后交由他们的上司签署通过。有些部门则实行集体评估体制,还有些部门则沿用陈旧的经理说了算的方法。最后,员工级别评审制度也非常不科学。柯达多年来一直使用由各个部门的直接管理者按照从一级到七级的一套简单评估等级对下属进行评估和职位分配。在员工得到提升后,在新岗位上的工作成绩评估结果就会比上次下降一个甚至多个档次,因为新岗位的同事会想当然地认为他是个新手,还需要学习和锻炼。这套评审制度难以区分雇员的优劣高低,但这一点在柯达并未受到重视,因为当时的公司养得起一大群人,因此不那么在乎他们的工作业绩如何。

这种形同摆设的绩效制度与激励制度的脱节,造成工作中的低效率与责任的相互推诿。在柯达工作过 20 多年的一位员工说:"整个公司,上上下下所有的人都有个口头禅——'我们不能做决定,因为可能犯错误'。等到终于形成决议以后,他们又常常不执行。"

部门间的业绩评价与员工提升体制也很不平等,过于看重传统主营业务部门。由于柯达一向以企业生产等内向事务为核心,因此任何从事市场产品推销和调查等外向事务的负责人从来没有机会升至高层领导职位。例如,20 世纪 80 年代,市场营销部门的杰拉德－佐诺非常重视公司与市场等外部世界的关系,当其他人热衷于坐在办公室里参加各种内部会议时,他却在不断地与客户联系。市场营销部在他的带领下蒸蒸日上,但他却无法成为公司总裁,而只得到一个所谓的主席头衔。正是由于公司屈从于"由内而外"(inside-out)的理念,试图利用现有的商业模式推动企业的发展,而不是专注于消费者正在变化的需求。因此,柯达对传统主营业务部门过度依赖和偏爱,导致后来的研究逐渐脱离市场需求。

相比之下,伊士曼化学公司在从柯达中独立出来以前,就已经在努力进行绩效制度的改革了。最大的创新就是每个员工的部分工资变成了浮动工资。将化学公司员工工资单上的固定薪水额减少5%,然后再根据"成果分享"原则,视公司的年度生产销售效益进行分红,促使员工们渴望得到三倍于那5%的奖金。例如,在实现浮动工资制后,维修服务部经理菲尔兹的工资的很大一部分都成为风险收入,从此他便成为生财有道的专家。他对工作细节进行改革后,为公司节省了1 600万美元,其中一项计划中仅靠调整管道清理时间就节约了900万美元。而且员工也有了监督预算的权利,"哪怕有10美元对不上账他们都要追查到底。"

进入20世纪80年代后,随着业绩开始下滑,柯达公司内安逸富足的状态被打破。曾经给员工们带来无限安全感和承诺的家长制体制也开始瓦解。董事会开始意识到他们不能仅靠美名活着,必须从根本上改革企业模式。

自助餐厅的营业时间减短了,上午的咖啡时间被取消,保龄球馆被关闭,工人们也不能享受免费的体检了。柯达有史以来第一次成立了工会,还为员工们进行了情绪测试。每年三月的分红也不再是固定的了。

1993年,费舍尔带来了全面的第一次改革。以往的总裁们虽然是把员工利益置于投资者的利益之上,但执行过程缺乏科学性和原则性。比如公司经常采取不负责任的财政行为,不惜借贷给个人发放奖金。费舍尔尽管也把员工利益放在第一位,但是他不赞成无原则的慷慨,而是要采取更负责任的态度,把每个人的收入与其业绩表现挂钩,而且坚持严格考评的原则。费舍尔相信员工们会创造出令投资者、消费者以及其他人都满意的企业成绩。在改革的开端,无论是在职的还是退休的员工都纷纷对新的激励制度发表意见,认为柯达打破了它最初的承诺。许多人都极端反对改革,反对在工作上实行责任质量制。但费舍尔相信,要坚持一段时间才能渐渐改变公司的文化与人们的思想。事实上,尽管改革一直都存在着不同的声音,但越来越多的人开始接受并顺应改革的潮流了。

激励体制改变后的结果是好的。无论是董事还是普通工人,只有拿出应有的成绩才能保住自己的工作岗位。假如他们不称职,公司就会重新雇用有干劲的人来代替他们。在柯达很少再见到人们手端咖啡,三五成群地围在自动售货机旁或坐在休息室里长时间聊天了。上层管理人员通过电子邮件和公司的新闻快报掌握更多的各种信息。"以前那种松散安逸的情景一去不复返了。"

员工业绩评估方法也得到了改进。在曾经的体制中,员工所得到的分数经常出奇的高,但实际上并不与他们的业绩相匹配,比如在某部门每个人的业绩评估都是中上等水平,其中约有85%的人在从一到七的评估等级里得到七级成绩。公司重新制定了业绩评估标准:仍然是七个评估等级,其中四分表示某个员工达到了达标线,五分表明他超过了一般值,六分表示他在所有方面都出乎意料的优秀,而七分则意味着部门经理本身就不可信。新的业绩评估标准要求部门客观谨慎地对每位员工的业绩进行评价。公司激励体制上的改革大大提升了员工的工作效率与责任感,带来了第一次改革后的短暂繁荣。

一个始终没有得到解决的"问题"是领导层,尤其是总裁的高薪酬。例如,尽管员工们对费舍尔的改革心服口服,但另一面也纷纷抱怨他拿的钱太多。1995年,费舍尔得到200万美元的工资、228万美元的奖金和一大笔长期津贴,另外,根据豁免贷款合同,他还可以再得到200万美元。这样,他每年的总收入合计有1 100万美元,而与此同时公司内部许多员工都被告知已经失去每年加薪的机会。

美国企业的付酬制度在一定程度上反映了董事会成员并不是公平地在公司所有层级上都将员工的薪水与业绩挂钩。但常言道:"千军易得,一将难求。"许多大公司不得不出高价以确保他们能够聘到像费舍尔一样的帅才,离开摩托罗拉那种效益好、环境舒适的公司前来拯救柯达之类的旧山河。

(四)裁员减薪,饮鸩止渴

当销售达不到预期要求时,董事会经常鼓励管理层要继续保证收益以及控制运营成本。裁员减薪便是降低开支的一种方式。然而,深陷险境的企业很容易犯"一刀切"的错误。裁员是一把双刃剑,通过辞退受过培训并拥有良好忠诚度的专业员工虽然能够节省短期成本,但存在如下的弊端。

首先,裁员最大的弊端在于对企业长期竞争力的损害。企业由于过度关注短期的季度经营数据而进行人员削减。但当形势转好时,销售额开始上升,企业就必须招聘和培训新员工,会出现成本高而耗时长的现象。例如,如果企业解雇了负责开发下一代产品的研发工程师,从而导致新产品无法继续完成,则当经济转暖时,该企业就将处于竞争劣势。如果解雇的是专业客服人员,就可能损害顾客与企业合作的意愿,可能会因此造成产品的市场占有率下滑。

其次,如果企业在经济困难时期裁员,就会影响企业与留任员工间的关系。一旦经济形势开始好转,劳动力市场开始供不应求时,就不能指望员工会对企业忠心耿耿。因此,董事会和管理层在做出裁员决定时应格外谨慎。只顾短期利益可能会导致中长期利益受损。忠诚又能干的员工是企业的核心,也是最有价值的资产。其实问题的最佳解决方案应该是开源节流,不能只注重削减成本,要集中精力解决效率问题。这是裁员减薪的另一弊端。

柯达这个闻名世界、历史悠久的大企业历来是充满仁慈之心的。曾经,它从来不会抛弃任何一个下属人员,其员工是终身受雇的,这已经成为柯达多年来的一个不成文的规定。在官僚作风的影响下,柯达的薪金名册一度过度膨胀。1982年,柯达公司在美国本土的员工总数已经达到了9.33万人,世界各地的雇员也已增至13.65万人。柯达的经理们都有条简单的座右铭:假如那份工作需要一个人去做,那么就雇两个人①。这就注定了柯达在之后的改革道路上,不得不打破最初的承诺,为了削减开支,降低成本,进行数次"劳民伤财"的不同规模的裁员减薪。而且在数千名员工被解雇、大量机构被迫压缩和重组以后,高层管理集团也被触动。

1983年,市场竞争逐渐激烈,而柯达的薪金名册又因为新的项目而不断膨胀。终于,柯达第一次开始意识到它已经养不起这么多人了,不得不实行《选择性退休和分流计划》。有5 000名工人根据这份早期退休计划决定退休。到了1986年,柯达的亏损更加严重,不得不解雇了近13 000名员工。这是柯达公司有史以来第一次大规模地解雇员工,给当地带来巨大的负面影响,也使还留在公司的员工们失去了安全感,公司上下弥漫着惶恐不安的气氛。

尤其在这样的时刻,公司高层人士的薪水居然还得到提升,更令员工们的心态发生变化,感到自己好像是公司无足轻重的棋子。1989年,柯达进行了第三次大规模裁员,减少了5 000人,柯达也付出了一大笔保险赔偿金。1991年,柯达开始第四次大规模裁员,开始实施《资产重组和退休计划》(也称3R计划)。该计划向离职的员工支付了丰厚的补贴,总共有8 300名员工选择了离开。两年后,再一轮的裁员第一次触动了一向都碰不得的研究部门,大约2 000人在1993年1月离开了柯达。

频繁的大规模裁员带来了恶性循环。由于没有对体制加以变革,简单的裁员使得工作效率非但没有提高反而下降了;过度的裁员也使柯达失去了许多在各条生产线上都十分懂行的经理和工人。公司不得不因此雇用临时工来填补空缺,以便工作能有人完成。结果有些时候,柯达不得不再将刚解雇的员工请回来,签订临时合同。同时,柯达也不得不打乱常规,把一些人快速提升起来,而这些提升过快的人又难免对新的工作感到陌生和无从下手。这就是"贪食症管理法",也就是说柯达先是恶性膨胀,然后精简整顿,再恶性膨胀,再精简整顿,如此反反复复。其根源就在于,柯达没有对隐藏在其财务制度背后的问题进行解剖,却一次次地抓住裁减员工这根救命稻草,但这始终不能解决根本问题,而只能使情况越来越糟。

裁员时的解雇标准也受到了质疑。对被解雇员工的名单分析,可以发现,柯达把那些刚刚得到提升的人都解雇了,也就是说它把自己最好的员工都踢出了大门。原因在于,在柯达,登上新工作岗位不久的人会被烙上一个无形的"新"字,代表他们是"新手",还有待学习和锻炼。因此,每当他们升职后,在薪水加上一级的同时,等级分却会相应降低一级。在被解雇的人群里,有许多是

---

① 罗先初,万敏.从柯达没落看企业危机文化[J].中外企业文化,2012(9):32-36.

最近几年才被提升到新岗位的人,他们都是排在宣判书末尾的人,也就难免成为最可能被炒鱿鱼的群体。公司的裁员计划等于给每个员工过去三年的年终评审打了一个合计的分数。柯达的人员素质由于公司不合理的职级制度与大规模的裁员而严重降低了。柯达的人才识别机制出现了巨大的问题。

情况在 1993 年随着费舍尔的到来而有了好转。尽管之前一轮又一轮的裁员受到了华尔街的欢迎,但费舍尔认为这只是愚蠢的数字游戏。之前为了数字好看,柯达付出了巨大的代价,虽然在企业走下坡路的阶段,继续裁员是难以避免的措施,但是费舍尔没有像前任总裁们那样死板地为了裁员而裁员,隔几年就进行一刀切式的大规模全面裁员以达到削减支出的目的,而是把每个部门分别看作正在执行的战略的一部分,让各个部门加强对所属人员的监督管理,根据需要调整和合理裁减人员,然后水到渠成地产生裁员结果。因此,费舍尔使柯达公司能够以实事求是的灵活态度跳出为裁员而裁员的怪圈。

随着第一次改革的成功,业绩开始好转,柯达由不断裁员转而开始招聘雇员。1995 年的夏天,公司开始放出 200 个工作机会。

然而,在第一次治标不治本的改革带来的短暂喘息之后,柯达再次陷入了由战略失误带来的困境中,裁员减薪又重新被用作镇痛剂来粉饰财政状况、缓解股价的低迷。2001 年随着美国经济陷入低迷,柯达的净利润与 2000 年相比直接下降了 95%。为了缓解危机,柯达宣布裁员 4 000 人。2003 年 7 月,由于传统胶片业务的萎缩,柯达再次宣布裁员 6 000 人。在 2007 年彭安东领导的第二次改革中,柯达全球裁员 3 万人,裁员成本高达 38 亿美元。公司上下持续动荡不安,人心惶惶。

不过,裁员风波也给员工们带来了一些积极的影响。人们都学会了正视现实,明白了这世界上不存在铁饭碗,同商品一样,工人也是可以被处理掉的一个对象。员工们开始端正工作态度,为自己争取被长期雇用与加薪的机会。陈旧的家长式观念随着动荡不安的新现实而土崩瓦解了。

相比之下,同时期的伊士曼化学公司的情况要好得多。化学公司提前打下了有力管理的良好基础,果断地把事情一次做到位,不行亡羊补牢之事。而且化学公司只有 1.7 万名员工,而柯达有 9 万多名。少了巨大的包袱,化学公司更容易顺利地进行各方面改革,机构层次少,效率高,官僚主义作风也少得多。

转型中的乐凯面临着同样的问题,但是由于其国有背景,情况要复杂得多。当 2007 年 12 月,柯达实施第二次战略重组,裁员 2.8 万人,幅度高达 50% 时,乐凯却无法采用同样的做法。因为作为国资企业,乐凯面临的束缚比柯达更多。乐凯最多的时候有 1 万人左右,现在有 7 000～8 000 人。即使在金融危机中,国家也不允许乐凯裁员,降薪不能超过 10%。这是国企必须要承担的社会责任和历史责任,也意味着中国的国有企业转型难度更大。不过,虽然难题很多,乐凯人依然乐观:"总体来说,真正遇到的困难没有我当初设想的那么多。人有时候是被自己想象的困难吓倒的。"

（五）培训是最大的福利

（1）在公司治理中,将个人发展与企业发展紧密联系起来的最好方式就是培训。

（2）在柯达巨大的变革之中,员工们随之动荡的心理和业务部门的重新设置都需要培训的润滑。在经历过裁员的"大屠杀"之后,幸存者都心存严重的不安全感和羞耻感,不安全感是自己随时都可能收到一份来自公司的"退休补偿方案",羞耻感来源于看到自己的工作伙伴甚至上级成为牺牲品而自己还在苟延残喘。员工们急需重塑信心并随着业务的革新而培养新的技能。

（3）培训通过把培训策略与企业发展策略联系在一起来为企业创造价值。培训可以增强员工业务技能并改善工作态度,使员工理解企业的战略发展目标,从而帮助企业解决经营管理中的实际问题,促进企业发展。培训还能促进企业与员工、管理层与员工的双向沟通,增强员工对企业的归属感和主人翁责任感,增强企业向心力和凝聚力,塑造优秀的企业文化。在快速变化的市场中,培训可以帮助企业增强竞争优势,培养后备力量,保持永续经营的生命力。

（4）在企业改革的过程中,关于企业价值观的培训可以增强员工对外界变化的适应能力,帮助员工尽快理解企业的转型思路并消除员工的种种疑虑;关于业务技能的培训可以帮助员工适应新的岗位与环境。

（5）在两次改革中,柯达公司内部也同时展开了培训热潮。首先,让员工们经过培训掌握更为广泛的技能,训练员工们学习部门其他岗位的工作技能,更加了解产品生产的全过程,而不仅仅局限于只会按某一台机器上的某些按钮。其次,公司还进行不同部门、不同岗位的轮岗,令员工们在工作时具备更加综合的技能和大局观,并且在未来公司业务调整时,能更快地学习新的技能与适应新的环境。同时,费舍尔也在寻找更多方法对员工实行智力投资。

对于一些想要攻读大学学位的员工,柯达邀请了罗彻斯特技术学院的教授们来柯达园为他们进行授课,学费由柯达支付。许多员工报名参加了这个计划,并取得了生产和质量管理学位等。参加这些课程的学习,增强了员工们的适应性,提高了他们的自我管理能力与基础技能。

在柯达的几次裁员减薪过程中,压抑和愤怒的情绪充斥在罗彻斯特的大街小巷,工作环境中的压力使员工生活的方方面面都出现了许多问题:家庭生活紧张、财政困难、滥用毒品等。有些极端的工人甚至将心中的不满和压力用暴力的方式发泄出来。管理层开始受到一些威胁和恐吓,有些人在工厂墙上写一些污言秽语咒骂管理人员。越来越糟的社会治安和越来越多的暴力事件开始渐渐侵蚀柯达。

管理层注意到了这些问题并试图通过培训与文化建设的方式来改变。公司希望改变人们的观念，尤其是改变那些柯达老员工的固有观念，因为在他们的脑子里装着过去的记忆，那时在柯达工作意味着稳定增长的收入和安然无忧的日子。

比较著名的训练是"伊士曼露营活动"。公司的光盘部门建立了一个开拓小组，该小组定期集会，讨论如何加强协作精神等问题。目的在于让员工们不再把自己看作一个失败者。小组因其研讨会都在湖边小森林中的伊士曼露营地进行而得名。小组讨论的内容包括费舍尔关于个人价值、信任和尊重的言论等。伊士曼露营活动还通过组织拓展训练来培养员工们的个人责任感和集体主义精神，如在森林中进行飞鼠练习。每个组员都被绳子吊起并悬在空中，然后在空地上来回荡悠。许多人在游戏中战胜了自己的恐惧，产生了成就感，并对自己恢复了自信。游戏中的冒险成功，让员工们对于在工作上迎接各种各样的挑战充满了信心，希望向更多人展示自己的自豪感。员工们开始把注意力更多地放在美好的事情上。

员工们在参加了类似的训练活动后，源自公司大裁员与改革的不安全感减轻了，自信心增强了，工作产量增长了，产生了积极的效果。在柯达公司动荡的岁月里，内部培训对稳定军心和培养新生力量提供了重要的保障。

第三节　回顾小结与意义

激励机制是让员工满意并更加高效地工作，齐心协力推进公司的发展壮大。柯达做到了让员工满意，在"黄色父亲"的关怀下，在柯达前一百年的历史中甚至都没有出现工会。但柯达却没有做到高效，初期对高福利的感激之情迅速转变为理所应当，工作效率也随之发生巨大转变。柯达这个闻名世界、历史悠久的大企业历来是充满仁慈之心的。曾经，它从来不会抛弃任何一个下属员工，其员工是终身受雇的，这已经成为柯达多年来的一个不成文的规定。在官僚作风的影响下，柯达的薪金名册一度过度膨胀。

1982 年，柯达公司在美国本土的员工总数已经达到了 9.33 万人，世界各地的雇员也已增至 13.65 万人。柯达的经理们都有条简单的座右铭：假如那份工作需要一个人去做，那么就雇两个人。这就注定了柯达在之后的改革道路上，不得不打破最初的承诺,为了削减开支,降低成本,进行数次"劳民伤财"的不同规模的裁员减薪。而且在数千名员工被解雇、大量机构被迫压缩和重组以后,高层管理集团也被触动。

公司运营难免会遇到问题,在面对这些问题的时候,根据环境和战略进行必要的改革,而不能墨守成规、一成不变,想要成就百年企业就必须学会自我突破和不断改变。世上唯一的不变就是变,变化也许是你打败别人的有力武器。

课后思考

(1)你是如何理解"企业治理就像一条轨道,引领并规范着列车向目标前进,当没有轨道或轨道出了问题时,列车就会出现问题,无法到达设定的目的地"这句话的?试举例说明。

(2)结合案例谈谈企业组织内的有效沟通方式。

(3)随着企业环境的变化发展,企业不仅要进行适当的调整变革以适应环境,同时也要考虑各方利益相关者的利益。从柯达的案例中,你可以得到怎样的启示?

第十七章　思科公司：并购之道

第一节　理论背景和意义

企业并购（Mergers and Acquisitions, M & A）包括兼并和收购两层含义、两种方式。国际上习惯将兼并和收购合在一起使用，统称为 M & A，在我国称为并购。即企业之间的兼并和收购行为，是企业法人在平等自愿、等价有偿的基础上，以一定的经济方式取得其他法人产权的行为，是企业进行资本运作和经营的一种主要形式。企业并购主要包括公司合并、资产收购、股权收购三种形式。公司并购指的是两家或更多家独立企业、公司合并组成一家企业，通常由一家占优势的公司吸收一家或更多家公司。公司并购兼并有广义和狭义之分。狭义的公司并购兼并是指一个企业通过产权交易获得其他企业的产权，使这些企业的法人资格丧失，并获得企业经营管理控制权的经济行为。

思科公司有一个美誉——并购发动机。思科的历史就是一部并购史，而思科的成功就是一个个"并购"企划的成功。思科就像一部战车，他每走一步就会给自己装备上一件先进的武器，并且将这件武器与自身的控制系统尽可能完美地结合。思科的并购，不仅仅是一种战略，而且是一种艺术①。

第二节　案例分析

一、背景资料

思科公司全称思科系统公司，英文名叫做 Cisco，于 1984 年 12 月在美国的

---

① 汪卫芳，柴武斌．并购战略在思科公司成功的原因分析及其启示[J]．特区经济，2005（10）：356 - 357.

加利福尼亚圣何塞成立,1990年上市,是互联网解决方案的领先提供者,其设备和软件产品主要用于连接计算机网络系统。思科公司的创始人是斯坦福大学的一对年轻的夫妇列昂纳德·波萨克(Leonard Bosack)和桑德拉·勒纳(Sandy Lerner),他们都是计算机专业的资深教授。

由于这对新人在斯坦福大学的不同校区联系极为不方便,因此他们研制出了一种可以将校园不兼容的计算机连接在一起的一个网络,也就是现在的局域网,这样以便能够在日常的生活中可以互相联系,也便于感情联络。1986年,Cisco第一台多协议路由器面市;1993年,思科建成了世界上第一个由1 000台路由器连接的网络,由此进入了一个迅猛发展的时期。思科公司生产了全球80%以上的网络主干设备路由器。随着这种网络被越来越多的人使用,最后发展成为一场科技的创新,思科公司也因此成为互联网解决方案的开拓者,这同时也标志着联网时代的到来。

"思科公司是美国最成功的公司之一"——在思科系统公司(Cisco Systems,Inc.)网站的公司介绍中,这个全球最大的路由器供应商毫不掩饰对自己成功的自信。思科公司是全球领先的互联网解决方案提供者,它的网络设备和应用方案将世界各地的人、计算设备以及网络连接起来,使人们能够随时随地利用各种设备传送信息。思科公司向客户提供端到端的网络方案,使客户能够建立起自己的统一信息基础设施或者与其他网络相连。全球80%以上的网络主干设备路由器由思科公司生产。从1995年到现在,思科公司的股票价格上涨了800%,公司市值达到1 000亿美元,这是比微软还快的增长速度。

思科公司现有员工人数为7万多,2010年营业收入为400.40亿美元,净收益为77.67亿美元。思科公司自1990年上市到2013年底,年收入已经突破了3 000亿美元的大关,仅2013年这一年就获得了515亿美元的收入,成为世界上最盈利的高新科技公司之一。目前,思科公司在全世界范围内拥有的员工人数超过了80 000名。思科公司在2008年的《财富》高盈利科技企业排行榜中位居第3位,并在2013年美国《财富》500强中排名第60位,同时思科公司历年都是世界500强的企业①。

二、"并购发动机"

1984年,一群来自斯坦福大学的计算机科学家成立了思科公司。现今,思科在全球共有36 000多名员工。1986年第一台多协议路由器的面市是思科的第一次商机。其后,与类似的高科技企业不同,思科没有走研发的路子,没有投

---

① 徐晗.思科跨国并购后的文化整合研究[D].沈阳:辽宁大学,2014.

入大量的人力、物力来开发自己的产品,它采取的扩张方式是一种更为有效和快捷的办法——并购。

自 1984 年至 1993 年,这十年的时间里思科公司的路由器年销售量增加到 12.4 万套,增长速度已经超过所有其他公司的总和,因此思科公司也成为当之无愧的路由器大王。但随着因特网和局域网的蓬勃发展,自动取款机和因特网技术发展迅猛,触动了思科公司的霸主地位。并且思科公司长期合作的老客户波音公司和福特公司为了提高产品的使用设备,增强竞争力,纷纷决定采用交换机来取代路由器。当思科公司得知这一消息后,为了防止客户资源的流失,思科决定进行一次大规模的并购,这也是思科公司自成立以来的首次并购。仅用了一年的时间,思科公司就实现了年销售收入突破 10 亿美元的大关,公司员工也增长到了 2 262 人,创造了辉煌的成绩,这也为思科公司以后的并购打下了良好的基础,从此思科公司走上了并购之路[①]。在过去的十年里,思科前后一共并购了将近 90 家企业,这些企业基本上都是具有相当发展潜力的高科技企业,它们的技术优势总是为当时的思科所缺乏的,这些技术优势提升了思科整体的核心竞争力,同时使得思科夺取了更大的市场份额。

思科公司在它进入的每一个领域都占有第一或第二的市场份额,都是市场的领导者。1990 年上市以来,思科公司的年收益从 6 900 万美元上升到 2002 年的 189.1 亿美元。1999—2000 年,思科总共收购了 41 家企业,而这一年同时也是思科销售收入和现金流量增长最快的一年。2003 年,在完成了对 Linksys 公司和安全软件公司 Okena 公司的收购后,思科 2003 财年第 3 季度的净销售额达到了 46 亿美元,净收入为 9.87 亿美元。思科 2003 财年前 9 个月的净销售额为 142 亿美元,与 2002 财年前 9 个月的 141 亿美元相比增长了 0.6%。最近几年,思科都在稳步地发展,不断的并购使得它能够永远走在行业的前端。

2004 年思科公司的市值突破千亿美元,思科公司的并购几近疯狂,曾在 10 天内吃掉 4 家公司,这个曾经不起眼的公司如今成为万众瞩目的对象。2008 年思科公司获得了"2008 年全球品牌百强"第 17 名的殊荣,并 8 次当选《财富》全球最受尊敬的企业,并且在《财富》2008 年度高盈利科技企业排行榜中思科位于第 3 位,在 2013 年美国《财富》500 强中排名第 60 位。截止到 2013 年 11 月,思科公司凭借独到的"并购理念"共完成 169 家公司的并购,成为当之无愧的"并购大王"[②]。

① 徐晗.思科跨国并购后的文化整合研究[D].沈阳:辽宁大学,2014.
② 徐晗.思科跨国并购后的文化整合研究[D].沈阳:辽宁大学,2014.

三、思科的并购策略

（一）并购的"经验法则"

思科的 CEO 钱伯斯为其并购活动确立了五条"经验法则"：企业文化和气质特征与思科接近；地理位置接近思科现有产业点；并购对象必须与思科发展方向相同或角色互补；被并购公司的长远战略要与思科吻合；被并购公司员工能成为思科文化的一部分。文化和气质相容才能保证并购后的公司真正能够融入思科，长远战略吻合才能保证今后有共同的目标和发展方向。思科总裁钱伯斯曾说过："我们并购一家公司，不仅是注重目前该公司的先进产品，同时也看重的是未来该公司发展的前景以及预测即将出现的新科技。当你花钱付给员工不等的薪资，买下的只是冷冰冰的机器、现有技术以及研发成果，却没有使该公司的未来价值得到升值。那么这就是失败的并购策略和投资交易。"就好比组装一台机器。拿来的组装零件在各方面应该能够很好地吻合，这样才能组成一台机器，另外，这些零件的作用又要互补，才能在整体上提高机器的性能。思科公司往往寻找那些与自己的愿景、目标相近和相似的企业，这样在以后的发展过程中不会相互阻碍。

（二）分步骤控制的并购策略

思科公司采取的并购策略被称为分步骤控制。首先，为了观察和了解目标公司的人才、技术、产品和经营状况，思科公司会先投入少量风险投资资金参与运作。这一过程不仅可以帮助公司决策，也有助于合并后的快速融合。在有需要的情况下，思科将进一步持股，通常持股量可达 10% 左右，以做进一步的观察和考虑。最后经过仔细评估和比较后，思科才在多个观察、考虑的公司中选中一家进行收购。这样一来，在并购实施的过程中，思科不仅掌握了目标企业的大量信息，也同时使自己更容易为该目标企业所接受。

东方高胜的一篇文章里详细介绍了思科公司并购成功的杀手锏。首先，是较高的收购价格。思科公司看中的一般是目标企业新的技术和将来的发展潜力，因此它给出的收购价一般都会高出目标企业的有形资产。这样看来，似乎思科会在并购上吃亏。仔细想想，情况正好相反。利用思科原有的资源对目标企业进行整合以后，思科所获得的利益将会大大超过收购的成本。因此，从思科大举并购至今，并未因为并购而负债累累，相反，它自成立以来就没有过负债经营。

其次，思科主要采用的是付现、换股或付现与换股相结合的收购方式。思科股票在市场上的业绩是有目共睹的，采取换股的方式为思科节约了大量的现金，同时也节约了成本。有些时候，目标企业希望获得的是现金而不是股票，这时候,思科就会在其股票开始上升的时候,通过拆分股票的方式来筹备并购的资金。从 1991 年到 2000 年,思科几乎每一年都将它的股票 1 拆 2 或者 2 拆 3。从 1991—1999 年的八次分拆中,除 1993 年分拆后股价虽回升但没有达到拆细前的水平外,其余七次分拆后股价都回升并超过分拆前的水平。思科公司在多年的连续并购中共使用了资金 400 多亿美元,但其通过市场直接融资达 2 200 亿美元①。

再次,思科通常会向被收购公司的员工承诺,至少一年内不会解雇他们或强迫他们改变工作岗位。被收购公司员工原有的所有期权安排都将被折算成思科的期权安排,并购一旦完成,他们每人将立即得到一份详尽的关于原公司与思科各种待遇的对比表格以及思科高管人员的电话和电子邮件。通常在一个月内,思科会确定被收购公司每一员工的职能和所有的工作细节,告之谁是其上级及在公司内的隶属关系,并得到思科的工作证件和名片。

最后,思科的内部网络工程师将调试他们的电脑,将开机的画面统一至思科的内联网界面上。这往往标志着收购的正式完成。思科在收购中始终注意细节,目的是过渡尽可能平稳,并购后尽可能留住更多的员工,尽快地融合不同的企业文化。

(三)并购策略的四大特色

1. 速战速决

很多公司在宣布并购以后,就进入了长年累月的企划阶段。并购计划出来了又修改,修改了又补充。锤落许久仍未定音。最为明显的就是惠普和康柏的合并,这起被全球并购研究中心认为是 2001 年全球十大并购事件之首的并购案,从 2001 年 9 月 4 日宣布合并以来,到 2002 年 3 月仍然在进行股东投票。并购的拖延大大损害了两家公司的利益。因为在并购的时候往往伴随的是人心惶惶、无心工作,许多大的投资项目被迫搁浅,许多新的创意也被迫停止付诸行动。思科充分了解这一点,在并购问题上,它通常采取的都是速战速决、尽量压缩时间的战略。在确定并购目标后,思科公司就会迅速出击,决不再无关紧要的事情上浪费时间。例如思科公司在对 Kalpana 公司进行并购时,遇到了强劲的对手 IBM,为了获得并购的胜利,思科公司快速出击,而 IBM 公司当时正忙于对 Kalpana 公司的地下水是否达标进行测试,因此最终思科公司凭借时间的优势取得成功并购。还有 2001 年思科收购一家名为 Cerent 的生产光纤设备的公司。这是思科当时为止最大的一次收购活动。整个收购谈判只花了三天零两个半小时。从 2001 年 8 月 25 日思科宣布开始收购,到 11 月 1 日,它就正

---

① 李惠,陈英,马利军.思科公司的并购之道[J].新理财,2004(1):32-34.

式接管了这家公司,速战速决并没有影响到收购的效果。到收购结束,Cerent公司保持了原来的完整,所有的工作都在有条不紊地进行。在收购了 Cerent公司以后,思科成功进入了光纤设备领域。

2. 采取换股并购

在思科公司的并购策略中,换股并购是个宠儿。思科公司的所有并购几乎都是通过权益结合法直接采用换股的形式进行,这使其从不借债并购,也从来没有负债经营。各项数据也表明,思科公司拆股的融资策略是成功的,没有负债压力,企业的内部资源可以充分利用,从而进一步支持了其并购和可持续发展①。

换股并购也就是以并购公司的股票作为支付手段换取标的公司的股票。从 1993 年以 9 500 万美元股票收购了 Crescendo 通信公司到 2003 年以 1.54 亿美元的普通股股票交换 Okena 公司发行在外的全部股票和股票期权,思科非常青睐这种并购策略。在美国,采取换股并购不仅比现金并购方式更为节约交易成本,而且可以在财务上合理避税和产生股票预期增长效应。现金购买通常是应税交易,而股票交易则是免税的。

3. 并购有新技术的公司

新经济时代,很多高科技企业更看重的是公司拥有的新技术和发展的潜力。在美国,很多企业在一成立的时候就被其他企业买了下来。思科的并购更为突出地反映了这一点。钱伯斯的观点是:"我们在并购一家公司的时候,不仅仅是购买该公司当前的产品,同时也是购买即将出现的新科技。"思科成功地进入光纤网络充分说明了其"获得与吸收"新技术的并购策略。1998 年,当光纤网络技术初具雏形的时候,思科就买下了位于加州的 Pipe Links 公司,公司开发的产品可以让终端使用者连入光纤网络。1999 年又在同一时刻收购了 Cerent公司和蒙特利公司两家光纤网络公司,由于这两家公司的产品主要是用于长途光纤网络使用者,因此在 2000 年,思科又收购了一家专门为短途光纤网络使用者开发配套技术的 Quyton 系统公司。通过一系列并购,思科成功获得了光纤网络的主要技术,并在光纤网络行业打造了一个思科的王国。

4. 留住人才是关键

1996 年思科收购 StrataCom 公司,但是几个月后,该公司有 1/3 的销售人员辞职,导致了公司销售的长期瘫痪。在此之后,思科吸取了教训开始重视人员的整合,将人员的整合放在并购的首要位置。在正式并购之前,思科公司成

---

① 田甜.基于技术生命周期的并购分析——以思科公司为例[J].财务与会计(理财版),2012(11):40-43.

立"文化警察"考察被并购企业文化上的适应性,还专门成立一个 SWOT 小组对并购细节进行深入分析。每次并购后,思科公司人事监察部小组的成员就来到被并购的公司,为他们现场宣传思科公司的企业文化并购目和未来的发展计划,并且现场解答被并购公司员工薪资待遇、任用机制、退休保障等问题,而且特别强调思科公司并购的实际上是人,希望大家能够留下来①。在对 Cerent 公司成功收购以后,其原有的 400 名员工只有几个离开了公司。在思科全球 3 万多员工中,有 30%的员工来自兼并的公司。通常思科公司并购后,思科公司只是把营销部和制造部进行整合加入思科公司已有的部门,而产品、工程和市场几个小组仍旧保持相对独立状态。因此,思科公司并购的公司在两年内的员工流失率仅在 6%～8%之间,而一般企业并购后被并购后,公司在两年内的员工流失率却在 50%上下徘徊②。思科认为,并购一个公司最大的益处是获得了人才。尤其在高科技公司,知识和智慧才是财富的来源,留住了人才就等于留住了财富。

据悉,在被思科收购后头半年里,原 Ceretn 公司 400 名员工中只走了 4 名。思科公司企业发展部副总裁内德·胡拍说:"我们发现,往后拖延会更加痛苦。我们对收购进行精心策划,以期在创伤期留住员工,以后他们就会从更为理性的角度来看待思科了。"

目前,思科公司的产品有 30%是通过直接并购其他公司获得,这些产品给思科公司带来了大量的现金流和利润,保证了思科公司持续地发展和壮大。

四、并购战略在思科公司的成功之处

(一)从战略定位层面来看

1. 并购战略在思科公司的整体战略中占据着主导地位

企业发展总体上可以分为内部生长型与外部扩张型两种战略途径。外部扩张型发展就是企业通过并购方式获得已有的生产经营资源和能力。而思科选择的就是这种"以兼并求发展"的外部扩张型的成长之路,这也就奠定了思科快速成长的关键基础,可见并购在思科公司整个发展战略中的重要性。而与其他企业的比较来看,把并购作为公司发展的第一战略这是哪个企业都没有过的,而思科是第一个。并且思科把并购的目标主要定位在中小公司,因为他们认为大公司的收购通常失败,关键原因在于公司文化的融合非常困难。而且在这一明晰的战略指导下,思科公司多年来都一如既往地坚持着。这些都构成了

---

① 徐晗.思科跨国并购后的文化整合研究[D].沈阳:辽宁大学,2014.
② 徐晗.思科跨国并购后的文化整合研究[D].沈阳:辽宁大学,2014.

思科公司在成长发展的战略定位上与其他公司的不同之处。

2. 围绕核心竞争力的相关多元化

多元化是企业成长的必经之路,思科公司所并购的公司都是生产与互联网相关的软硬件产品,也就是说它是相关多元化的兼并。而且都是一些高科技企业,规模并不大,只是科技含量高,具有发展前景。思科以此来掌握最新的技术。就像思科总裁钱伯斯所说:"朗讯公司有科研实力强大的贝尔实验室,但是我们却可以骄傲地说'整个硅谷是我们的实验室'。"这一句话道出了思科公司保持技术领先的源头,就是通过相关多种业务的整合,发挥出协同效应,从而进一步地巩固它的核心竞争力。

"从核心竞争力的观点而言,多元化的战略当中最重要的是,企业在多元化之后能否创造出综合效益,原有行业与新进入的行业能否取长补短、相辅相成?因此从核心竞争力的观点来看,公司应从事的是关联性的多元化。"

而思科正是基于这样的考虑,所以在互联网领域越做越大。但是我们知道许多公司进行多元化时并没有一个清晰的思路,就像韩国的大宇集团盲目扩张一样,没有了主业,核心竞争力越来越模糊,所以千万不能为了多元化而多元化,为了单纯的规模扩张而牺牲企业成长的稳定性。

(二)从战略实施层面来看

1. 注重购并的实质:以人为本

"以人为本"是思科在并购方面区别于其他许多公司的地方。它认为,寻找和留住合适的人才比寻找热门的新技术困难得多。因此,在选择并购对象时,思科不仅要看它们的财务状况和商业模式,还要看它们的公司文化和企业理想。为此,思科企业发展事业部会与收购目标公司各层级的人(从低层工程师到高级经理)进行谈话,考察公司中谁说话算数、员工们讨论问题是否坦诚、团体成员之间如何处理关系等[①]。

在思科公司看来并购的实质就是并购人才,如果不重视被收购公司的人才,那其实也就丧失了收购的核心价值。因此思科公司并购时主要考虑的是人的因素,从来不进行恶意并购,它关注的是这些人是否愿意被收购。这一点与股神巴菲特并购企业时的思想如出一辙。而有些公司就没有做到这一点,他们收购的目的是想得到该公司的客户群或者是分支机构等,而往往忽视了人的因素,因而造成人员的大量流失或并购的流产。

正是因为思科对人的重视,对于大多随收购而进入思科的员工来说,收购并不全然是坏事。实际上思科负责交换机、运营和安全的副总裁均是通过收购

---

① 桂港.思科:善良的并购大鳄[J].中外管理,2007(11S):7-8.

进入思科的。胡拍本人也如此。他说："在思科，收购不是职业生涯的结束，而是开始。我们要收购的那些人也要这样想——这是那家公司下一个时代的开端。"①

2. 注重购并的目标指向：兼并的战略与公司以及顾客的利益紧密挂钩

思科公司兼并其他企业首要考虑的问题就是这样的市场机遇是否对公司重要，而且是否对公司的顾客重要，也就是说它的购并不仅仅考虑企业自己的利益，同时也把顾客的利益放在同等重要的位置。这也充分体现了思科公司一直以来奉行的对顾客利益的关注。

"客户需要什么，思科就必须提供什么；如果自己制造不了，那就去购买。"这是思科初次收购所得的经验。思科可以为了顾客而去收购一家公司，这说明了对客户需求的关注不仅仅是一句口号而已，而是与其公司的吞并战略紧密相关。

3. 具有丰富的收购经验以及科学的操作流程

思科公司频繁地调整其并购和整合策略以吸收新的经验。根据思科公司的一名董事所描述："我们犯过书本上出现过的每一种错误，但我们也从这些错误中有所收获，它们随后也帮助了我们。"因此，思科公司不断吸取并购经验，并且不断调整并购策略和方法，在不同的技术生命周期阶段有不同的目标，并采取了不同的并购方法②。

思科公司在1993—2000年间兼并了近70家中小企业，涉及金额达400多亿美元，这些近似疯狂的收购使得思科积累了丰富的并购经验以及并购方面的专才。也正是因为这些经验，思科公司知道在收购时应该做什么，并形成了一套对被收购企业价值评估的科学决策程序。思科公司关注的问题是：该公司管理者的战略规划能力、地理位置、增长前景、公司的文化与本企业文化的匹配性问题以及公司的管理者素质快速营销推广能力。一旦思科公司决定收购一家公司，便会用长期以来积累起来的并购经验及独一无二的操作流程进行全力以赴的收购。这些经验和流程是其他企业所不能轻易复制的，也是思科公司实施购并战略时与其他企业的不同之处。

（三）从对企业文化的匹配性重视程度来看

思科公司最关注的就是企业文化的匹配性问题。这一问题之所以思科公司最为关注，就是因为文化在公司整合过程中扮演着非常重要的角色，文化的

---

① 桂港.思科：善良的并购大鳄[J].中外管理，2007(11S)：7-8.
② 汪卫芳，柴武斌.并购战略在思科公司成功的原因分析及其启示[J].特区经济，2005
(10)：356-357.

因素会影响到兼并过程的顺利进行以及收购结果的协同效应的发挥程度。

每个企业都有自己的文化,它需要很长时间才能形成,但一旦形成后,它又趋向于稳定不变。因此一个企业要对另一个企业进行吞并,就不仅仅是一个评估定价业务的简单整合工作,而且是要面对具有不同价值观念的两个群体,那么如何对此进行整合就不仅仅是一个定量化的计算问题,而是要做大量的细节性的文化评估工作。

在操作过程中,思科公司把文化匹配性评估与对公司资产的评估定价放在同等重要的位置。两者的评估是同步进行的,而这一过程中需要做大量的工作,这些评估工作都是力图减少吞并过程中可能出现的问题,也就是要预防在前,以防患于未然。

在正式兼并以前他们会做大量的工作看是否适合兼并以及如何对被收购公司进行同化,成功者如是说:当所有的人都熟睡的时候,我已经醒了;当所有的人都犹豫的时候,我已经开始行动了!而思科公司正是这样的成功者。

在收购一个公司前,思科公司会组织一个 SWOT 小组来研究合并时同化工作的每一个细节,这包括工作调整、公司奖励办法、保健待遇及公司的相关政策,等等,以保障合并能顺利进行。思科公司的这一做法在收购塞伦特公司上取得很好的效果,因为公司准备工作充分,所以这一收购价为 63 亿美元的并购谈判只花了三天零两个半小时。而且收购后塞伦特公司员工的离职率只有 1%(400 位员工中只有 4 个人离开了公司),销售额也成倍增长。如果思科公司没有前期制定明确的文化整合计划以及充分的准备工作,就不能迅速而有针对性地开展稳定人心的工作。而据 Best Practices 咨询公司的调查,一个公司在被收购后,总有 1/3 的经理人员和重要的技术人员会离职而去。可见思科公司收购塞伦特公司是极其成功的。

五、并购战略在思科公司成功的原因

(一)思科的弹性文化

我们先看一段思科公司总裁钱伯斯对思科公司文化的描述:"思科公司有着比历史上所有其他公司更加多元的企业文化,我们不在乎你的年龄、性别、肤色、宗教信仰,只要你棒,思科就爱你。思科的企业文化对于新的观念和人才非常宽容。"正是由于思科公司文化极大的包容性,才使得思科本身容易接受其他公司的一切。

(二)思科公司对文化匹配性的分析

举例来说:我们可以了解到思科有着世界上独一无二的全员期权方案:40%的期权是发放给了普通员工。这样的话对于想要收购的公司,钱伯斯会亲自检查它的股票分布：股票是在几个投资者手中还是在上层经理掌握之中？他们怎样对待员工？以此来判断企业文化是否与思科兼容。

许多研究表明，并购整合的最大障碍来自一体化进程中不同企业文化的冲突。并购失败的公司中有 85%的 CEO 承认，管理风格和公司文化的差异是失败的主要原因。

思科选择并购对象的重要原则之一是其文化与思科相容。在思科人看来，最理想的并购对象就是颇似早年的思科。公司内部称之为"思科的孩子"。文化的匹配与兼容是筛选的重要标准。在接洽初期，思科的高层管理者将会晤目标公司的高管人员，双方将互换技术和人力资源等方面的有关文件[①]。

钱伯斯说，在并购中，我们创造了兼容并蓄的思科文化，接纳来自不同文化背景的人，承认头脑创造一切。我们收购的公司也必须与我们有同样的文化背景。

其实并购就像结婚一样，其成功的关键在于选择，而选择的前提是要对自己以及对方有足够的了解，这样成功率才会提高。

第三节 回顾小结与意义

在互联网高速发展的 20 世纪 90 年代，思科没有错过，它将业务定位在互联网领域，并采用兼并收购的战略逐步在相关业务上进行扩展以快速壮大企业规模，并且利用它在并购中积累的丰富经验以及集合的优秀人才，形成了自己的一套评估体系，正是走了这样一条独特的并购之路，才使得思科公司有着今天的骄人业绩。

其实思科并购战略的成功之处，就是思科公司对并购战略在公司的整体战略中定位非常明确，而且在业务上紧紧围绕网络产品进行相关多元化的逐步扩张。并且由于其在多起的并购案中所积累起来的经验，更加使得其不论在战略的定位上还是在战略的操作层面上，都与其他企业形成了相对的优势，因而造就了思科并购的高成功率。

所以，我们的企业首先要对自己的并购战略定位要明确，其次在具体操作过程中一定要对被并购企业进行并购前的考察，尤其是两个企业文化匹配性问题的评估，因为从某种意义上来说这是并购的前提。而在并购后整合更为关

---

① 徐晗.思科跨国并购后的文化整合研究[D].沈阳:辽宁大学,2014.

键,因为整合是否得力将决定并购的成与败,所以在并购前要做好整合计划,这包括文化、组织、业务、客户等方面,以使得并购能够顺利完成。

并购是帮助企业家披荆斩棘、扩大规模、进入新行业、增强竞争优势? 还是漏洞百出、伤人伤己呢? 从设计并购方案、对目标公司合理定价、并购风险,以及并购中的法律法规等多个角度,掌握系统、全面的并购相关知识,在进行并购时,客观、详尽地分析评估,采取科学的方法做好企业并购整合规划工作,让并购这把企业发展的利器真正为己所用!

课后思考

(1) 并购对于企业的扩张来说有何优缺点?

(2) 思科公司能够通过并购取长补短,从而打造自己的核心竞争力。请总结思科取何长补何短。

(3) 结合案例谈谈企业的内部成长和外部成长。

第十八章　沃尔玛：供应链管理

第一节　理论背景和意义

供应链的定义是："围绕核心企业,通过控制信息流、物流、资金流,始于采购原材料,制成中间产品以及最终产品,终于通过销售网络把产品送到顾客手中的将供应商、制造商、分销商、零售商和最终用户连成一个整体的功能网链结构模式。"它是一种企业结构模式,是一条连接供应商到用户的物料链、资金链和信息链。物料在供应链上进行了加工、包装和运输等,使得其价值获得了提升。供应链的增值性是维系这条供应链存在的基础,它让相关企业得到应有的回报,让这条链能继续维持下去。

根据供应链运营是响应一个顾客订购还是多个顾客订购,可以将供应链分为两种:一种称为推动式(Push);一种称为拉动式(Pull)。推动式的供应链运作方式以制造商为核心,产品生产出来后从分销商逐级推向顾客,特点是整个供应链上的库存较高,对需求变动的响应能力较差;拉动式的供应链则是以最终顾客的需求为驱动力,整个供应链的集成度较高,数据交换迅速,反应敏捷。

供应链管理指为消费者带来有价值的产品、服务以及信息的、从源头供应商到消费者的集成业务流程。供应链管理协调就是利用企业内外资源共同满足消费者需求。供应链上各环节的企业可以看作为一个虚拟企业同盟,而任意一个企业就成为这个虚拟企业同盟中的一个部门,那么同盟的内部管理就形成了供应链管理。只不过同盟是一种动态组织,它的组成会根据市场需要随时发生变化。

有效的供应链管理可以帮助企业实现四项目标:缩短现金周转时间;降低企业面临的风险;实现盈利增长;提供可预测收入。

在供应链管理中有七项原则:①客户群的划分必须根据客户所需要的服务特性;②根据顾客需求和企业的可获利情况来设计企业的后勤网络;③重视市场的需求信息,设计更贴近客户的产品;④时间延迟;⑤策略性地确定货源和采购,与供应商建立双赢的合作策略;⑥在整个供应链领域建立绩效考核准则;⑦建立整个供应链的信息系统等。在专业要求越高,分工越细的供应链中,基本上由不同的企业来组成不同节点。

早先彼得·德鲁克提出的"经济链"就是供应链这个概念的雏形,后经由迈克尔·波特发展成为"价值链",最终演变为"供应链"。

从 1962 年诞生的乡镇小店,发展成为名列全球 500 强之首的商业帝国,沃尔玛被惊叹为世界零售业的一大奇迹。这一奇迹究竟又是如何发生的呢? 是什么管理绝招成就了沃尔玛零售帝国?

第二节　案例分析

一、从小镇成长起来的零售王国

沃尔顿童年时期从事过推销杂志、送报纸等工作,用以补贴家庭开支的不足。这些对沃尔顿以后的事业发展提供了最初的生活体验。1943 年到 1950 年,沃尔顿把一家普通的杂货店经营成该区域最为成功的一家。这一时期,沃尔顿勇于实践,敢于尝试改变销售策略,并不断总结失败的教训,积累了较为丰富的经验,同时也不断探索零售业连锁经营的思路,以求日后自己的企业有更大的发展。

经过多年的准备,1962 年 7 月 2 日,第一家沃尔玛百货公司在阿肯色州开业。沃尔顿在店名两侧分别写上"低价销售"和"保证满意"两句话。这两个口号作为沃尔玛的经营理念,至今仍指导着庞大的沃尔玛公司。在公司成立初期,沃尔顿遇到了不少困难,主要表现为:第一没有背景依托;第二缺乏充足的资金。在这种情况下,要想脱颖而出,创造业绩,最为切合实际的思路就是低成本、低售价、满意的服务,以求逐渐积累。在沃尔顿的信念中,自己的公司只要货品充足丰富,服务上乘,物美价廉,顾客必然蜂拥而至。结果真是成千上万的顾客蜂拥而至,第一年的营业额就达到 70 万美元。

20 世纪 70 年代,沃尔玛成长为全美最大的区域性零售公司,80 年代又发展成为全美最大的折扣百货连锁公司。90 年代,沃尔玛继续保持了每年 40%左右的高速增长,成为全美和世界第一零售企业,并且连续三年在美国《财富》杂志上排名世界第一。

目前,沃尔玛在全球 15 个国家开设了超过 8 400 家商场,下设 55 个品牌,員工總數 210 多萬人，每週光臨沃爾瑪的顧客達 2 億人。2010 財政年度營業收入為 4 218.49 億美元，2010 財年慈善捐贈資金及物資累計超過 5.12 億美元，比 2009 財年增長了 20%。2011 年，沃爾瑪公司再次榮登《財富》世界 500 強榜首，並在《財富》"2010 年最受讚賞企業"調查的零售企業中排名第一。

沃爾瑪於 1996 年進入中國，在深圳開設了第一家沃爾瑪購物廣場和山姆會員商店。目前沃爾瑪在中國經營多種業態，包括購物廣場、山姆會員商店、社區店等，截至 2010 年 8 月 5 日，已經在全國 20 個省的 101 個城市開設了 189 家商場，在全國創造了超過 5 萬個就業機會。

二、沃爾瑪的供應鏈管理體系

在供應鏈管理環節中，沃爾瑪所實施的戰略恰恰印證了中國的一句老話——磨刀不誤砍柴工。沃爾瑪沒有將物流環節當作企業的成本中心並因此想方設法縮減投入，而是將其視為利潤中心，為實現供應鏈高效益的運轉而採用全方位的電子控制系統、最先進的技術以及對供應商的高標準要求。

（一）體系組成部分

1. 顧客需求管理

在零售業這種直接與最終顧客打交道的行業中，顧客決定一切，不以滿足消費者需要為中心的企業是無法生存下去的。供應鏈必須遵循的基本原則就是滿足消費者的需求和需要，供應鏈管理的最大特點就是滿足顧客的需求同時做到廉價高效。企業如果要想實現其商業目標並取得成功，客戶的具體需求相較於競爭者就必須更加了然於胸，集中各種資源來滿足客戶這方面的需求。

沃爾瑪採用了拉動式的供應鏈管理，它以最終顧客的需求為驅動力，整個供應鏈的集成度較高，數據交換迅速，反應敏捷。沃爾瑪公司的首要目標是讓客戶滿意，服務客戶是沃爾瑪公司的三個基本信仰[1]之一，而超越顧客的期望是沃爾瑪堅持不懈的追求。沃爾瑪公司不僅僅將"保證滿意"的退換政策和"高品質服務"的承諾視為一句口號，只要你的商品是從沃爾瑪購買的，沃爾瑪在沒有任何理由，甚至沒有收據的情況下都無條件受理退貨。

在沃爾瑪每週都會調查顧客期望和反應，而管理人員則會基於電腦信息系統採集的信息，以及通過直接調查收集到的顧客期望及時改進商品陳列擺放，組織採購，更新商品的組合，營造舒適的購物環境，使顧客在沃爾瑪不但買到稱心如意的商品，而且得到滿意的全方位的購物享受。

---

[1]　沃爾瑪公司的三個基本信仰分別為：尊重個人、服務顧客、追求卓越。

2. 与供应商的零售连接

供应商在企业价值链的形成过程中扮演重要的角色,切实地影响着企业的经营效益。建立战略性合作伙伴关系是供应链管理的重点。供应链上下游企业的无缝连接与合作是供应链管理的关键所在。正因为企业供应链合作关系的建立是一个复杂的过程,所以沃尔玛与供应商建立合作伙伴关系经历了一个较长的艰难的过程。

沃尔玛的供应链管理模式已经跨越了企业内部管理(ERP)和外界“沟通”的范畴,而形成了以自身为链主,链接生产厂商与顾客的全球供应链。以宝洁为例,从 20 世纪 80 年代中期以来,沃尔玛与宝洁就建立一个全新的供应商和零售商关系达成了协议,双方建立内部互联网共享信息。然后由宝洁根据产品的销售动态,调整生产和销售计划,在合适的时间将适当数量的商品送到沃尔玛公司的配送中心,以此来达到大幅提高经营效率的目的。宝洁公司与沃尔玛的合作,改变了两家企业的营运模式,实现了双赢。同时,它们合作的 C(Collaboration 合作)、P(Planning 规划)、F(Forecasting 预测)和 R(Replenishment 补充)等四个理念,也演变成供应链管理的标准。宝洁 2003 年 514 亿美元的销售额中有 18%来自世界范围内 5 100 家沃尔玛超市。而沃尔玛 2 560 亿美元销售额中的 3.5%归于宝洁的产品。宝洁公司与沃尔玛建立的“宝玛模式”,不仅仅更加了解零售商的需求,同时也拉近了与零售商之间的关系。

3. 高效的物流配送系统

有效的商品配送是保证沃尔玛达到最大销售量和最低成本的存货周转及费用的关键所在。在沃尔玛折扣百货公司建立之初,只是一个地处偏僻小镇的小公司,几乎没有哪个专业分销商愿意为它的分店送货,沃尔玛的每家分店只得自己向制造商订货,然后再联系货车送货,事倍功半。在这种情况下,尽管山姆一向以节俭著称,但是为了使公司获得可靠的成本效率和供货保证,它决定投入大笔资金建立属于自己的配送组织。沃尔玛创新配送理念,放弃通行的直接送货到商店的方式,创建了集中管理的配送中心。1970 年,沃尔玛的第一家配送中心在美国阿肯色州的一个小城市本顿维尔建立,该中心占地 6 000 平方米,负责供货给 4 个州的 32 家商场,集中处理公司所销商品的 40%。如今的沃尔玛,在美国已拥有一套完整的物流系统,而配送中心仅仅占其中的一部分。

伴随着公司的不断发展,配送中心的数量也在逐年增长,全部使用电子化作业,每种商品都有条形码,由十几公里长的传送带传送商品,由激光扫描器和电脑追踪每件商品的储存位置及运送情况。每个配送中心的两端是装货和卸货月台,繁忙时,中心内 600~800 名员工需要 24 小时连续作业,通过传送带处理 20 万箱的货物,装卸三百余辆货车。许多商品在配送中心停留的时间总计不过 48 小时。如今,从任何一个配送中心出发,汽车只需一天就能抵达它所服务的商店,相对于其他同业商店平均两周补货一次,沃尔玛可保证分店货架平均一周补两次,使沃尔玛各分店即使只维持极少存货也能保持正常销售,从而大大节省了存贮空间和费用。

正如沃尔玛前任总裁大卫·格拉斯所说:"配送设施是沃尔玛成功的关键之一,如果说我们有什么比别人干得好的话,那就是配送中心。"美国经济学家斯通博什曾经对美国零售企业进行研究,发现美国的三大零售企业中,商品物流成本占销售额的比例在沃尔玛是 1.3%,在凯马特是 8.75%,在希尔斯则为 5%。如果年销售额都按 250 亿美元计算,沃尔玛的物流成本要比凯马特少 5.5 亿美元,比希尔斯少 9.25 亿美元。正是因为在物流配送方面的成本和费用的优势,使沃尔玛在同业竞争中处于有利地位,确保了其在经营当中"天天平价"战略的实施①。

4. 完善的物流信息系统

采用各种新技术一直是沃尔玛所热衷的,也正是通过对各种新技术坚持不懈的追求,沃尔玛成功地建立起在物流管理领域与供应链的独特竞争优势。

卫星通信为沃尔玛在全球范围内的移动开辟了一个大容量、高速度的传送渠道。沃尔玛在 1984 年投入 4 亿美元巨资,与美国休斯公司合作发射了一颗商业卫星,在此基础上,又投入 7 亿美元建立了目前的计算机及卫星交互式通信系统,实现了全球联网。通过全球网络,沃尔玛可在 1 小时之内对所有分店每种商品的库存、上架、销售量全部盘点一遍,并把销售情况传送给上千家供应商。卫星系统建成后,其物流程序发生了质的变化。以卫星控制台为核心,通过 UPC 代码即时掌握销售情况,然后发指令给分销中心,再通过车队将商品运送到目的地,整个运作过程协调有序,减少无效的作业,提高效率。这样沃尔玛用自己的卫星通信系统,把配送中心、供应商和每家分店更紧密地联成一体,极大地提升了营业的效率和准确性。更高的工作效率和较低的成本也使得沃尔玛超市所售货物在价格上占有绝对优势。

21 世纪初,沃尔玛努力重组供应链,要求其供应商未来两年内在所有的货盘和货箱上实施 RFID(无线射频识别)标签,目前已有 300 家供货商采用了 RFID 技术,而旗下大约有 500 家连锁店已经安装了 RFID 设备。此外,还有 5 家分销中心采用了 RFID 托盘和集装箱标签设备。沃尔玛在 2007 年增加了更多地采用 RFID 标签技术的供应商,同时,采用 RFID 设备的连锁店数目也成倍增加。沃尔玛的技术水平往往领先同行 5～10 年。其所有技术无一例外

---

① 段存广. 供应链:沃尔玛的致胜通道[J]. 企业改革与管理,2006(7):38-40.

地都是围绕着改善供应链与物流管理这个核心竞争能力展开的。沃尔玛完善的物流信息系统节省了总部和分支机构的沟通费用,加快了决策传达以及信息反馈的速度,从而提高了整个公司的运作效率。

(二)电子信息通信系统

信息是供应链最重要的驱动要素,是供应链成功的关键,信息交流能够有效地促进并且支持供应链的规划和运作,信息系统在提升供应链的超前能力方面发挥着十分突出的作用。信息使得管理者在更宽阔的视野中进行决策,将供应链的驱动要素紧密结合起来,创造一个统一、协调的供应链。

信息系统是沃尔玛高效的关键,信息系统更是其供应链物流管理不能脱离的基础所在。信息系统不仅能及时交换物流信息,沟通供应链上下游企业的物流联系,还能够同时基于最前端的市场信息,同步做出采购、生产和产品分销等方面的安排,以使供应链的上下游企业可以同时对市场需求做出快速反应;利用信息系统对供应链全过程的库存做出合理安排,顺畅地组织存货在不同节点间的流动,削减不必要的库存,消除"需求放大效应"带来的多余库存,从而降低整个供应链的运营成本,提高供应链的赢利能力。供应链的协调运行建立在节点主体间高质量的信息传递与共享的基础上,因此,有效的供应链管理离不开信息技术的可靠支持。在沃尔玛除了配送中心外,投资最多的便是电子信息通信系统。沃尔玛的电子信息通信系统是全美最大的民用系统[①]。

沃尔玛的一整套先进的供应链管理系统正是以先进的信息技术为依托。20世纪80年代末,沃尔玛开始利用电子数据交换系统(EDI),又称为无纸贸易系统与供应商建立自动订货系统。通过计算机联网,向供应商提供商业文件,发出采购指令,获取收据和装运清单等,同时也使供应商及时精确地把握其产品销售情况。

20世纪90年代初,庞大的数据中心就已经在沃尔玛公司总部建立了,这个数据中心可以即时监控每种商品的库存、上架、销售量,公司总部与全球各家分店和各个供应商通过共同的电脑系统进行联系,从而实现了供应链管理的快速反应。它们有相同的库存管理系统、相同的补货系统、相同的收银系统、相同的EDI条形码系统、相同的会员管理系统。这一实时链接的信息共享系统,比其竞争对手的管理费用低7%,物流费用低30%,存货期由6周降至6小时。

这套系统还大大方便了厂商,厂商被允许进入沃尔玛的数据中心和电脑配销系统,直接从POS获得自己商品的流通动态,如沃尔玛各仓库的存货和调配状况、不同店铺及不同商品的销售统计数据、电子邮件及付款通知、销售预测,

---

① 王秀丽.沃尔玛供应链管理对国美的借鉴研究[D].西安:西北大学,2007.

等等,根据这些数据来安排生产、供货和送货。同时,沃尔玛的产销计划都会在这个系统上公布并为供应商和生产厂商所查阅,真正做到了与供应商无缝衔接、双方盈利。

这一系统还能采集每周的顾客期望和反应这一重要数据,基于这些信息以及通过直接调查收集到的顾客期望,相关人员会及时改进商品陈列摆放,组织采购,更新商品的组合,营造舒适的购物环境,使顾客在沃尔玛不但买到称心如意的商品,而且得到满意的全方位的购物享受。

三、沃尔玛的成功

沃尔玛始终履行"天天平价,始终如一"的管理战略理念,这也是沃尔玛根据其企业整体战略的而制订的。也就是说,沃尔玛整体采用核心为"通过大批量订货的物流环节提高效益而控制成本"的成本与规模经济战略。沃尔玛不是将物流管理一味地作为成本中心加以缩减,而是将其不断改造更新成为企业的核心竞争力,最终成为企业的第三利润来源,其实质就是利润中心管理模式的改变。

沃尔玛总是供应链管理的弄潮儿:从 20 世纪 70 年代条形码的推行,到 80 年代物流管理理念的创新,再到当今作为 RFID 倡导者中的主力。沃尔玛正是不断地运用信息技术高科技,使得这样一家传统企业,获得了令人瞩目的发展。管理者不仅能够通过它随时控制进货和出货,让自己的每一美元以最快的速度增值,而且还带来了传统零售行业管理理念的全新变革。沃尔玛在信息技术的基础上把成本降到了极限,成功地将"天天平价"这一核心竞争力凸显出来。同时,应用信息技术还使沃尔玛与供应商的关系更加密切:供应商可以进入沃尔玛的整套电子数据交换系统,了解自己的产品销售情况,从而有计划地组织生产,大大降低了因盲目生产导致产品积压而带来的库存成本。沃尔玛供应链的成功关键就在于:第一,沃尔玛领先全球的信息技术应用;第二,独领风骚的卫星通信系统;第三,快速有效的客户反馈机制;第四,无与伦比的物流配送中心;第五,与供应商稳定双赢的战略合作伙伴关系。

在供应链变得日益重要的当今,尽管沃尔玛的经验有其特殊性,比如,它是一家连锁零售企业,生产部门本来就不是它的强项。但是,透过表面现象可以发现,沃尔玛的成功与其说是优秀的商业模式或者先进的信息技术应用,不如说是沃尔玛对自身的"商业零售企业"身份的超越。在某些高度同质化的产品市场,供应链管理可能是决定企业成败的唯一重要的因素,供应链管理中的问题涉及许多方面的活动,从战略层次、战术层次一直到作业层次。

不难看出,沃尔玛的供应链应属大型零售业主导型的供应链。这里所谓的大型零售企业凭借其资金、信息、渠道等优势,对整个供应链的运转,建立起强有力的管理组织拥有主导权,而其他参与方如厂商、批发商等供应商处于从属的地位,各自承担一定的职责,共同努力满足消费者的需求。

沃尔玛的供应链管理给人们留下了许多深刻的印象,其一就是一整套先进、高效的物流和供应链管理系统。沃尔玛在全球各地的配送中心、连锁店、仓储库房和货物运输车辆,以及合作伙伴(如供应商等),都被这一系统集中、有效地管理和优化,形成了一个灵活、高效的产品生产、配送和销售网络。为此,沃尔玛甚至不惜重金,专门购置了几颗卫星来保证这一网络的信息传递。其二就是沃尔玛能够唯才是用,凡是能给企业带来高额价值的人才都不惜重金聘用之,对于 CEO 这个极其重要的职位,沃尔玛能够颠覆传统的理念,惜才如金,颇具胆识地经营着它独具一格的领导团体。优秀的头脑创造意想不到的收获和价值。正是因为如此,沃尔玛才能拥有今天领先于世界其他各大企业的供应链管理模式,在众多企业中脱颖而出。

沃尔玛是世界上最能随时做出细微调整,将顾客的需求变为现实的公司。沃尔玛用尽可能低的价格采购商品,用尽可能便捷的物流及时满足顾客需求,用超低的售价让利于消费者。事实上沃尔玛的成功是其供应链的成功,是顾客订单信息流、高效物流、薄利多销式的快速现金流完美的"三流合一",是基于其无与伦比的信息系统基础上的客户关系与供应关系的最佳供应链整合,更是以压倒性的竞争优势,为供应厂商及门店顾客,创造了忠诚度很高的价值链。这些都是支撑沃尔玛供应链管理走向成功,从而将整个沃尔玛企业推向世界顶峰的精髓。

综上所述,沃尔玛的物流供应链管理模式给我们不少启示。我们应取其精华,去其糟粕,取长补短,为中国企业的发展借鉴丰富的经验。

第三节　回顾小结与意义

沃尔玛供应链管理的实践对我国零售企业的启示有以下几点。

一、庞大的销售体系是沃尔玛供应链管理成功的前提

供应商进入沃尔玛供货体系意味迈向了通往国际市场的快车道,这也是许多生产商,甚至是跨国企业以近乎成本价向沃尔玛供货,却又愿意与之保持长期合作关系的一个重要原因,同时也是沃尔玛能以零售商为中心形成巨大的核

心力和向心力,整条供应链保持高效协同运作的一个基础。

我国大型零售企业一般一年收入不到 10 亿元,其分店数量一般在 10 个左右,且单体规模较小,很难形成规模经济。由于进货量小,对生产商控制力低,整合供应链的能力显得不足,这是制约我国零售企业有效开展供应链管理的一个很重要的原因。为此,我国零售企业要加快其规模扩张的步伐,一方面要加快开发分店和连锁店的速度;另一方面要通过资本运作、并购等形式实现企业规模的跳跃式发展。

二、与优秀供应商双赢合作是沃尔玛供应链管理成功的关键

沃尔玛在选择供应商时,并不仅仅只看重低价,它对供应商的要求是相当苛刻的。因为沃尔玛知道如果没有优秀的供应商,质量和信誉等一切都无从谈起。所以,它力求与零缺陷供应商合作。

沃尔玛的供应商必须在信誉、质量、价格等方面都达到要求。沃尔玛对供应商甚至在商业道德方面都有严格的要求,一旦出现问题,就一票否决。沃尔玛的供应商都要通过长达半年至一年的考验期,才能被认定为合格的供应商。尽管沃尔玛对供应商的考核相当严格,但一旦双方达成合作关系并不因自身的强势而损害供应商的利益,供应商的产品通过沃尔玛卖场销售无须缴纳入场费和保证金,交易按时结算,而且采购额巨大。

此外,沃尔玛还通过供应链管理,强化对供货商的控制,加强对它们的服务,以追求双赢。沃尔玛专门为供应商制作了供货操作手册,包括凭据、资料填写、订货、供货、价格变动、账单管理、付款等过程的方方面面。通过这种规范化采购运作的延伸,把供应商纳入自己的管理体系。沃尔玛在网上建立了供应商平台,供应商可以通过这个平台实时了解到自己的产品在各个商店的销售情况,数据详实,可以自动生成报表,大大加强了供应商的自我管理。供应商甚至可以了解到其他同类供应商产品的相关信息。当系统发现商品处于最低库存时,还可以自动向供应商发出采购提示。这种宝贵的市场信息不仅可以帮助工厂有效控制库存和生产节奏,也给供应商开发新产品提供依据。为了进一步降低供应商的成本,沃尔玛还为供应商提供管理协助,如选择最快、最节省成本的送货路线。

三、将顾客需求管理作为供应链管理的起点和原动力是沃尔玛 供应链管理成功的基础

消费者需求始终是沃尔玛供应链上最重要的环节。"让顾客满意"是沃尔玛公司的第一目标。顾客需求管理使沃尔玛相对于其他供应链主体更贴近消

费者、更了解消费者,更能及时和真实地反馈消费者信息,进而使它摆脱了等待上游厂商供货、组织配送的现状。沃尔玛通过对消费者信息的掌握,直接参与到上游厂商的生产计划中去,与上游厂商共同商讨和制定产品计划、供货周期,甚至帮助上游厂商进行新产品研发和质量控制方面的工作,将消费者的意见迅速反映到生产中。这就意味着沃尔玛总是能够最早得到市场上最希望看到的商品,当别的零售商正在等待供货商的产品目录或者商谈合同时,沃尔玛的货架上已经开始热销这款产品了,借此沃尔玛还可以同厂商达成长期稳定的战略合作伙伴关系。

四、现代信息技术是沃尔玛在供应链管理成功的保证

实现供应链管理的基础是信息共享,供应链的协调运行是建立在供应链主体之间高质量的信息传递与共享基础上。沃尔玛供应链管理的成功,与它不惜重金投资和不断完善电子信息系统,真正实现与供货商信息共享和快速反应是分不开的。沃尔玛拥有仅次于美国联邦政府的庞大的包括商用卫星在内的计算机信息系统。沃尔玛是全球第一家建立卫星通信系统的零售商,早在 20 世纪 80 年代初,互联网还没有进入商用领域,信息化的重要性还没有被大多数零售商认识时,沃尔玛就花费 2 400 万美元购买一颗人造卫星,并于 1983 年升空启用,作为全球各区域中心的信息高速公路。事后,沃尔玛又陆续投资 6 亿多美元将原先的系统转变为基于因特网的全球性系统,使之效率更高并更有用处。沃尔玛还是最早使用计算机跟踪存货(1969 年)、最早使用条形码(1980年)、最早采用 EDI(1985 年)、最早使用激光扫描仪(1982 年)的零售商①。现代信息技术贯穿于沃尔玛供应链管理全过程,并且发挥着不可替代的巨大作用。可以说正是由于沃尔玛在现代物流中把信息技术应用到了极致,保持整个供应链是一个非常平稳、顺畅的过程,才谱写了"用信息取代库存"现代供应链管理理论。

课后思考

(1) 结合材料与自身经验,沃尔玛怎么做到顾客满意?

(2) 沃尔玛与宝洁公司的合作对国内企业的启示。

(3) 沃尔玛供应链管理的成功之处体现在哪些地方? 并举例说明。

(4) 国内哪个企业的供应链管理是运用沃尔玛式的供应链管理?

---

① 余凯.沃尔玛供应链管理的实践及其对我国零售企业的启示[J].全国商情(经济理论研究),2005(11):58-61.

参 考 文 献

[1] 阿静.快递巨擘:美国联邦快递[J].世界杂志,2004(9).

[2] 阿静.美国联邦快递快运中的巨擘[J].中外企业家,2004(3):39-41.

[3] 艾珍珍.思科的并购艺术[J].企业管理,2004(12):48-49.

[4] 安勇.个人移动通讯产品的差异化设计研究——移动电话的差异化设计方法分析[D].上海:东华大学,2008.

[5] 白杰.中国外资企业跨文化管理探析——对摩托罗拉的人类学研究[D].北京:中央民族大学,2011.

[6] 财政部会计司.解读之17:内部信息传递[J].国际商务财会,2010(9):17-20.

[7] 曹菲菲.英汉笔译实践报告——以《快餐帝国》第一部分的翻译为例[D].广州:中山大学,2012.

[8] 曹丽君,吴晔,邵蓉.美国药品召回制度及对我国的借鉴意义[J].药物警戒,2006,3(3):160-163.

[9] 曾珍.中国城市应急管理中地方政府决策能力的研究[D].呼和浩特:内蒙古大学,2012.

[10] 常雪.知识型企业的人力资源管理研究[D].天津:天津外国语学院,2005.

[11] 陈超.江西省邮政公司经营战略研究[D].南昌:南昌大学,2013.

[12] 陈春花.我读管理经典[M].北京:机械工业出版社,2015.

[13] 陈德欣.联邦快递的差异化服务创新案例研究[D].广州:华南理工大学,2011.

[14] 陈芳.浅析企业文化重要性及作用[J].时代报告(学术版),2012(7):18.

[15] 陈玖豪.基于IMS-EP规范的通用型电子档案袋系统的设计与开发研究[D].重庆:西南大学,2007.

[16] 陈亮.浅析惠普公司的竞争战略[D].上海:上海交通大学,2011.

[17] 陈凌.高校自主创新信息保障体系及其运行机制研究[D].长春:吉林大学,2009.

[18] 陈伟.精益生产方式在摩托罗拉能源产品事业部的应用[D].天津:天津大学,2005.

[19] 陈文轩.快递企业员工素质及人才培养研究[D].北京:北京邮电大学,2010.

[20] 陈晓芬.论管理学的视角、参照系及分析工具[J].金融经济(理论版),2009(12):135-136.

[21] 程红兰.沃尔玛供应链管理成功的启示[J].中国市场,2013(22):60-61[2013-22-26].

[22] 初秀山.黄海集团绩效评价及核心能力构建策略研究[D].天津:天津大学,2006.

[23] 大卫·柯克帕特里克.价值的坚守:引爆世界的 Facebook[J].21 世纪商业评论,2010(9).

[24] 邓凯.A 公司知识型员工激励机制研究[D].湘潭:湘潭大学,2011.

[25] 丁军.德鲁克管理思想剖析[J].工业技术经济,2006,25(6):48-50.

[26] 丁雅婷.联邦快递和顺丰快递竞争优势比较分析[D].大连:大连理工大学,2013.

[27] 董超,周达.发展跨国公司研发机构增强中国自主创新能力[J].兰州商学院学报,2009,25(2):17-20.

[28] 董寿昆,徐园园.危机公关:我国银行机构面临的新课题[J].上海金融,2003(12):53-55.

[29] 董晓梅.云南省旅游景区的危机管理现状分析[J].昆明:昆明大学学报,2008,19(4):61-65.

[30] 杜坤坤.麦当劳人力资源管理模式的分析与启示[J].企业活力,2009(9):26-28.

[31] 杜少骏.可口可乐公司茶饮料业务的营销策略研究[D].上海:复旦大学,2005.

[32] 段存广.供应链:沃尔玛的致胜通道[J].企业改革与管理,2006.

[33] 段存广.供应链:沃尔玛的致胜通道[J].铁路采购与物流,2011.

[34] 段存广.供应链管理:沃尔玛的至胜之道[J].铁路采购与物流,2006,1(5):34-35.

[35] 范小虎.国际技术转移及其方式选择的理论与实践研究[D].上海:上海交通大学,2002.

[36] 范跃民.可口可乐公司新业务发展的市场策略[D].广州:中山大学,2006.

[37] 方华明.世界 500 强管理绝招[M].北京:中国经济出版社,2012.

[38] 高岑.IBM 理光打印系统并购案的实证研究[D].北京:对外经济贸易大学,2007.

[39] 高放.服务制胜的联邦快递[J].企业改革与管理,2004(6):54-55.

[40] 高仲飞.电子商务时代人力资源供应链管理研究[J].中外企业家,2013(4):108-109.

[41] 葛玲英.基于技术创新的组织内创业环境研究——以 3M 公司为例[J].中小企业管理与科技,2009(1).

[42] 龚健.百事中国发展战略研究[D].上海:复旦大学,2007.

[43] 龚莹莹.企业绩效管理与绩效考核[J].山西财经大学学报,2012.

[44] 龚治中.波音公司的用户服务[J].江苏航空,2001(2).

[45] 古力.缔造 200 年的传奇——杜邦公司守护安全之道[J].现代职业安全,2009(6):60-61.

[46] 古力.杜邦 200 年守护安全之道[J].江苏安全生产,2009(6).

[47] 古力.杜邦安全 200 年的"秘籍"[J].湖南安全与防灾,2009(10):44-46.

[48] 管雪汛.从机器人教育走向智能机器教育[J].中国信息技术教育,2014(13):12-13.

[49] 桂婵媛.中小移动互联网企业员工离职倾向研究[D].上海:华东理工大学,2013.

[50] 桂港.思科:善良的并购大鳄[J].中外管理,2006(8).

[51] 郭恒溪.高新技术类上市公司财务预警体系研究[D].太原:山西财经大学,2013.

[52] 郭杨,王亚凤.谈谈国产手机如何做好自身品牌建设[J].商场现代化,2012(17):19.

[53] 郭益盈.品牌危机分析及其管理研究[D].成都:西南交通大学,2006.

[54] 郭元.基于 Web 的公司业务知识管理系统研发[J].数字化用户,2013(14):155-156.

[55] 贺宝成.3M 公司创新管理及启示[N].郑州航空工业管理学院学报(社会科学版),2004.

[56] 侯品.当代物流系统中车辆指派模型研究[D].沈阳:东北大学,2007.

[57] 胡芳.生涯管理的理论分析与模型应用研究[D].南京:南京理工大学,2001.

[58] 胡华丽.带有数量折扣和运输费用的供应链协调[D].长沙:湖南大学,2007.

[59] 胡丽霞.中外合资企业跨文化管理问题研究[D].合肥:合肥工业大学,2009.

[60] 胡伟.A 公司供应商选择与评价研究[D].青岛:中国海洋大学,2012.

[61] 胡永铨.美国微软公司的知识创新战略探析[J].科技管理研究,2000.

[62] 胡泳.扎克伯格的内心和你我的关系[J].财富,2011.

[63] 胡子飞.基于"巨能钙"事件的危机管理研究[D].成都:西南交通大学,2005.

[64] 黄承宁.美国杜邦公司安全管理工作经验介绍[J].电力安全技术.2010.

[65] 黄家新.我国地震灾害应急救援多边合作机制构建研究——以汶川大地震为例[D].北京:北京科技大学,2009.

[66] 黄维.企业营销分析[J].商品与质量(学术观察),2014(6).

[67] 黄伟.3M公司技术创新管理研究[D].武汉:华中科技大学,2005.

[68] 黄文峰.现代渠道伙伴合作模式研究——以百事—沃尔玛JBP计划为例[D].广州:中山大学,2012.

[69] 黄珍.论建设银行HZ分行企业文化建设[D].西安:西安电子科技大学,2012.

[70] 惠良.美国联邦快递的成功奥秘(下)[J].中国远洋航务公告,2004(8):70-71.

[71] 吉姆·柯林斯,杰里·波勒斯.基业长青[M].北京:中信出版社,2002.

[72] 纪立刚.中美史克品牌战略研究[D].天津:天津工业大学,2012.

[73] 江海涛.花旗银行:文化制胜[J].企业改革与管理,2013(3).

[74] 江若尘.迪士尼的制胜之道[J].科学发展,2010(7):103-112.

[75] 靳丹.我国高校创新人才培养中的实践教学研究[D].南京:南京工业大学,2010.

[76] 鞠鑫.摩托罗拉公司股权激励方案研究及启示[D].天津:南开大学,2009.

[77] 康恺.浅析我国药品召回制度[J].机电信息,2013(2):17-20.

[78] 康学东.我国铁路工程咨询管理与创新研究[D].天津:天津大学,2013.

[79] 可星.企业管理史研究综述[N].昆明理工大学学报(社会科学版),2011(1):91-95.

[80] 孔令斌.淮安市快餐业发展调研报告[D].北京:首都经济贸易大学,2009.

[81] 黎政.花旗银行企业文化的特点及其启示[J].商业研究,2005(17):198-201.

[82] 李彬.基于企业生命周期的平衡积分卡应用研究[D].北京:北京工业大学,2010.

[83] 李成伟.中石化天津分公司知识管理导入研究[D].北京:中国人民大学,2008.

[84] 李东平.网络时代的"心媒介"——搜索引擎传播研究[D].成都:四川大

学,2012.

[85] 李红凯.企业战略管理思想发展的研究[D].广州:华南理工大学,2001.

[86] 李惠,陈英,马利军等.思科公司的并购之道[J].新理财,2004(1):32-34.

[87] 李季香.浅论企业文化与管理制度的有效融合[J].中外企业家,2013(10):178-179.

[88] 李丽萍.通过设立晋升机会留住并奖励人才——解读微软人力资源管理[J].中国建设信息供热制冷,2007(1).

[89] 李玲.中国企业并购行为与案例分析[D].成都:西南财经大学,2006.

[90] 李明芮.营销组合策略对品牌资产的影响机理研究——基于西方快餐品牌的实证[D].沈阳:东北大学,2009.

[91] 李琦.A公司BPO项目知识管理案例研究[D].大连:大连理工大学,2013.

[92] 李强.油田运输企业责任会计核算系统设计与应用[D].青岛:中国石油大学(华东),2007.

[93] 李汝刚.中小科技企业持续技术创新战略研究[D].武汉:武汉大学,2004.

[94] 李胜华.企业文化:中国金融的生命工程——花旗银行企业文化给中国金融企业的启示[J].农村金融研究,2002(1):22-26.

[95] 李晓超.国际快递公司在华发展特点及启示[J].物流技术,2007,26(8):51-53.

[96] 李臻.三军未动,粮草先行——可口可乐在二战中迅速成长之谜[J].出版参考,2006(35):30.

[97] 梁伟彰.广州市永欣木业有限公司发展战略研究[D].镇江:江苏大学,2013.

[98] 林莉.资本约束下我国股份制商业银行经营模式的选择[D].广州:中山大学,2009.

[99] 刘畅.WTO形势下我国装饰业的发展探讨[D].成都:西南财经大学,2005.

[100] 刘方媛.企业人才的"流"与"留"研究[D].哈尔滨:哈尔滨工程大学,2004.

[101] 刘佳.从可口可乐看企业品牌塑造[J].黑龙江对外经贸,2006(6):67-68.

[102] 刘劼.海洋馆债务重组及资本运营案例分析[J].中国商界,2011.

[103] 刘谋升.论3M公司的创新机制[J].商场现代化,2008.

[104] 刘倩倩.面向知识服务的混合式学习系统构建及应用[D].临汾:山西师范大学,2014.

[105] 刘瑞娜.食品安全危机事件的公关行为研究——以三鹿奶粉事件为例[D].重庆:西南大学,2013.

[106] 刘松涛.企业并购、整合理论及其在青岛啤酒的实践[D].上海:同济大

学,2002.

[107] 刘伟.国有煤炭企业与员工忠诚博弈分析及评价研究[D].焦作:河南理工
　　　大学,2005.

[108] 刘旭娥.中石油市场竞争力研究[D].西安:西安石油大学,2012.

[109] 刘颖.用全面质量管理的方法构建人力资源管理体系[J].电子产品可靠性
　　　与环境试验,2012,30(2):57-59.

[110] 刘运芹.民办高校核心竞争力评价指标体系研究[J].商,2013(29):
　　　386-386.

[111] 栾纲.伍尔特汽车用品公司在中国的发展战略研究[D].成都:西南交通大
　　　学,2010.

[112] 罗辉.横行全球的联邦快递[J].宁波经济:财经视点,2004(5).

[113] 吕娟娟.顺丰速运公司竞争战略研究[D].合肥:合肥工业大学,2011.

[114] 麻晓赢.杜邦公司6-sigma实施的研究[D].上海:上海财经大学,2009.

[115] 马国良.瑞贝卡公司发制品国际市场营销策略探析[D].厦门:厦门大
　　　学,2011.

[116] 马强.我国现代供电企业危机管理体系构建研究[D].成都:西南交通大
　　　学,2010.

[117] 马天之.中国移动山东公司企业文化建设研究[D].西安:西安科技大
　　　学,2013.

[118] 茆广斌.世界500强企业持续发展动力机制研究[D].南京:东南大
　　　学,2008.

[119] 梅笑风,孙利华.从强生公司药品召回事件看我国药品召回制度存在的问
　　　题[J].今日药学,2011,21(5):317-321.

[120] 孟令龙.以顾客价值为导向的企业竞争优势研究[D].青岛:中国海洋大
　　　学,2011.

[121] 苗军.北京市移动通信企业空间分布及其市场特征[D].北京:北京大
　　　学,2008.

[122] 娜塔丽娅.中俄媒体与SNS网站融合的发展趋势[D].北京:中国人民大
　　　学,2010.

[123] 潘凌,王国峰.浅谈MP产生背景及对美国社会的影响[J].科技经济市场,
　　　2006(12):411.

[124] 齐春生.摩托罗拉中国公司通讯网络交付服务外包风险管理[D].北京:北
　　　京邮电大学,2010.

[125] 齐严.商业模式创新研究[D].北京:北京邮电大学,2010.

[126] 祁彬.武警支队(团)学习型警营建设问题研究[D].长沙:国防科学技术大学,2011.

[127] 秦伟.你所不知道的波音[J].装备制造,2011(10).

[128] 卿爱军.浅议财务标准化管理[J].南北桥,2009(10):2-3.

[129] 邱卫东.论危机管理理论在现代学校管理中的运用[J].当代教育论坛,2003(8):57-59.

[130] 邱兆林,王赫.金融企业文化建设与人才培养[J].吉林金融研究,2003(7):36-38.

[131] 秋叶.从成功迈向成功——访伊士曼柯达公司亚太区主席兼总裁柯思敏女士和Encad亚洲区总经理罗德哈里森先生[J].广告人,2004(10).

[132] 瞿玉杰.曲美召回岂能"静悄悄"[N].生活新报,2010.10.

[133] 泉水.摩托罗拉之父[J].现代工商,2004(15).

[134] 任洁.宝洁公司全球化营销策略研究[J].商场现代化,2013(2):78-79.

[135] 沈志莉.麦当劳:"营"在文化,"赢"在本土化[J].中国流通经济,2007,21(5):61-63.

[136] 盛佃清.质量进步评价与政策研究[D].太原:山西大学,2007.

[137] 舒晓兵,张少文,陈雪玲.IBM公司的薪酬管理及对我国企业的启示[J].生产力研究,2006(11):213-215.

[138] 司洪泉.基于J2EE的知识库管理系统的设计与实现[D].天津:南开大学,2011.

[139] 四川华通建设工程造价管理有限责任公司.如何构建具有特色的招标企业文化[J].招标与投标,2013(4):57-58.

[140] 宋学军.大港油田存续企业组织变革研究[D].成都:西南石油学院,2004.

[141] 孙刚.我国企业面向国际化的品牌营销策略研究[D].广州:广东工业大学,2005.

[142] 孙立.联邦快递的紫色文化[J].企业改革与管理,2008(1):58-59.

[143] 孙小明.企业离职员工的关系管理[J].企业改革与管理,2009(8):58-59.

[144] 孙义.联邦快递(中国)有限公司经营战略研究[D].天津:南开大学,2007.

[145] 孙艺文.浅论企业管理中企业文化的价值及实现途径[J].东方企业文化,2014(13):2.

[146] 孙正伟.管理变迁的历史逻辑和政治含义——试论管理革命的社会后果[D].南京:南京大学,2006.

[147] 孙志远.高技术企业隐性知识管理中的激励组合研究[D].青岛:中国海洋大学,2009.

[148] 谭长春.可口可乐如何"可乐"[J].连锁与特许·管理工程师,2003(12):
22-23[2003-12-10].

[149] 田奋飞.企业兴衰的本质是文化问题[J].企业研究,2013(21):50-53.

[150] 仝若贝.高新技术企业知识型员工弹性管理研究[D].北京:北京交通大
学,2009.

[151] 童立.可口可乐中国渠道创新研究[D].上海:上海财经大学,2007.

[152] 涂庆岗."佳和"公司生存发展的战略研究[D].南京:南京大学,2005.

[153] 万旭东.关于对房地产企业发展中多元化战略的思考——万科与金田的
对比分析[D].北京:中央民族大学,2013.

[154] 汪卫芳,柴武斌.并购战略在思科公司成功的原因分析及其启示[J].特区
经济,2005(10):356-357[2005-10-15].

[155] 汪新波.思科并购成长的奥秘[J].中国新时代,2012(11).

[156] 王琛元.扎克伯格:我们如何接管世界[J].新经济,2010(12):64-66.

[157] 王传海.港航企业精细化管理的探索与实践[D].南京:河海大学,2006.

[158] 王春景.本土饮料品牌期待新突破[J].中国质量与品牌,2005(9):62-65.

[159] 王恩辉.深圳新科安达后勤保障有限公司营销策略研究[D].西安:西安理
工大学,2006.

[160] 王红梅.中小私营企业激励机制研究[D].北京:北京邮电大学,2006.

[161] 王可.新东方教育科技集团产品营销策略研究[D].上海:华东师范大
学,2011.

[162] 王亮.两大可乐:市场攻略各领风骚[J].全国商情·商业经理人,2002(6):
65-66.

[163] 王玲.企业组织结构的探索与创新[J].决策,2009(2):88-89.DOI:10.
3969/j.issn.1005-5940.

[164] 王佩瑶.广播深度报道类精品节目制作[J].中国传媒科技,2014(8):59.

[165] 王茜.中外运——敦豪客户服务中心的组织结构研究[D].北京:北京工业
大学,2012.

[166] 王晴川.宏图三胞 WDM 模式的组织再造研究[D].南京:南京大学,2002.

[167] 王群.3M 公司产品创新机制分析[D].北京:对外经济贸易大学,2002.

[168] 王先琳.企业价值观建设的必要进程[J].企业文化,2010(12).

[169] 王晓珍.科技经费配置对市场创新绩效影响测度及结构优化研究——以
我国部分省域高技术产业为例[D].徐州:中国矿业大学,2012.

[170] 王秀丽.沃尔玛供应链管理对国美的借鉴研究[D].西安:西北大学,2007.

[171] 王永明.自我管理:知识经济时代的管理哲学[D].苏州:苏州大学,2008.

[172] 王钟.美国 GE 公司六个西格玛理论及其在具体项目中的应用[D].上海：上海交通大学,1999.

[173] 魏珊.通用电气的"群策群力"政策[J].当代经理人,2006(11).

[174] 魏延坡.试论企业文化与企业管理制度的融合[J].企业文化,2014(6):14.

[175] 吴国庆.中外合资企业"本土化"策略研究[D].武汉：华中科技大学,2006.

[176] 吴海涛.基于知识演进的产业创新问题研究[D].上海：复旦大学,2010.

[177] 吴胜建.JJ 县农村信用合作联社人力资源管理体系研究[D].南昌：南昌大学,2013.

[178] 武振杉.基于商业银行功能视角的个人金融业务创新研究[D].上海：华东师范大学,2010.

[179] 夏江南.媒介融合背景下广告公司经营模式研究[D].长沙：湖南大学,2009.

[180] 肖朝胜.股市危机预警系统研究[D].成都：西南交通大学,2008.

[181] 肖锦江.基于核心竞争力的维修人员能力结构模型[D].上海：上海财经大学,2006.

[182] 肖亮.Z 公司无线保真(Wi-Fi)营销策略研究[D].南京：南京理工大学,2008.

[183] 肖怡.韦尔奇:让通用电气在变革中成长[J].企业研究,2001(5).

[184] 晓怀."奥巴马版"对台军售武器及生产商[J].中国军转民,2010(3):52 - 55[2010-03-15].

[185] 谢繁.沃尔玛连锁超市配送系统研究[D].武汉：华中科技大学,2008.

[186] 谢云春.中小型民营外贸企业 M 的核心竞争力研究[D].上海：上海交通大学,2009.

[187] 修仰峰.23 岁小伙饿死家中:被宠物化的生活[J].成才之路,2010(26).

[188] 徐晗.思科跨国并购后的文化整合研究[D].沈阳：辽宁大学,2014.

[189] 徐洁香,邢孝兵.当前我国农业产业安全问题探析[J].商业研究,2005(17):201 - 203.

[190] 徐静.在游戏中捕捉消费者[J].中国商人,2004(10).

[191] 徐选臣.面向新战略的盐城二建公司组织管理诊断与优化[D].南京：东南大学,2011.

[192] 徐学良.基于并购和战略联盟关系的废钢供应商管理研究——以江苏星丰金属公司为例[D].天津：南开大学,2010.

[193] 许鹏毅.泉州邮政速递业务营销策略分析[D].厦门：厦门大学,2012.

[194] 薛蓬.银川市酱醋生产企业质量管理现状与改进对策研究[D].杭州：浙江

工业大学,2008.

[195] 薛群慧.东南亚旅游区域合作背景下的云南旅游危机管理应对策略[J].东南亚纵横,2006(11):16-22.

[196] 杨安.略论跨国公司在我国的本土化战略——以通用电气公司为例[J].山东经济战略研究,2009(5):59-61.

[197] 杨宏莹.云南民营企业人力资源管理的探究[D].昆明:西南林学院,2009.

[198] 杨骅.通用电气有限公司六西格玛管理及对我国企业的启示[D].上海:华东理工大学.2013.

[199] 杨群.CRM 在 B2B 行业的应用——A 公司 CRM 应用研究[D].上海:上海交通大学,2009.

[200] 姚彤.江铜集团永平铜矿绩效管理研究[D].南昌:南昌大学,2009.

[201] 叶娟.沃尔玛中国采购和物流配送内部控制研究[D].广州:中山大学,2011.

[202] 尹志强.连锁企业人力资源风险管理研究[D].天津:天津大学,2005.

[203] 余凯.沃尔玛供应链管理的实践及其对我国零售企业的启示[J].全国商情·经济理论研究,2005(11):58-61.

[204] 悦国勇.企业国际化经营模式选择分析[D].郑州:郑州大学,2007.DOI:10.7666/d.y1060170.

[205] 昀熙.柯达:巨人缘何倒下[J].现代企业文化,2012(9).

[206] 张成良.世界正在改变:Facebook 成功其实很简单[M].黄山:黄山书社,2012.

[207] 张建斌.基于可持续发展的技术创新研究——以 3M 公司为例[D].上海:华东理工大学,2013.

[208] 张健虎.中国联通黑山县分公司管理体系研究[D].北京:北京邮电大学,2010.

[209] 张开云.中国民营企业制度竞争力研究[D].北京:中国社会科学院研究生院,2006.

[210] 张鹏.企业社会资本、组织学习和技术创新绩效研究[D].济南:山东大学,2009.

[211] 张涛.不变的尊重:摩托罗拉的价值观[J].企业改革与管理,2000(6).

[212] 张文敏,田原.企业如何选择适宜的供应链[J].中国储运,2006(4):74-76.

[213] 张心平.服务企业的质量管理[J].企业改革与管理,2006(7):78-79.

[214] 张昕.跨国公司在华政治行为影响因素研究[D].北京:北京大学,2011.

[215] 张雅辉.《孙子兵法》的启示:无形资产战略原则[C].第七届全国无形资产理论与实务研讨会论文集,2006.

[216] 张媛迪.我国著名品牌的体育营销策略研究[D].郑州:郑州大学,2013.

[217] 章革.基于党建精神建设的企业文化发展趋势[J].中国高新技术企业,2014(6):144-145.

[218] 赵昊.品牌包装设计在企业文化品牌战略中的作用研究[D].上海:同济大学,2009.

[219] 赵嘉.国内游学行业的品牌塑造研究——以青岛博鸿教育为例[D].北京:中国人民大学,2012.

[220] 赵杰.沃尔玛关系营销策略分析[D].厦门:厦门大学,2012.

[221] 赵景涛.基于SWOT分析的水电A局国际化战略研究[D].天津:天津大学,2013.

[222] 赵颖.微软和IBM的人力资源管理比较及启示[J].中外企业家,2003(7):35-37.

[223] 赵宇.创新视野下波音公司发展历程[D].上海:华东师范大学,2008.

[224] 赵月月.DXX国际快递公司北京地区市场营销战略研究[D].北京:北京交通大学,2013.

[225] 赵自强,田甜.基于技术生命周期的并购分析——以思科公司为例[J].财务与会计:理财版,2012(11).

[226] 郑先炳.花旗银行用人怪招迭出[J].现代商业银行,2002(3):30-34.

[227] 郑新锋.现代商业背景下企业危机管理研究[D].上海:华东理工大学,2008.

[228] 钟安华,赵强平.论我国服装品牌的广告策略——以贝纳通服饰广告为例[J].武汉科技学院学报,2007(20):33-36.

[229] 钟鸿.公司战略计划与组织管理:通用电气和杜邦案例[J].上市公司,2000(2).

[230] 钟鹏.外资在中国的并购行为研究——柯达对中国感光行业的并购案例[D].上海:上海财经大学,2005.

[231] 仲继银.五次融资造就Facebook[J].现代企业文化,2011(4):69-71.

[232] 周丽红,王毅捷.思科并购之道的启示[J].企业活力,2003(9).

[233] 周亚.未雨绸缪:危机管理[J].企业经济,2002(6):76-77.

[234] 朱朝晖,陈劲.3M公司之全球创新[J].研究与发展管理,2005.

[235] 朱陈琳.江西N县供电公司绩效考核研究[D].南昌:南昌大学,2011.DOI:10.7666/d.y2042040.

[236] 朱建军,李小辉,白梅等.危机管理[J].上海企业,2001(9):25-26.

[237] 朱健.我国银行业核心竞争力研究[D].南京:南京大学,2004.

[238] 朱正磊.淮安供电公司人力资源管理系统设计研究[D].南京:东南大学,
2009.DOI:10.7666/d.y1492538.

[239] 庄一召.内圣外王:品牌建设之道[OL].庄一召营销策划札记,2010.

[240] 卓世荣.中天合创能源有限责任公司人力资源体系改进研究[D].呼和浩
特:内蒙古大学,2014.

[241] 字军宏.税源专业化管理研究——以保山市国税局为例[D].昆明:云南财
经大学,2014.

[242] 左力生.实事求是是做好企业文化的根本[J].湖南科技学院学报,2014
(7):75-76.

索　引

A

亚伯拉罕·H.马斯洛（Abraham Harold Maslow，1908—1970）
艾尔弗雷德·D.钱德勒（Alfred D.Chandler，1918—2007）
安全管理

B

变革
部门结构
本土化经营战略

C

创新
产品创新
产品开发
差异化战略
创业
层次结构

D

丹尼尔·麦卡勒姆（Daniel Craig Mccallum，1815—1878）
多元化战略
多品牌战略
电子信息通信系统
定位

F

弗雷德里克·W.泰勒（Frederick Winslow Taylor，1856—1915）
服务促销

G

乔治·埃尔顿·梅奥（George Elton Mayo，1880—1949）

顾客忠诚度

客户关系管理

客户满意

顾客需求管理

广告营销

绩效管理

供应链

供应链管理

H

哈罗德·孔茨（Harold Koontz，1908—1984）

赫伯特·西蒙（Herbert Alexander Simon，1916—2001）

活动营销

核心竞争力

核心价值观

I

伊戈尔·安索夫（Igor Ansoff，1918—2002）

J

经营模式

经营战略

技术创新

技术创新机制

激励机制

兼并

价值

K

客户至上

口碑营销创新

L

六西格玛管理

利益相关者

连带品牌运营

M

迈克尔·波特（Michael Porter，1947—）

迈克尔·哈默（Michael Hammer，1948—2008）

Minnesota Mining and Manufacturing Company（3M 公司）

P

彼得·德鲁克（Peter F. Drucker，1909—2005）

菲利普·科特勒（Philip Kotler，1931—）

品牌

品牌营销

品牌传播

品牌营造

派送营销

Q

企业文化创新战略

企业治理

企业并购（Mergers and Acquisitions，M & A）

全球化管理方法

企业形象识别系统

企业再造

群策群力

R

人力资源管理体系

人力资源管理模式

S

商业模式

商业模式创新

收购重组战略

收购

T

汤姆·彼得斯（Tom Peters，1942—）

特许经营

特许经营权

W

网络营销创新

文化产业

物流信息系统

危机管理

X

薪酬

薪酬战略

协同创新

新制度经济学

形象打造

Y

以人为本

药品召回

用户价值

用户服务

有效沟通

一体化产业经营

营销组合

Z

组织结构（Organizational Structure）

组织文化（Corporate Culture 或 Organizational Culture）

知识营销创新

质量管理

质量管理价值观

专业化战略

知识管理

知识产权营销战略

自我价值

终身雇佣制度

直线制组织结构

职能制组织结构